福建佛教

祖庭名刹文化概览

福建省政协民族和宗教委员会
福建省民族与宗教事务厅
福建省佛教协会
编

海峡出版发行集团 | 福建人民出版社
THE STRAITS PUBLISHING & DISTRIBUTING GROUP | FUJIAN PEOPLE'S PUBLISHING HOUSE

编 委 会

目　录

前　言

福建乃古闽越之地，背山面海，人杰地灵，文化昌盛，英才辈出，素有“海滨邹鲁”之美誉。

佛教自三国西晋之际慧炬弘传于闽越，在其后1700多年的斗转星移中，虽曾几度浮沉，历尽沧桑，但菩提之种，已然播入这块钟灵毓秀、开放包容的土地，与中国传统文化和闽文化融合，开枝散叶，传播海内外……

福建佛教素以历史悠久、寺院僧人众多、高僧大德辈出、佛学教育发达、海外交流密切而为世人所瞩目。纵观中国佛教禅宗五家七宗之创建，皆与福建有莫大之因缘，即宋元明清以至于现代，福建佛教始终禅灯不灭，龙象辈出。从马祖道一到百丈怀海，从沩山灵祐到黄檗希运，从雪峰义存到曹山本寂，乃至享誉海内外的“近代四大高僧”——弘一、太虚、圆瑛和虚云大师，无一例外都在八闽大地留下了他们的道踪法影。

福建是海上丝绸之路的重要节点，深受海洋文化影响的闽僧具有勤勉坚忍、勇于开拓的品质，追随着华人的海外移民，将佛陀的种子远播海外，从而使福建成为汉传佛教海外传播的重镇。福建佛教与东亚、南亚、东南亚及中国台港澳地区佛教均有着深厚的历史渊源，福建高僧大德的弘法足迹遍及日本、新加坡、马来西亚、菲律宾、印度尼西亚、越南、缅甸、泰国、斯里兰卡、柬埔寨等国家。

唐代泉州超功寺僧昙静，随鉴真赴日，担任戒师。明代漳州名僧觉海赴日任福济寺住持、福州高僧超然赴日创崇福寺。影响最大的当数福清黄檗山万福寺僧隐元东渡，创日本黄檗宗。日本僧人来闽的亦不少，著名者如空海从霞浦赤岸入唐，参礼霞浦建善寺，又经福州开元寺，后转诣长安，留学回国后，创日本真言宗。清末及近代以降，众多闽僧弘化南洋，为东南亚各地大乘佛教的发展发挥了重要作用。其中知名者有福州鼓山涌泉寺僧妙莲和尚，为马来西亚第一所大乘佛寺槟城极乐寺的开山祖师；福州西禅寺僧微妙禅师及其徒贤慧、性慧，新加坡第一所大乘佛寺莲山双林寺以贤慧为开山祖师；厦门南普陀寺的性愿法师创立菲律宾马尼拉信愿寺，被尊为“菲律宾佛教之开山初祖”；同样从南普陀寺下南洋的转道法师在新加坡创建普觉寺，后由其法嗣宏船扩建，现为东南亚最大的佛寺；莆田囊山寺出身的寂晃曾担任马来西亚佛教总会会长；从福建到海外弘法的还有喜参、转解、平章、转初、会泉、广洽、瑞今、慈航等。近现代由福建各地祖庭名刹出去的僧人在东南亚地区开创的廨院已有上百座，福建佛学院、闽南佛学院培养的学僧弘法足迹更西渐欧美，远至非洲。

闽台佛教法源一脉相承。台湾地区佛教的法脉、戒脉、学脉有70%源于福建，尤其源于福州鼓山涌泉寺、厦门南普陀寺。近现代影响较大的慈航菩萨祝发出家于泰宁庆云寺，广钦和尚出身泉州承天寺。台湾现有晋江龙山寺廨院400多座、清水岩分炉近百座。香港、澳门佛教与福建佛教渊源深厚、关系密切，两地大部分僧人都是从福建走出去的。首创香港佛教联合会、香港佛教僧伽联合会的发起人优昙和觉光，皆为圆瑛长老法系。闽港澳三地佛教至今仍保持频繁的交流互动。

为挖掘整理、展示福建佛教祖庭名刹文化，积极推动福建佛教文化与海外和港澳台交往交流，推动人类文明交流互鉴，凝聚实现中华民族伟大复兴的力量，福建省政协民族和宗教委员会、省民族与宗教事务厅、省佛教协会牵头，协同各设区市政协民族和宗教委员会、市民族与宗教事务局、市佛教协会，共同编撰了这本《福建佛教祖庭名刹文化概览》。经过各设区市相关部门的层层推选和本书编撰委员会的多次研究审核，书中共收录了福建省内有一定代表性的53座佛教祖庭名刹，择要介绍其历史沿革、主要文化特点、对海外和港澳台地区弘法传播、友好交流情况，冀能为读者领略博大精深的福建佛教祖庭名刹文化起抛砖引玉之用。

编委会

2018年11月

福 州

福州别称榕城，卧野环山，派江吻海，灵山秀水，形胜东南，为八闽首府。福州是福建省佛教发展最早的地区。始建于西晋太康元年（280年）的侯官药山寺是福建省最早的寺院，始建于南朝梁大通元年（527年）的法林尼寺是福建省最早的尼庵。佛教传入福州后发展迅速，长盛不衰，自古就有“城里三山千簇寺，夜间七塔万枝灯”之说。

福州市现有依法登记的佛教寺院425座，经认定备案的教职人员831人，常住僧尼2500多人。在1983年国务院确定的142座全国汉族地区佛教重点寺院中，福州就有鼓山涌泉寺、怡山西禅寺、雪峰崇圣寺、瑞峰林阳寺、金鸡山地藏寺、黄檗山万福寺6座，在全国地级市中数量位居第4位。除上述全国重点寺院外，福州著名寺院还有法海寺、开元寺、崇福寺、龙泉寺、灵石寺等。

福州佛教积淀深厚，祖庭影响深远。唐五代时期，福州涌现出百丈怀海、黄檗希运、雪峰义存等众多在中国佛教史上举足轻重的高僧，是江南禅宗多数宗派孕育的摇篮，禅门五宗法脉的创建均与福州佛教密切相关。宋元时期，福州成为佛教《大藏经》刊刻的中心之一，福州东禅寺与开元寺刊刻的“福州藏”是全国最早的民间刊刻《大藏经》，对后来国内外《大藏经》的刊刻产生了重要影响。明清时期，福州涌泉寺与福清黄檗山万福寺分别成为曹洞宗与临济宗在福建中兴的策源地，并分别向中国台湾地区与日本传播。近代以来，福州再次成为佛教改革的一个中心，先后走出虚云、圆瑛等近代高僧，推动佛教教育与戒律改革，并在福州创办鼓山佛学院、法界学苑等。同时，福州各大丛林僧众纷纷赴东南亚各国弘法，设立诸多廨院，将福州佛教的影响力持续不断向世界范围扩散。一千多年来，形成于福州不同历史时期的佛教祖庭，始终在国内外佛教文化交流中扮演着重要角色。

福州佛教法脉悠长，与海外关系密切。作为海上丝绸之路的重要节点，福州从南朝就开始参与对外交流，对日韩两国影响尤深。近代以来，随着华人向东南亚地区移民潮的兴起，佛教也在东南亚扎根，并向澳大利亚及欧美地区延伸。福州开元寺曾为日本真言宗祖师空海与日本天台宗祖师圆珍入唐之地。福清黄檗山万福寺则是福州对日本影响最大的寺院，为日本黄檗宗祖庭。明末清初，黄檗山万福寺住持隐元应邀率弟子东渡日本，于京都创立日本黄檗山万福寺，此后百年间，该寺均为渡日华僧住持，成为中日文化交流的前沿。清至民国时期，福州曾是台湾地区及东南亚僧人受戒之地，其中以鼓山涌泉寺与台湾佛教的关系最具代表性，台湾传统上的五大法派均传承福州鼓山涌泉寺戒法，僧侣修行受戒长期有回谒鼓山的传统，即使在台湾被日本侵占时期，台湾僧人依然有增无减地前往鼓山受戒。怡山西禅寺是福建拥有海外廨院数量最多的丛林之一，近现代由西禅寺僧人在海外兴建或住持的寺院多达数十座，遍布新加坡、马来西亚、越南、印度尼西亚、美国等。此外，雪峰崇圣寺、林阳寺、崇福寺等也与海外有着密切的法脉联系。

福州佛教在向海外传播的过程中，成为海外华人维系故土的精神寄托，成为福州本土与海外华人间文化认同、信仰共鸣、民心相通的重要桥梁。现今，福州各大佛教寺院充分发挥其历史与区位优势，在对外交流方面成果显著，同时又各自突显出其不同的优势。如涌泉寺、西禅寺、雪峰崇圣寺、黄檗寺等充分利用历史形成的法缘优势，对中国台湾地区及东南亚、东亚各国展开诸多法谊交往；地藏寺与崇福寺立足福建佛学院女众部办学优势，培养并向海内外输送了优秀僧才上千人；林阳寺、龙泉寺顺应当代佛教西渐欧美的风潮，在大洋彼岸开创道场；开元寺、福清少林寺等发挥文化建设优势，前者已推出系列大型佛教文化丛书，后者以阐扬禅武医文化为己任。近年来，福州佛教界还联合开展了一些规模较大的活动，如福建省佛教协会主办的闽台佛教文化交流周、海峡两岸佛教（福州鼓山）文化交流活动、两岸一家亲·鼓山之光系列活动、21世纪海丝佛教·福建论坛等，均取得较大反响。

鼓山涌泉寺

素有“八闽首刹”之称的鼓山涌泉寺，开基于唐，盛于五代，宋元传灯相续，至明末清初，鼓山禅系名震东南，誉满天下。鼓山法脉传衍逾千年，连绵不断，显道振宗，龙象辈出。前有神晏，法席大盛，称圣一方；后有元贤、道霈诸祖，立足宗门，道风广播；近现代如妙莲、虚云、圆瑛诸师，皆学志睿达，名动寰宇，下南洋以凿空，渡台海以传戒，遂使鼓山成为当今汉传佛教禅宗二宗三系法脉海内外传承之名山祖庭。

涌泉寺

概　况

鼓山位于福州城东南，顶有巨石如鼓，因名鼓山。涌泉寺在半山腰，前临香炉峰，背枕白云峰，佳气葱郁，风景秀美，世称“闽刹之冠”。

鼓山印经在明清时期达到鼎盛，被誉为“中国的第一法窟”

唐建中四年（783年），僧灵峤入山诛茆为台，诵《华严经》以驱毒龙，因号华严台，亦以名其寺。五代梁开平二年（908年），闽王王审知命神晏居焉，号国师馆，“徒千百，倾国赀给之”，乾化五年（915年）改为鼓山白云峰涌泉院。宋宣和（1119—1125）间，僧体淳访华严台遗址，创妙峰阁等。明永乐五年（1407年）改院为寺，宣德（1426—1436）时重建，嘉靖二十一年（1542年），寺毁于火。清顺治初年，僧元贤重修；康熙三十八年（1699年），御赐“涌泉寺”匾额；光绪十七年（1891年），住持僧妙莲在马来亚槟城鹤山创鼓山廨院极乐寺。改革开放后，普雨、妙湛恢复宗门。1983年被列为全国汉族地区佛教重点寺院。目前大寺基本保持明嘉靖年间格局，另有般若苑、舍利院、千佛庵、观音岭、五贤祠等大小道场二十余处，遍布全山。寺内多珍贵文物。天王殿前矗立宋元丰五年（1082年）陶塔一对；大雄宝殿殿后保存清康熙年间铁铸的西方三圣像；法堂后山上有花岗石砌造的神晏国师塔；藏经殿正中供奉舍利子和缅玉释迦卧佛像，存有明版《南藏》《北藏》，清版《龙藏》等计两万余册，尚有贝多罗巴利文南传佛经和历代高僧刺血而书经书。涌泉寺曾被誉为“庋藏佛典古版之宝窟”。

法　　脉

涌泉寺自灵峤开山，其后法脉传承主要分为三个阶段：五代初至北宋庆历年间为青原禅系；北宋庆历年间至明万历年间为南岳禅系；明天启之后为曹洞宗鼓山禅系。

梁开平二年（908年），王审知复建鼓山涌泉寺，迎请雪峰门下弟子神晏为住持。神晏住持鼓山，法席大盛。神晏以降，至十一代住持常悟禅师，基本都是本山继嗣法席。这一时期鼓山为源出青原门下的禅法传承阶段。

宋仁宗庆历（1041—1048）年间，因诸山住持要由官府选贤委任，鼓山法系得以变更。虚云曾云：“（鼓山）其后住持，或选贤于他方，或由官府荐举，以至于明性聪禅师，凡可数者九十代，大皆属于南岳。”更准确地说，自临济宗杨歧派传入鼓山以后，南岳下的临济宗法嗣担任鼓山住持成为主流，并在临济门下的黄龙派与杨岐派禅师互相间杂交替，偶有其他宗派门人加入。值得一提的是，南宋时期，赜藏主、师明在鼓山先后编撰成《古尊宿语录》《续古尊宿语要》。

明天启七年（1627年），曹洞宗寿昌系的无异元来禅师始来驻锡本山。崇祯七年（1634年），元来师弟元贤前来住持，十五年（1642年）再返鼓山，直至临终，传法道霈。元贤“一枝麈尾，扫开百世迷云，七尺藤条，指出千山皓月”“禅教律化作一家，儒释道同归点雪”，被誉为“五百年来仅此人”。道霈禅法精纯，独树一帜，著述宏富。师徒二人前赴后继，大振曹洞宗风，使鼓山成为清代最大的曹洞宗道场，鼓山禅始誉满天下。

元贤、道霈二位禅师还开启了鼓山禅对日本佛教的影响与交流。如日僧独庵玄光对元贤推崇备至，刻录元贤多种著作，现仍存日本图书馆。玄光著《独庵独语》，附商舶寄给道霈，道霈为其作序。

鼓山当时虽按曹洞寿昌系字派传法，同时又有临济宗龙池系法脉传承，剃度则按临济宗智祖系字派，故鼓山禅从明末迄今一直都是临济、曹洞两宗三系法脉并传。

道霈后经道安、大心、兴五、法印、法文、法睿，传至遍照兴隆禅师。有学者曾云:“无异和尚虽重开山，而当山只九十日耳；所有始终再造鼓山寺，实维永觉师一人；嗣是修堕举废，重兴之力，则遍照师为多。”其后再递传至清末奇量彻繁禅师，为曹洞宗第四十四世。彻繁传妙莲地华禅师。光绪十年（1884年），妙莲继主鼓山法席，为曹洞宗四十五世、临济宗龙池系四十二世。

咸丰八年（1858年），虚云至涌泉寺出家，并在次年依妙莲和尚受戒，先后担任过水头、园头、行堂、典座等职事。光绪十八年（1892年），接妙莲临济宗衣钵，法号“性彻”，为龙池系第四十三世。按鼓山剃派源流诀，妙莲弟子常开为虚云取名“演彻”，为临济智祖系第五十四世，同时虚云又接妙莲弟子耀成之曹洞宗法脉，为第四十七世，法号“古岩”。

近现代丛林，接虚老龙池系者有本宗净慧、本明海灯、本焕乘妙等17人，如中佛协已故会长常妙一诚长老为本系再传弟子。接智祖系者有宽宗、宽印、宽素等17人。接寿昌系法脉者有复彻宽贤、复性净慧、复兴宽净等22人。净慧长老在2005、2006年于河北邢台玉泉寺传曹洞禅法两次，得法弟子29人，皆以“腾”字论辈。鼓山涌泉寺实为当今中国禅林二宗三系法脉传承祖庭之所在，门下弟子叶叶联芳，灯灯相传，已成为当代中国佛教界的中坚力量。

1929年，虚云应当时的福建省政府主席杨树庄等官绅礼请赴任鼓山住持，1935年离任，其后由圆瑛、盛慧法师继席。圆瑛曾任中国佛教会首任会长，他早岁在鼓山出家，从妙莲受具足戒，法号“耀性”，先后接法临济、曹洞两宗，1937年住持鼓山。其后虚云弟子盛慧隆泉继续住持鼓山多年；盛慧圆寂，普雨无边以副住持管理寺务。改革开放后，普雨积极修复寺庙，先后任福建省佛教协会会长和顾问，涌泉寺代方丈。1987年，厦门南普陀寺方丈妙湛兼任涌泉寺方丈。1992年，普法腾戒受请为涌泉寺监院，1996年晋为方丈。

法　　缘

清末民初，鼓山禅传播至南洋一带，影响极为深远。成其功者，首当妙莲，后有本忠、虚云、圆瑛。

清光绪十年（1884年），妙莲出任涌泉寺住持；光绪十五年（1889年）在马来西亚槟城募捐购地建大士殿一间，名极乐寺，经过长达14年之努力，直到光绪三十年（1904年），极乐寺才兴建完成。作为鼓山涌泉寺的廨院，槟城极乐寺是汉传佛教在东南亚地区建成的第一座寺院。妙莲法师实为中国僧人南洋弘法第一人。

光绪三十二年（1906年），本忠接替妙莲住持极乐寺，他在此成立中国佛教总会南洋支会。章太炎曾到访极乐寺并题记云：“民国五年秋自肇庆南行，抵槟榔屿，过极乐寺，见寺主本忠禅师，盖南洋所仅有也。”

虚云曾在光绪三十一年（1905年）至三十四年（1908年）间三次到极乐寺，两次讲经。1938年4月，极乐寺举行圆瑛方丈晋院仪式，圆瑛也多次在

1924年鼓山三坛大戒时的虚云（中）

此讲经说法。1940年4月，太虚在极乐寺演讲。极乐寺俨然成了20世纪初汉传佛教在槟榔屿弘化的重地。1959年4月19日，在极乐寺成立了马来亚佛教总会。

妙莲在槟城建极乐寺，对于近代中国汉传佛教来说，是具有重大开拓意义的事件。从福州到槟城，从鼓山到鹤山，从开辟荒途到弘化南洋，以槟城极乐寺为滥觞，马六甲地区才有了真正意义上的汉传佛教伽蓝。其后本忠、虚云、圆瑛更是以此为基，将大乘佛法传讲至马六甲诸埠，对汉传佛教在东南亚的落地生根起到了实质性的推动作用。

对台和对外交流

涌泉寺与宝岛台湾佛教渊源甚深，一在法脉源流，一在戒律授受。台湾佛教的小寺庙中约逾七成法缘来自鼓山涌泉寺。在清代，鼓山涌泉寺是福建省唯一官府指定的受戒道场，台湾府属福建省，按规定，台湾僧人必须前往福州鼓山涌泉寺受戒。

鼓山对清末民初台湾佛教的影响还在于，这一时期台湾佛教本身形成以

2006年，普法法师率团出席台湾省佛教会举办的“两岸鼓山法脉文化联谊未来展望”研讨会，并作主旨演讲

下几大流派：台南开元寺派（传芳、玄精）、基隆月眉山灵泉寺派（善智、善慧）、苗栗大湖法云寺派（觉力、妙果）、高雄大岗山超峰寺派（义敏、永定），还有台北观音山凌云禅寺派（宝海、本圆）。这些流派与鼓山都有深厚法缘。

涌泉寺方丈、高僧亦曾多次赴台传戒、弘法。虚云于1906年参访台湾基隆灵泉寺，达本在1919年12月参加台南开元寺的七天水陆授戒会；圆瑛于1923年10月至1924年2月赴台湾弘法；盛慧曾遍历台湾诸刹。

20世纪50年代，鼓山宏妙灵源赴台传播临济法脉。灵源，浙江临海人，1932年至鼓山从虚老剃度出家，为再传弟子，属智祖系第五十六世。1953年，灵源从香港至台弘法，建十方大觉寺。1963年秋，惟觉从灵源披剃出家，为智祖系第五十七世，后建中台禅寺；1978年，圣严法师从灵源接法，法号惟柔，后建法鼓山。

台湾佛教是随着移民入台而从大陆传入并发展起来的，其中尤以鼓山涌泉寺对台湾各寺院影响至为深远。鼓山禅的法派、传戒对台湾的影响充分反映了闽台之间密切深厚的佛缘。大陆正统佛教对台湾佛教的引导与推动，在一定历史时期不仅消除了台湾所受日本佛教的影响，而且为台湾佛教的发展注入了新的生机。

2018年1月，鼓山在台法系代表团回山礼祖并参加福建省海峡佛教文化交流中心成立庆典

新时期，涌泉寺以法缘为纽带，积极开展与推动对台对外佛教文化交流。

20世纪80年代迄今，两岸佛教交流向深层次发展，鼓山恢复了中断多年的与槟城极乐寺和台湾传法寺院的联系，而且互动频繁。涌泉寺多次邀请海外法门兄弟共同研讨鼓山法系的历史渊源，倡议建立海峡两岸鼓山法系联谊机制，并就编辑鼓山法系丛书，召开以鼓山法系为中心的佛教学术会议，编辑出版佛教期刊以及促进两岸佛教学术交流等达成共识并积极予以实施。先后于2006、2007、2011年举办过多种形式的大型闽台佛教交流活动，欢迎台湾地区与东南亚的佛子回山礼祖。1996年和2002年10月，台湾法鼓山圣严法师曾两度率299人和500多人的“大陆佛教圣迹巡礼团”来闽参访鼓山涌泉寺。

涌泉寺先后组团访问马来西亚、新加坡、印度尼西亚等东南亚国家，多次参加马来西亚极乐寺和台湾相关寺院的佛事活动，加深了感情，增进了了解。2006年5月21日，海峡两岸鼓山法系圆桌座谈会在福州举行，普法法师、台湾“世界佛教华僧会”会长净心长老、鼓山在台法系回山朝礼团团长净良长老以及月眉山系、观音山系、法云寺系、大岗山系的代表圆宗、晴虚长老等共同签署《促进两岸佛教文化交流福州倡议书》，十多年来，成绩斐然，为促进两岸间的和平作出了积极贡献。2018年1月9日至10日，“鼓山涌泉寺在台法系联谊会暨福建省海峡佛教文化交流中心揭牌庆典”在鼓山涌泉寺举行。该中心将通过开展闽台佛教文化交流系列活动，加深两岸法谊，特别是加深台湾第三代、第四代僧才的认同感，发挥两岸佛教界在推动两岸关系和平稳定、健康发展方面的独特优势。

怡山西禅寺

荔树四朝传宋代，钟声千古响唐音。

怡山西禅寺为唐代高僧大安禅师开山，又经五代慧稜禅师、清初空隐禅师两度中兴，历代高僧辈出。近代以来，自微妙以下，西禅寺僧众播法南洋，法脉遍及东南亚各地，历史上在新加坡、马来西亚、越南、印度尼西亚等国家建立诸多廨院。今之西禅寺为全国汉族地区佛教重点寺院，名闻海内外。

西禅寺山门

千年寺史

西禅寺位于福州市西郊祭酒岭山脉怡山之麓，初为南朝梁代（502—557）炼丹士王霸所居，后于此建信首寺，隋末废圮。唐咸通六年（865

年），福建观察使李景温延请长沙沩山名僧大安前来驻锡，前后住持20年，寺乃中兴，被后人奉为开山祖师。咸通十年（869年），更名为清禅院，不久，改名延寿禅院。

五代开平（907—911）年间，雪峰义存法嗣慧稜应王审知之请，从泉州招庆院移锡该寺。后唐长兴（930—933）年间，闽王王延钧奏请赐额长庆院。五代末，寺遭南唐军践踏，建筑多被焚毁。福州为吴越割据期间，法眼宗名僧天台德韶的法嗣守威宗一移锡寺中。北宋天圣（1023—1032）年间，僧宗元重修，景祐五年（1038年），敕号怡山长庆寺。后因寺处福州西郊，而郡城外已有南禅、北禅、东禅三寺，遂更名为怡山西禅长庆寺，俗称西禅寺，相沿至今。

北宋熙宁（1076—1077）末，曾巩任福州太守时，从莆田延请临济宗惠暹文惠禅师来寺住持。政和八年（1118年），卫国公余深奏为坟院，赐额广因嗣祖；宣和元年（1119年），改为嗣祖黄箓院；南宋建炎元年（1127年），复为禅寺。嘉熙（1237—1240）年间，僧元智重修。从北宋徽宗末年

西禅寺

报恩塔

到南宋景定四年（1263年），云门、临济两宗禅师先后传法于此，较有代表性的有云门宗的慧舜禅师，临济宗杨岐派名僧大慧宗杲法嗣鼎需，同属杨岐派的愚谷元智等。

元至正九年（1349年），寺宇重修。明宣德二年（1427年）重建。正统（1436—1449）年间重修，崇祯十年（1637年），僧明梁再次重修。明末清初，因征徭过重，僧逃寺废，该寺仅存大殿，其余为民居。清顺治七年（1650年）巡抚佟国鼐捐金重建寺宇，延请粤东空隐来寺住持。嘉庆八年（1803年）僧继云赴台湾募化重修。光绪二年（1876年），临济宗微妙赴京请藏，并偕徒到南洋募化，得暹罗（今泰国）总督及槟榔屿（今马来西亚槟城）、菲律宾等地大商巨贾资助，寺之大雄宝殿和藏经阁得以重建，并重修天王殿、法堂等堂庑楼阁30多座。此后，微妙禅师又几度到新加坡、马来西亚、菲律宾、泰国及台湾地区，继续募款重修，奠定了近现代该寺各殿堂的建筑格局，微妙也被尊为中兴祖。

1928年，住持智水与监院证亮再次重修寺宇，并重建明远阁，另辟寄园和放生池。1941年9月3日，日寇轰炸福州，寺内中弹，天王殿、大雄宝殿后侧，方丈室和念佛堂倒塌，监院证亮、梵辉和该寺派驻新加坡、越南各廨院住持永心、松辉并僧众踊跃募款修复。

从1956年起，海外各廨院的寺僧证亮、清禅等陆续汇款重修祖庭。“文化大革命”中寺废僧散，寺院被占。1979年，西禅寺恢复，1980年，新加坡和印度尼西亚的谈禅、法禅、清禅、成雄、慧雄、宁雄诸僧先后回寺礼祖。此间，以梵辉为首的怡山西禅寺修建委员会成立，侨界乃纷纷解囊修复寺内各殿堂，谈禅等侨僧更是全力以赴，多方筹资。1985年，新建了玉佛楼。1987年，一座高达67米的报恩塔在寺内落成。

开山祖师大安塔铭

1989年，明旸兼任西禅寺方丈，1999年7月由赵雄继席。赵雄方丈升座以来，西禅寺呈现出一派欣欣向荣的气象。在有关方面的支持下，寺的廨院福州西湖开化寺得以收回并开放。西禅寺各殿堂继续维护，天后宫等古迹本着保留历史旧貌的原则予以复建。同时全寺精心设计，使古典园林式的寺院特色尤为凸显。寺院在整肃道风的同时，更加注重佛教文化的弘扬、慈善工作的开展与对外交往的拓展。

福州西禅寺现占地面积近200亩，规模宏敞。主要建筑有山门、天王殿、大雄宝殿、法堂、藏经阁、客堂、禅堂、方丈室、念佛堂、库房、斋堂、明远阁、钟楼、鼓楼等大小36座。寺院复兴后，又增建了玉佛楼、观音阁、华严三圣阁、五百罗汉堂、报恩塔，飞甍峻宇，错落有致，亭台遍布，清幽古雅，颇擅古典园林池馆之胜。

西禅寺文物丰富，寺内客堂内壁嵌有1952年出土的《唐福州延寿禅院故延圣大师塔内真身记》，系本寺开山祖师大安塔铭，另有唐咸通（860—

874）年间开凿的七星井、五代慧稜禅师舍利塔、元至正九年（1349年）僧崇敬舍资雕刻的一对石门鼓、清康熙御书《药师经》、清雪庵朱地金字百寿屏和民国印光撰、弘一书之《怡山放生池围墙落成回向偈》石碑。

寺之廨院，有福州西湖开化寺，于山顶护国寺、观音阁和南台坞尾头陀寺。海外廨院有新加坡双林寺、马来西亚槟城双庆寺、越南南普陀寺等。

高僧辈出

西禅寺历代高僧辈出，如大安、慧稜、宗一、文慧、藏用、鼎需、如然、明方、空隐、无辩、继云、微妙、智水、古月等，奕叶联芳，名垂寺乘，尤以开山祖师大安、五代中兴祖师慧稜、清代中兴祖师空隐、近代中兴祖师微妙为最。

大安（793—883），福州福唐人，俗姓陈。少时在故乡黄檗山出家。唐元和十二年（817年），浦城县乾元寺置兜率坛，于此受具足戒。此后外出游方，十数年间，“头头耕耨，处处劳形，日夜忘疲，未尝辄暇”，是沩山的重要创业者。灵祐去世后，一度外出的大安于咸通元年（860年）重返沩山，继主法席。咸通六年（865年），离开沩山回闽，在福州怡山院弘禅，“垂化闽城二十载”，为怡山西禅寺开山祖师。咸通十四年（874年），诏号延圣大师，赐紫袈裟。卒于中和三年（883年）。谥圆智大师，塔名证真。

慧稜（854—932），杭州盐官人，俗姓孙。禀性淳淡，13岁于苏州通玄寺出家，后受具足戒。唐乾符五年（878年）来闽中，先谒福州怡山西院大安，继访福州灵云山志勤，后谒雪峰义存得法，来往雪峰29年，为义存五大门人之一。天祐三年（906年），应泉州刺史王延彬之请住招庆院；后梁开平三年（909年），应请住持福州怡山长庆院，奏号超觉大师，为怡山第四代中兴住持，两处开法，徒众逾千，颇有影响。

空隐（1600—1661），讳道独，字宗宝，别号空隐，广东南海人，俗姓陆。29岁往博山谒元来，受具足戒并嗣其法。后辞元来出住庐山。元来去世后，历主广东罗浮山、海幢寺等处。清顺治六年（1649年），航海至闽，应巡抚佟国鼐之请，住持福州怡山西禅寺，时寺濒于废，道独矢志恢复，营建殿宇，赎回寺产，古刹得以重光。顺治十一年（1654年），往扫博山塔，被粤中宰官迎归芥庵。顺治十八年（1661年）七月逝世。有《长庆宗宝独禅师语录》6卷行世。空隐所传西禅寺曹洞宗支系长庆宗鉴演派的派字为："道函今古传心法，默契相应达本宗，森罗敷衍谈真谛，此印亲承永绍隆。"

西禅寺宋荔

微妙（1828—1891），讳耀源，号雪庵，福建仙游人，俗姓朱。15岁出家于怡山西禅寺，得戒于僧海贤，此后在鼓山修苦行10年。后复返怡山，见祖庭荒圮，即发愿重建。清同治十三年（1874年），奉西禅寺方丈复本之命赴京请《龙藏》。因请藏经须自备工料，乃赴海外劝募。光绪三年（1877年），奉藏经回闽，后再往台湾及暹罗、槟榔屿、小吕宋募款，重建怡山大殿并各殿堂楼阁。光绪十七年（1891年）示寂于槟岛，徒辈奉骨还山，建塔葬于西禅寺。微妙为常住劳悴一生，令人钦敬。他立下的剃度派字为："妙慧光辉亮参禅，雄振善缘乘宝莲。精进勤修愿力大，祥云瑞庆志和成。"这一法脉，至今不仅在福建传播，还广传至越南、新加坡、马来西亚等国。

大力弘扬佛教文化

西禅寺盛产荔枝，宋代的蔡襄就留下"荔子丰标全占夏"的赞美诗句。明代起，"怡山啖荔"列为福州西湖十景之一，是文人骚客雅集的心中胜地。清人周莲作联："荔树四朝传宋代，钟声千古响唐音。"近代郁达夫慕名来访，留下“陈紫方红供大嚼，此行真为荔枝来”的佳句，当代赵朴初大德也有“禅师会得西来意，引向庭前看荔枝”这样充满禅意的妙句。

从2000年起，西禅寺多次与福建省诗词学会联合举办啖荔诗会，诗人兴会，高朋满座，甚至港台吟侣也来参加。用古典诗词及福州特色折枝诗这一形式，讴歌盛世，讴歌新时代。

西禅寺曾创办有西禅书院，凝聚了一批省内外著名的书画家谈艺切磋，弘扬中华民族优秀传统文化，并多次成功地在福州西湖开化寺内举行诗书画展览。方丈赵雄主编中英文版《福州怡山西禅寺》画册，《中国书画·西禅书院作品集》《长庆诗声——福州怡山西禅寺古今诗词楹联选》等书籍。在寺志文献部分还点校整理了清康熙年间沈涵编纂的《西禅长庆寺志》。

再谱新章

西禅寺法脉遍布东南亚，乃至远传美国。历史上形成的廨院，著名的有新加坡莲山双林寺、马来西亚槟城双庆寺、越南堤岸南普陀寺、印度尼西亚雅加达西禅寺等。

1. 新加坡的廨院——莲山双林寺

清光绪二十四年（1898年），西禅寺住持微妙弟子贤慧、性慧到新加坡，在华侨巨商刘金榜父子襄助下创建双林寺，为新加坡最早的汉传佛教寺院。贤慧为首任住持。3年后，贤慧圆寂，之后历任住持为性慧、明光、敬亮、兴辉、福慧、证明、碧辉、增慧、普亮、松辉、高参、谈禅。1980年，新加坡古迹保存局宣布双林寺为第19个国家古迹，是唯一被新加坡列为国家古迹的佛教寺院。

双林寺前住持谈禅（1919—2006），福州长乐人，俗姓周。1935年在长乐护国寺依彻参剃度出家，翌年在怡山西禅寺腾香座下受具足戒。之后在国内各大丛林参学，其间曾于广东南华寺亲近禅门巨匠虚云。1954年南下马来亚弘法，足迹遍大马等地，后承吉隆坡圆通寺住持明妙传授心法，为曹洞正宗第50代嗣法门人。1961年任马六甲明觉莲社住持，1970年创新加坡长庆寺，1975年被推举为新加坡双林寺第13代住持，1983年受委任美国旧金山市大觉莲社董事长，1993年接任旧金山市慈恩寺董事长。

谈禅一生孜孜于弘法护教，对祖庭感情尤深，西禅寺的全面修复，倾注了他一生心血。谈禅剃度弟子有福州西禅寺现任方丈赵雄等，嗣法弟子有新加坡莲山双林寺现任方丈惟俨、新加坡光明山普觉寺现任方丈广声等。

2. 马来西亚的廨院——槟城双庆寺

槟城双庆寺，由新加坡双林寺第12代住持高参于1955年筹建，属怡山西禅寺廨院。高参，祖籍中国福建惠安北门外岭头海楼乡。生于清光绪十三年（1887年）。年十八，剃度于惠安清音寺，拜行亮为师，法号宽性，字高参。旋赴莆田梅峰光孝寺，受戒于方丈微嘉。高参从行亮学文，又拜慧精习武，因此文武兼擅，光绪三十三年（1907年）南渡爪哇，卓锡三宝垅三宝洞一年，之后返回怡山。年二十八，又发愿云游，后住持印度尼西亚棉兰日里民礼镇元宫21年。1947年遵祖庭之命来住持双林寺，1954年晋任双林寺方丈。1955年，往槟城重建双庆寺。

3. 越南的廨院——堤岸南普陀寺

西禅寺僧人赴越南弘法，始于1924年。当时寺僧永心、醒觉先驻锡西贡（今越南胡志明市）堤岸的二府庙和温陵会馆，此地原住僧明通听从永心、醒觉劝导，将两庙献作西禅寺廨院。1948年，旅越的西禅寺僧人筹资购地

西禅寺玉佛

终在堤岸创建了南普陀寺。上述廨院都长期由怡山祖寺派僧常住管理，直至1961年怡山祖庭还派僧虚中、悟峰到二府庙协助管理。如今，在越南的廨院只存堤岸的南普陀寺。

越南南普陀寺颇具丛林规模，寺中有清禅等三座藏骨塔，皆为安奉旅越的怡山僧人的灵骨，客堂中悬有怡山微妙所定的派字偈，法堂西侧有证亮藏骨塔及纪念堂。证亮曾长期驻锡南普陀寺，直至往生，继起者为宁雄。现任南普陀寺住持为日修。

证亮（1892—1978），法名演悟，字碧溪，福建罗源人，俗姓黄。16岁时到福州怡山西禅寺出家，礼监院善辉为师。18岁随善辉赴暹罗（今泰国）弘法，3年后回寺，历任西禅寺监院、都监。1937年任中国佛教会福建省分会办事处主任，1947年再任中国佛教会福建省分会理事长，以西禅寺廨院西湖开化寺为会址。后奉派赴越南弘法20余年，先后为越南南普陀寺、二公寺、三山寺、观音寺等寺住持，在东南亚华僧中颇有影响，台湾净心长老曾撰文回忆并赞誉他。

宁雄（1926—2010），福建连江人，俗姓胡。1933年于连江覆釜山大悲楼礼清禅为师出家，1935年在福州西禅寺普亮座下受具足戒。不久就读于福州鼓山法界佛学院。1946年由西禅祖庭派往越南二府庙为副寺。之后曾任越南西禅长庆寺首座、华宗佛教青年会主席、华宗佛教会财政等。再后任南普陀寺监院，灵光寺开山住寺、大叻宝光寺开山住寺，净光莲社社长、华宗爱国佛教会财政等。宁雄在越南苦守道场，且有兴建。由于西贡属于南越，南普陀寺一度与祖庭失去联系。后由宁雄主动派遣弟子来中国，终于与祖庭恢复了关系，双边经常互访，法谊不断增强。宁雄圆寂后，由日修继席，至今依然与福州西禅寺祖庭保持着良好的交往。

4. 印度尼西亚的“西禅大丛山”系寺院

现为世界佛教僧伽会秘书长、印度尼西亚佛教中心创会会长、新加坡毗卢寺、印度尼西亚雅加达西禅寺方丈的慧雄，是福州怡山西禅寺派驻南洋弘法的法禅的弟子。法禅叶落归根，后圆寂于怡山祖庭。慧雄以弘法利生为使命，在印度尼西亚创建了不少寺院，如雅加达的西禅寺、三宝垅的南香禅寺、泗水的昙香寺、棉兰的佛教城等，多冠以“西禅大丛山”之名，许多寺匾均由西禅寺方丈赵雄题写，示不忘渊源所自也。慧雄也经常组团，率众多弟子回山礼祖。

福州西禅寺十分重视历史上形成的与廨院以及法缘一脉的关系，积极开展对外交往活动。方丈、监院多次与新加坡、印度尼西亚、越南的寺院互访。双林寺谈禅长老圆寂时，西禅寺方丈赵雄亲率寺中主要执事前往吊唁，协助料理后事，并亲自将谈禅的一半灵骨捧回祖庭安奉于舍利塔中。每逢印度尼西亚西禅大丛山系寺院举行大型法会时，福州西禅寺也均由方丈或监院组团前往，且西禅寺每年均应邀派僧侣短期前往越南协助佛事活动。这样的历史渊源，经过上百年的传承，至今依然是联结福州西禅寺与东南亚地区法谊的重要纽带。

雪峰崇圣禅寺

名山胜迹，称南方第一寺；五派灵源，开东土有二宗。

福州雪峰崇圣禅寺由义存真觉开山，发展出影响广泛的雪峰禅系，衍派云门、法眼二宗，在中国禅宗史上地位卓绝，有“南方一大丛林”之称。南宋时被列入全国等级最高的“五山十刹”之中，历代多有高僧主法，长盛不衰，至清代时依然为福州一大丛林。近代以来，雪峰崇圣寺历任住持及寺僧纷纷开法南洋群岛，建立诸多分院，使这座古老的禅宗祖庭再次成为南洋廨院之祖地。

崇圣寺

寺院概况

福州雪峰崇圣禅寺位于福建闽侯县大湖乡雪峰山之南麓。山峦旧名象骨峰，据传昔有樵者得象骨于峰头，故得其名。唐末义存祖师飞锡兹山，见得岩谷爽朗，烟霞飞动，欣然于此开法。闽王王审知以山顶暑月犹有积雪，易山名为“雪峰”。

唐咸通六年（865年），雪峰义存祖师在山中大枯树下结庵，不久，里人谢儆等又为其诛茅结庵于柽洋凉映台北。咸通十一年（870年），因徒众渐多，遂于离庵三百步处创寺。乾符二年（875年），福建观察使韦岫捐资助建，院宇初具规模，朝廷赐名“应天雪峰禅院”。乾宁元年（894年），再移于陈洋建寺，闽王王审知捐资，里人蓝文卿为之舍田，于是殿宇大兴，规模宏敞，遍布山间，成为南方一大丛林。光化三年（900年），更名为“应天广福禅院”，门庭愈益兴盛，就学之徒常年不减1500人，该寺成为迅速崛起、影响很大的雪峰禅系的大本营。

宋太平兴国三年（978年），朝廷赐名“雪峰崇圣禅寺”，一直沿用至今。南宋宁宗（1195—1224）年间，朝廷实行“五山十刹”的禅寺制度，该寺名列十刹之一，成为全国传禅中心之一。明初永乐（1403—1424）年间，洁庵正映及法嗣远芷秋压相继住持，寺得以重兴。清顺治十三年（1656年），亘信行弥驻锡此寺。康熙（1662—1722）年间，恒涛大心来寺驻锡。此后，寺院逐渐衰落。

清末光绪十三年（1887年），达本由鼓山前来主寺，乃重建寺宇，中兴雪峰，使该寺成为清末福州一大丛林。光绪十七年（1891年），达本赴马来西亚槟城等地募化，寺僧常悟也七下南洋各地化缘，寺院得以修葺。1928年，达本年事已高，其法嗣圆瑛继主雪峰法席。1941年，该寺遭日本侵略军炮击，殿角毁坏，后又被台风刮倒天王殿和钟鼓楼，此后寺院破旧不堪。

中华人民共和国成立后，千年古刹也喜获新生。1952年，政府拨款修缮枯木庵，后又两次拨款维修。“文化大革命”期间，寺僧慈觉、瑞淼带领僧众抢先将大殿封存，并妥善保存经书，使大殿、佛像、经书得以幸存。从1979年起，随着党的宗教信仰自由政策全面落实，在爱国华侨与海内外僧尼及各界人士的资助下，寺内全面启动修复和重建工程。从1984年起，广霖率大众先后修建了各殿堂，并鼎新革旧。1994年11月，全寺隆重举行广霖方丈升座庆典。

雪峰崇圣禅寺现为全国汉族地区佛教重点寺院，全山僧众130余人在广霖率领下，不仅着重修持，如法如律过着晨钟暮鼓的生活，并定期启建禅七共修活动，一年四季根据实际情况精进共修三个七到七个七不等。同时，寺僧发扬佛教优良传统，重振农禅并重的宗风，开山种植杉、松3000余亩、毛竹2000余株、植梅千余株，种农作物数十亩。

崇圣寺

寺中文物丰富，寺前有古柽两株，传为义存与闽王王审知手植。寺中现存主要建筑多为清光绪年间重建，寺右有建于五代梁开平元年（907年）的义存墓塔（又称难提塔）。1989年，义存祖师塔与大雄宝殿被列为闽侯县第一批县级文物保护单位，后扩大为整个寺庙。1996年9月，义存祖师墓被列为福建省第四批省级文物保护单位。寺外枯木庵相传为义存初入雪峰时栖止之所，庵内枯木腹壁有碑刻，称为树腹碑，为福建省第二批省级文物保护单位。寺内还收藏有《碛砂藏》《频迦藏》等经书8000多卷。

雪峰崇圣禅寺历史上的著名廨院有福州庆城寺、罗汉寺、圣泉寺、法海寺和古田极乐寺、吉祥寺、保福寺等。海外廨院有新加坡法华寺和马来西亚怡保东莲小筑等。

开山义存及雪峰禅系影响

雪峰开山义存真觉（822—908），为唐末五代时期禅宗著名高僧，上承

青原行思法系，下开云门、法眼两支，在福建弘法近40年，法嗣众多，宗风远播全国各地及朝鲜半岛，被学者称为“雪峰禅系”，在中国禅宗发展史上占有重要地位。千百年来，慕名来雪峰礼祖之人纷沓不绝。

义存童蒙入道，先就学于莆田玉涧寺庆玄，17岁正式落发，后往福州芙蓉山参谒灵训。28岁北游吴楚燕秦等地，遍参诸禅德，于德山宣鉴处得法。唐咸通（860—873）年间回闽，居福州芙蓉山石室，后在福州西二百里处的象骨峰开法接众，以枯木庵为发祥地，兴建雪峰道场，并得到了当地官员及善信的大力资助，受唐僖宗赐号“真觉大师”。闽王王审知对义存也尊崇备至，常亲往义存法席前听法。

由于王审知的礼敬和护持，雪峰义存对福建社会经济文化的发展也产生了一定的促进作用。义存曾劝谏王审知“且为佛法主宰”，王审知在其影响下大兴佛教，“洗兵于法雨，致礼于禅林”。在王审知执政的30年中，以民为本，轻徭薄赋，省刑惜费，鼓励垦荒，倡修水利，发展海外贸易，兴学重

崇圣寺精进比丘禅七

文，招纳中原名士，使福建成为当时全国相对稳定繁荣的地区，被喻为“文儒之乡”。

由于义存道高法妙，又受到朝廷和地方政权的护持，雪峰道场声名远播，“天下之释子，不计华夏，趋之如赴诏”。当时许多名僧皆出自义存门下，嗣法弟子多达56人。据统计，这些开法行化的弟子，分布于今福建、浙江、广东、江西、安徽、湖南、湖北、四川、河南、河北、山西等地，使雪峰宗风播至全国各地，并远及朝鲜半岛的高丽与新罗。在义存众多嗣法弟子中，玄沙师备、洞岩可休、鹅湖智孚、长庆慧稜、鼓山神晏等五大弟子在福州、泉州、越州、信州等处拥徒传禅，声望益隆；其三传弟子文益和另一弟子文偃则在金陵、韶州两地开法，成为法眼宗和云门宗的创始人，促进了禅宗的传衍和发展。

玄沙师备（835—908）为义存祖师的头号弟子，曾与义存同学，在开垦雪峰上出力尤多，人称“备头陀”。师备独立传法后，历住梅溪普应院，福州玄沙院、安国寺，受王审知礼重为师，号宗一，门下有弟子八百余众。其弘禅以别开禅境称重于世，将一切众生皆有的佛性解释为“法眼”。师备禅师再传弟子清凉文益，继承了玄沙的主要理论，发展为“一切见成”的观点，创立法眼宗。该宗在南唐、吴越取得很大发展，成为五代十国末期影响最大的宗系。

云门文偃（864—949），童真入道，先谒陈尊宿有所感悟，又入闽礼雪峰义存，复参韶州灵树如敏，以“识心相、见静本”相契，后继席在灵树寺开法。后唐同光元年（923年），领众开云门山，追随者逾千人。南汉皇帝刘龑召其入阙，赐匡真禅师号。北宋乾德四年（966年），追谥大慈云匡真弘明禅师。文偃在韶州独树一帜，开创云门宗，门下嗣法弟子知名者有61人。五代末，云门宗由文偃的三传弟子省因和自严将云门宗传回福建。

在雪峰禅系的影响下，福建成为中国禅宗最活跃的区域之一，许多名山古刹的开山与中兴均和雪峰禅系在福建的弘传有直接关系，如福州涌泉寺开山祖师神晏、福州西禅寺中兴祖师慧稜均为义存高足，福州林阳寺开山祖师志端、泉州承天寺开山祖师省僜为义存再传弟子，漳州南山寺中兴祖师玄应为义存三传弟子，宁德支提山华藏寺开山祖师清耸为义存四传弟子等。

禅宗史上，将禅宗中的沩仰、临济、曹洞、云门、法眼五宗，称为“一

雪峰义存祖师难提塔

枯木庵雪景

花开五叶”。在晚唐五代时期，这五家禅学争奇斗艳，显示出异花竞放的繁荣发展景象。而在这五家禅法中，雪峰义存祖师门下就占了两家。

雪峰法脉的传承与发展

继义存后，雪峰崇圣禅寺历经千百余年兴替，凡133代雪峰住持都为雪峰道场的护持，付出了极大的心血。其间，不管是作为雪峰衍派的云门宗法脉，还是同出曹溪的临济、曹洞二宗法脉，诸宗祖师相继住持，世代累迁，使道场永固，雪峰崇圣禅寺兴盛不衰。

雪峰寺开山祖师义存真觉为青原行思派下禅师，传禅宗第十二世。义存当山39年，于后梁开平二年（908年）以世寿87岁圆寂，建塔于寺中，王审知遣子王延禀入寺哀恸，特谕祭礼。因义存的崇高威望，在其圆寂后，雪峰寺一时无以为继。

北宋建立后，各大丛林住持改由官府礼请委任，选贤而定，雪峰寺作为闽中名刹得以再兴，并赐名“雪峰崇圣禅寺”。宋仁宗在位期间，北宋国势鼎盛，戒华、元昱、仁晓、象敦相继受请住持雪峰。象敦是福州人，为雪峰义存五传弟子，嗣法泐潭怀澄，传云门宗第五世，皇祐五年（1053年）受请当山，圆寂后建塔于雪峰，为云门宗回传雪峰之始。此后，住持雪峰崇圣禅寺的云门宗僧人，还有雪峰崇圣禅寺第13代住持雪峰隆、第15代住持雪峰大智、第19代住持赐紫圆觉宗演等。

宋徽宗政和二年（1112年），临济宗僧人有需由鼓山涌泉寺移主雪峰，任崇圣禅寺第14代住持。有需（1050—1120），兴化人，俗姓洪，嗣法泐潭宝峰应乾，传临济宗第十一世，为临济宗在雪峰传承之始。宋代住持雪峰崇圣禅寺的临济宗僧人，还有雪峰崇圣禅寺第21代住持东山慧空、第22代住持毬堂慧忠、第23代住持普慈蕴闻、第36代住持痴绝道冲、第37代住持大梦德因、第43代住持藏叟善珍和第45代住持绝岸可湘。

宋高宗建炎四年（1130年），曹洞宗僧人真歇清了由浙江天台山移主雪峰，任崇圣禅寺第16代住持。真歇清了（1088—1151），四川绵州人，俗姓雍，嗣法丹霞子淳，传曹洞宗第10世，开法四明补陀、台州天封，后入闽主持雪峰法席，当山四载，为曹洞宗传入雪峰之始。真歇清了之后，其同门法兄弟大洪庆预（1078—1140）继席雪峰，为崇圣禅寺第17代住持，赐号慧照大师。庆预禅师的嗣法弟子雪峰慧深（1104—1190），在晚年时曾出任崇圣禅寺第27代住持。

元代以后，随着云门宗的没落，雪峰崇圣禅寺主要由临济、曹洞两宗禅师住持，寺院几经重修。元代，有临济宗悟逸樵隐两次来此寺驻锡。至明初，洁庵正映为朝廷钦选任第67任住持，立志中兴雪峰，历经5年，始将佛

崇圣寺水陆法会

省佛教协会第23届传戒法会在雪峰崇圣寺举行

殿修复完成。后世在智镇、智明、德秀、六华、碧泉、近轩等历任住持的躬亲力举下，使道场得以不断中兴。清初，又有临济宗天童系僧人亘信行弥、临济宗磐山系僧人白嵩行俊、六吉行谦、曹洞宗寿昌系恒涛大心等住持雪峰崇圣禅寺。清末民国时期，雪峰崇圣寺历任住持为曹洞宗寿昌系僧人悟源达本、圆瑛宏悟、达铭腾清、禅观常悟、忠心腾慈。

现任雪峰崇圣禅寺方丈广霖，为福建周宁人，俗姓林，毕业于中国佛学院灵岩山分院，禅宗肩祧曹洞、临济二宗，曹洞宗嗣法新加坡宗圣，临济宗嗣法新加坡谈禅，同时天台正法传承香港永惺。1994年升座为福州雪峰崇圣禅寺第133任方丈。

雪峰法脉的海外弘传

晚清以来，福建各大丛林僧人向南洋弘传佛法，成为中国近代佛教史上最为值得关注的事件之一。福州雪峰崇圣禅寺在这一历史进程中也扮演了重要的角色。自雪峰崇圣禅寺第125代住持达本以下，雪峰崇圣寺历代住持都与南洋地区关系密切，此外如胜进、宝松、镜盦等在南洋弘法的僧人也都与雪峰祖庭有着甚深的法脉渊源和密切的法谊往来。历史上，雪峰崇圣寺还在南洋建立了为数众多的海外廨院，其中知名者有新加坡法华寺和马来西亚怡保东莲小筑等。

达本悟源（1847—1930），福建古田人，俗姓汪。世业农工，曾作窑司。22岁投福清黄檗山香城寺礼汉林为师，24岁依鼓山净空受戒，后嗣法净空为曹洞宗第45代，接任鼓山监院，提倡禅宗，厘订坐香规则。清光绪十三年（1887年），师奋志中兴雪峰，得妙莲、古月二老相助，发起兴复。当时雪峰仅存古寺数椽，仅有僧人能波一人，赖达本苦心经营，陆续兴建法堂、大殿、禅堂等建筑。光绪二十七年（1901年），达本赴南洋槟城募化，为雪峰僧人下南洋之始。

达本之后，圆瑛承其法印，继主雪峰。圆瑛（1878—1953），为福建古田人，俗姓吴。出家于鼓山涌泉寺，礼莆田梅峰光孝寺增西为师，20岁依鼓山妙莲受具足戒，后至雪峰亲近达本。21岁赴浙江参禅，嗣法于宁波七塔寺慈运，为临济正宗第40世。1928年，达本自虑年事已高，传曹洞宗法脉予圆瑛，礼请其还山继掌雪峰法席。圆瑛宏宗演教，曾历日本、朝鲜、菲律宾及南洋各岛，为众所叹服。

圆瑛因兼任中国佛教会、中国佛教协会会长之务，不遑住山，寺务先后由照高、腾清、常悟等代理。其中第128代住持达铭腾清退居后弘法于马来群岛，卓锡南洋新加坡圆通寺。第129代住持禅观常悟曾先后七下南洋劝募，修建雪峰客堂，重修大殿、斋堂、大寮等处，退居后赴菲岛，弘法于菲律宾马尼拉华藏寺。第130代住持忠心腾慈为梅峰光孝寺微嘉弟子，后嗣法于达本，出主南洋新加坡圆通寺。第131代住持青凯常年于南洋弘法，曾卓锡于新加坡双林寺、普觉寺、龙山寺等，创新加坡法华寺。第132代住持宗圣为忠心之徒，长年弘法于印度尼西亚、新加坡。

1979年雪峰崇圣禅寺恢复开放后，由于雪峰寺与南洋的渊源，南洋华侨为雪峰崇圣寺的重建捐赠了大量的善款。马来西亚华侨郑真如居士捐资人民币45万元，重建天王殿和钟鼓楼；马来西亚怡保东莲小筑僧华果捐资人民币34万多元，修建大雄宝殿、香积厨、斋堂、库房、客堂和如意斋等。1986年，新加坡侨僧宗圣再捐资人民币12万元修建禅堂和如意楼等。

雪峰崇圣禅寺既是雪峰义存真觉开山之祖庭，又是近代海外诸多寺院之祖地，在祖庭文化的弘扬上拥有着得天独厚的优势。现任方丈广霖致力于把雪峰崇圣禅寺建设成为高标准、多元化的精品佛教文化交流基地，发挥佛教对台、对外交流优势，促进佛教文化在世界各地的交流，增进世界人民的福祉。

近年来，雪峰崇圣禅寺弘扬祖庭文化，多次举办大型纪念活动，邀集海内外法谊同胞共同研讨祖师宗风的传承与发展。如2008年，雪峰崇圣禅寺以义存祖师圆寂1100周年纪念为契机，借助雪峰崇圣禅寺与雪峰禅法在禅宗史上的独特优势与深远影响，发起一场盛大的禅宗思想文化研讨会，通过同源文化的交流活动，吸引世界各地包含海峡两岸的信众3000余人参加，促进了海峡两岸及世界各区域的密切交流。

瑞峰林阳寺

岳峙群山，应赞瑞峰凝瑞气；渊渟一水，还欣明世掬明漪。

福州瑞峰林阳寺为福州五大丛林之一，以历史悠久、高僧辈出、文物丰富而著称于世，为全国汉族地区佛教重点寺院。近代以来，有古月、禅悦、净然、圆瑛、宝松、海济等高僧护持，其间多有往海外弘化者，使寺名远播于南洋及欧美。

林阳寺

寺院沿革

林阳寺，位于福建省福州市晋安区寿山乡石牌村桃枝岭瑞峰之麓，三面环山，群峦环抱，一面临水，湖波微漾。据《林洋备乘》考证，早在南朝就有僧人在此修持、弘法，今尚存南朝陈永定四年（560年）所建的隐山和尚塔。五代后唐长兴二年（931年），寺始建，以此地林木浩瀚、地势平坦而得名林洋院。

五代末，雪峰义存再传弟子志端在此传法，后屡有兴废。明万历四十年（1612年），僧大渊重建寺内佛堂，略有恢复。清康熙十二年（1673年）重修，乾隆（1736—1795）时再修，至光绪（1875—1908）时寺又废圮。宣统二年（1910年）鼓山涌泉寺古月发愿重兴，并命弟子禅悦在山中具体负责重建事宜，又分遣弟子净然、凝正等人往南洋募化。重建后的殿宇整体效仿鼓山涌泉寺布局，庄严宏丽，颇具规模，落成后更名瑞峰林阳寺。古月和尚圆寂后，禅悦、净然二上人先后继任住持。1931年，圆瑛大师接任法席，三年后由宝松接任，又三年由海济接任。

从1957年起，新加坡龙华寺僧慧观受聘担任该寺名誉方丈，陆续资助寺内修建，以其助力，连同寺僧行医所得，数年之间，新建一座大悲楼。1973年2月，该寺仅有一部分场所供僧众居住兼行早、晚课诵，大部分被占。从1978年起，寺内天王殿、大雄宝殿和法堂等陆续归还。1979年，广贤着手修复各殿堂，得到福州市郊区人民政府的支持，先后拨款整修寺外公路，解决寺内用电问题。1980年，广贤旅居美国，随后，陆续筹集资金，重修寺宇。1985年初，该寺修复和佛像重塑工程基本告竣。林阳寺现任方丈为广贤弟子修达法师，2003年1月为林阳寺住持，2008年10月升座为林阳寺方丈。

林阳寺建于南朝的隐山藏骨塔

林阳寺现占地面积800余亩，寺内建筑群以中轴线上之山门、天王殿、大雄宝殿、法堂为主，左右分峙钟鼓二楼，旁附伽蓝殿、祖师殿、报恩堂、西归祠、地藏殿、禅堂、念佛堂、斋堂、香积厨、库房、寮房、方丈室、大悲楼、古月塔院和广公纪念堂等。寺僧遵守古制，农禅并举，在寺内外广植林木，尤其是十几年前栽种的数百株梅花，已成福州踏春胜景。

寺中文物丰富。1965年，文物部门在寺西山谷间发现一座建于南朝陈永定四年（560年）之隐山藏骨塔，为福建省最早的佛教文物遗存之一。寺内斋堂柱础系北宋时遗物，为四块正方形石础，纵横各0.7米，上均镌有施者题识。另有明成化（1465—1487）时烧制的大势至菩萨白瓷立像，高约0.9米。寺中还藏有清代《龙藏》7000余卷。

高僧辈出

林阳寺历代高僧辈出，其中著名者有五代僧人志端，为雪峰义存再传弟子。近代以来，则有古月、圆瑛、广贤相继鼎力，护持林阳法脉传承不衰。

志端（892—969），福州人，俗姓俞。受业于福州南涧寺，参雪峰义存弟子安国弘瑫得法，后于林阳山瑞峰院开法接众。曾有僧问："如何是迥绝人烟处佛法？"志端答曰："巅山峭峙碧芬芳。"北宋开宝二年（969年）圆寂于林阳丈室，世寿78岁。入宋，有僧德建，福州怀安人，俗姓潘，嗣法等觉真一，曾任鼓山涌泉寺第12代住持，后移主林阳寺。明代，有僧人大渊，生平不详，曾于万历四十年（1612年）重构佛堂。

清末高僧古月（1843—1919），福建闽清人，俗姓朱。同治元年（1862年）出家于鼓山涌泉寺，习苦行，住洞数十年，后重兴福州崇福、林阳两寺。光绪二十八年（1902年）为鼓山涌泉寺方丈，严于修持，善于接众，因此深得闽台四众弟子之景仰，一度兼主鼓山、西禅、雪峰、林阳、崇福五大丛林，对林阳寺的复兴倾注了不少心血。古月禅师的弟子禅悦、净然、凝正等人也在林阳寺复兴过程中出力甚巨。

近代高僧圆瑛（1878—1953），福建古田人，俗姓吴，法讳宏悟。圆瑛19岁于福州涌泉寺出家，次年从妙莲受具足戒，后遍参尊宿，嗣法为临济宗第四十世、曹洞宗第四十六世法脉传人。1929年发起成立中国佛教会，连任七届会长或理事长。1931年继任福州瑞峰林阳寺方丈。同年以中国佛教会常务主席的名义，发表了《致日本佛教界人士书》，强烈抗议日本发动"九一八"事变。1953年，中国佛教协会成立，圆瑛再被推选为首届会

林阳寺古月和尚塔

长，为团结全国佛教徒和保卫世界和平事业作出了巨大贡献。圆瑛之后，继席林阳寺者有宝松、海济，均对林阳寺建设作出贡献。

当代中兴本山广贤（1926—2001），福建漳州东山人，俗姓潘。1944年在建宁报国寺亲近慧定，后在武夷山天心永乐禅寺受具足戒。随即四处参学，多方亲近善知识。1959年入中国佛学院学习，学成回江西云居山。1975年发愿中兴林阳寺，不辞辛苦，率众整修，护法安僧，深受四众弟子拥戴，后推为住持。为筹募重修资金，广贤于1980年10月赴美弘法，创纽约福寿寺，取得极大成功，数年之间集资百万元，使林阳寺得以全面修葺，轮奂一新，又捐资修缮闽北建瓯光孝寺、建宁报国寺、将乐报恩寺、建阳大觉寺诸刹。2001年11月安详示寂，世寿76岁，灵骨藏于林阳寺广公纪念堂舍利塔中。

现任方丈修达，福建古田人，俗姓余，1985年出家于福州林阳寺，礼广贤为师，翌年受具足戒于九华山祇园寺。1987年任福州林阳寺监院，1993年任福州西禅寺监院，2003年晋院为林阳寺住持，2008年升座为林阳寺方丈。

对台和对外弘法

林阳寺与海外关系密切，由来已久，自清末民国时期净然两度赴南洋各埠募化起，历任住持皆与南洋佛教界结下深缘，寺之建设亦得到南洋华侨的大力支持。

民国时期，林阳寺僧人弘法南洋者，史籍可查者有净然、凝正、圆瑛、宝松、海济等人。净然、凝正为古月弟子，受命往南洋募化，后来净然出任林阳寺监院、住持，又两度奔走新加坡、槟城等地弘法募化，历时达5年之久。圆瑛为近代中国佛教界领袖，曾应邀赴日本、朝鲜、菲律宾、泰国、印度、新加坡和马来西亚等国讲经弘化，后出任槟城极乐寺方丈。宝松早年出家于南洋，曾任福州雪峰崇圣寺监院、槟城极乐寺监院，后继圆瑛出任林阳寺住持，退居后住持福州开元寺，发起创办福建佛教医院，后往南洋弘法于新加坡、马来西亚各地。海济为近代福建著名医僧，退居后住持长乐龙泉寺，也多次前往南洋弘法募化。由于这样的渊源，在林阳寺重兴过程中，又再次得到新加坡龙华寺慧观、双林寺谈禅等南洋侨僧侨胞的大力支持。

从20世纪80年代起，林阳寺将弘法的目光又投向了大洋彼岸的美国。寺中兴方丈广贤于1980年10月振锡赴美弘法，其间在休斯敦居留9个月后，旋在纽约创办福寿寺。嗣后，修觉、修西、修旺、修晖、智开等众弟子纷纷前往协助，灯传无尽，如今已在美国开辟多处道场，计有修觉创办的纽约普照寺、修晖创办的芝加哥天龙寺与洛杉矶观音寺、智开创办的费城开元寺等。此外，广贤弟子修用赴新加坡弘法，驻锡于竹林寺。在广贤及其弟子的推动下，林阳寺法脉遍布海内外。

近年来，林阳寺先后接待了新加坡、马来西亚、泰国、日本、印度尼西亚、美国、加拿大等国家及中国台湾、香港地区嘉宾的来访，积极推动两岸交流，参与“一带一路”建设。1987年，马来西亚净业寺住持真经一行到福州参访林阳寺等。2004年，由台湾“中国佛教会”理事长净良为团长的访问团一行48人到访林阳寺。2009年，新加坡竹林寺住持修用率信徒50余人回山礼祖。

另外，现任方丈修达自继任林阳寺住持以来，也充分发挥林阳寺祖庭优势，联络海内外法脉同胞，与诸师兄弟共同护持祖庭文化。为加强对外交往，深入进行佛教文化交流，修达先后应邀或组团访问了韩国、新加坡、马来西亚、泰国、柬埔寨、日本、印度尼西亚、斯里兰卡、越南、澳大利亚、新西兰、美国、加拿大等国家以及中国台港澳地区。

金鸡山地藏寺

法阐十轮，度空六道；修抛红粉，居对青山。

福州金鸡山地藏寺历史悠久，屡经兴废更替。至近代以来，地藏寺重兴寺宇，得德钦、明旭、传常等尼众大德相继住持，以道风严谨闻名于世，成为名闻海内外的著名女众丛林，在佛教界极具盛名。1983年，地藏寺被列为全国汉族地区佛教重点寺院，是福建地区入选的14家寺院中唯一的尼众丛林。

地藏寺山门

概　　况

金鸡山地藏寺位于福州东门外的金鸡山南麓。南朝梁武帝大通元年（527年），此地曾建有法林尼寺，为福建最早的尼众寺院，后寺废尼散。唐乾宁元年（894年），寺始建，以大殿内供奉地藏菩萨像而得名“地藏院”。此后，历经宋、元、明各代屡次修葺，规模渐广。后毁于火，仅存地藏殿。从明末开始，该寺沦为停棺之所，至清咸丰（1851—1861）时益显萧条冷落。同治三年（1864年），绅耆魏杰等人募资重建大士殿、文昌祠、斋堂和拜台，得修前殿、两庑和山门，并勒石布告，严禁“租停棺柩”（该碑今嵌于寺内大雄宝殿东侧廊庑内墙）。光绪（1875—1908）时和民国初年，寺宇两度重修，后又重新沦为置棺之所。

地藏寺旧貌

1930年，比丘尼德钦从福州东郊溪口双溪庵率女众来寺接管，将所停之棺悉数下葬于寺旁陈家山，并重修寺宇，使该寺成为女众道场，常住尼众数十人。时僧慈舟有志于弘律，乃南下入住福州北院，地藏寺比丘尼久闻其名，遂依止其为教诫师，使寺内宗教活动如法如律。

1941年，福州沦陷时，德钦拒受敌伪救济，率众避居福清东张灵石禅寺，开荒自给。1944年，德钦率众返寺。1947—1948年，寺礼聘圆瑛高足明旭为住持，旋于寺内建造骨灰寄存塔。

中华人民共和国成立后，在明旭、德钦、传常、如妙等大德的带领下，地藏寺成为福建省有名的女众丛林和净土道场。原中国佛教协会会长赵朴初曾两次莅临地藏寺视察，关心推动地藏寺修缮复建，并曾兴怀赋诗云：“喜看殿宇重开启，希有因缘好护持。问讯同参清净众，说经法乐与相期。”

如今，地藏寺经过30多年的翻修增建，面貌焕然一新。寺内设有天王殿、地藏殿、大雄宝殿、玉佛殿、藏经楼、念佛堂等，整座寺庙坐东面西，清净庄严。

法脉传承

地藏寺历史悠久，道风严谨。近代历任方丈皆属禅门临济宗，传承近代高僧圆瑛、虚云两支法脉，寺众禅、净、律并重，经明旭、德钦、传常、如

地藏寺大雄宝殿

妙相继护持，奠定了今日尼众丛林之格局，以道风严谨驰名于世。

明旭（1881—1969），法号日生，福建闽侯人，俗姓蒋，讳树英，为中国佛教协会原副会长明旸生母。出家前曾任女子职业学校校长，笃信佛教，归心净业。56岁时正式礼圆瑛出家，后嗣法为临济宗第四十一世法脉传人。60岁时应福州地藏寺两序大众之请，住持法席，亲自领众修学，如律而行，本农禅并重遗旨，在寺创纺纱工厂。71岁后至上海圆明讲堂安居，静心养道，寺务由德钦代理。圆寂后，与德钦合塔葬于地藏寺永怀亭。

德钦（1894—1985），福州人，俗姓黄，讳砚萱。早年毕业于福州女子师范学校，34岁时礼福州东郊双溪庵果因出家，后受法于虚云为临济宗第四十四世法脉传人。1930年，从双溪庵率众重兴地藏寺，后礼请明旭主持法席。明旭至上海圆明讲堂安居后，德钦代理寺务，后继任住持，建化身窑，设藏骨塔，为福州市火葬之滥觞。德钦住持达50多年之久，苦心经营，使地藏寺成为我国东南地区女众佛教徒修行之中心道场，被尊为重兴地藏寺第一代方丈。

传常（1921—2009），福建霞浦人，俗姓林，讳芝英。19岁在霞浦大京白鹤堂出家，1957年，在福州鼓山盛慧座下受三坛大戒，后前往福州地藏寺亲近德钦学戒，并协助德钦在象峰崇福寺筹办福州佛教安养院。1964年，嗣法德钦为临济宗第四十五世法脉传人。1983年与妙湛、普雨、圆拙四位大德共同创办福建佛学院，并担任副院长。1989年，荣膺福州金鸡山地藏寺和象峰崇福寺方丈。曾任中国佛教协会咨议委员会副主席、福建省佛教协会副会长、福州市佛教协会名誉会长等职。

如妙，福建莆田人，生于1959年。1978年出家于莆田笏石福兴庵，礼马来西亚净业寺真经剃度。就读于福建佛学院女众部，毕业后留在福建省佛教协会工作。1996年，嗣法传常为临济宗第四十六世法脉传人。1998年，升座地藏寺方丈。如妙秉承传常教导，重修寺宇，增建殿堂，创建道风严谨、清净和合的如法僧团，完备丛林规模。2003年，升座为福州象峰崇福寺方丈，肩挑振兴福建尼众丛林的重担。

如今，地藏寺在如妙的带领下，誓守如来家业，着重培养僧才，续佛慧灯。2012年3月，福州地藏寺举行如妙传法庆典，杭州三天竺法镜讲寺监院

地藏寺宏传（传常）传法盛会留影，如妙接法为临济宗四十六世

地藏寺开慧寂华（如妙）传法盛会留影

智圆、副监院智仪，上海沉香阁监院果圣嗣法为临济宗第四十七世法脉传人，将地藏寺法脉不断传承发扬。

修行弘法拓交流

地藏寺注重提高僧众文化素质，在培养爱国爱教、学修并重、严净毗尼、弘扬正法的现代僧才前提下，努力增进僧团与社会的关系，延续僧众的法身慧命。秉承着这样的目标，地藏寺积极协助福建佛学院女众部办学，并将部分学员移到福州金鸡山地藏寺修学。

除僧众培养外，地藏寺积极向信众宣讲佛理，弘扬佛法。通过举办讲经法会、居士学佛班、传统文化国学培训班、消灾祈福法会、盂兰盆孝亲报恩斋僧法会、浴佛法会等活动，推动佛教文化的传播。

地藏寺与海内外各名山宝刹互动频繁。1984年，香港大屿山宝莲禅寺住持圣一一行20人来福州，参观开元寺、地藏寺与崇福寺。1985年，新加坡观音庵贤宽来福州，参访福州地藏寺及崇福寺。1988年，香港意昭、光圆等来福州参访涌泉寺、西禅寺、地藏寺、崇福寺等。近年来，地藏寺在交流中主动“走出去”。如妙于2007年9月应邀参加由福建省佛教协会举办的两岸祈祷世界和平、人民安乐及慈航菩萨圣像回归祖庭系列活动。如妙还多次随中国佛教协会、福建省佛教协会参访团出访日本、新加坡、马来西亚、柬埔寨、印度尼西亚、澳大利亚等国家和地区。参与“护送佛指舍利至泰国供奉”、中日韩“黄金纽带”赴韩国交流、香港回归十周年纪念、澳门回归十周年纪念等重要活动，推动佛教文化对外交流。

地藏寺秉依律典、谨遵佛制，每年依法结夏安居

福清黄檗山万福寺

福清黄檗山万福寺历史悠久，高僧辈出，早在唐代就有高僧黄檗希运、长庆大安在此祝发出家，明末又有密云圆悟、费隐通容、隐元隆琦等高僧于此开法。其中隐元禅师后来东渡日本，游化东瀛，创日本京都黄檗山万福寺，开日本黄檗宗一脉，进而深刻影响日本社会文化思想，受日本后水尾法皇封号大光普照国师。福清黄檗寺由此成为日本黄檗宗祖庭。

万福寺大雄宝殿

概　况

黄檗山万福寺位于福清市渔溪镇黄檗山主峰绛节岭山麓，该山以盛产黄檗木而得名。唐贞元五年（789年），六祖慧能的弟子莆田人正乾于此开山结茅，募缘建寺，初名般若堂。贞元八年（792年），又于堂之东面增辟院落，寺之规模粗具，朝廷赐名建福禅寺，俗称黄檗寺。

宋时该寺渐兴，南宋绍兴（1131—1162）时，临济宗杨歧派僧善果自湖南沩山来此住持，前后历时10年。到了元朝，该寺逐渐衰微，几近荒废。明洪武二十三年（1390年），僧大休得莆田居士周心鉴鼎助，重修殿宇，盛极一时。嘉靖三十四年（1555年），倭寇侵扰福建沿海，火烧建福寺，寺内殿堂化为灰烬。

明隆庆初（1567—1568），寺僧中天发愿重建寺宇，并进京奏请赐藏（《北藏》），然苦候8年未果，且逝于京都。其徒孙鉴源、镜源继承遗志，再次进京请藏，六易寒暑，得邑人内阁首辅叶向高相助，乃获御赐大藏经（《北藏》）678函、紫袈裟3袭，并赐万福禅寺额，沿用至今。鉴源、镜源返寺后，大兴土木，修建大殿和法堂，叶向高亦捐建一藏经阁，黄檗寺自此重兴，宗风丕振。

崇祯二年（1629年），寺内又建东西客堂，临济宗天童系密云圆悟禅师应请来寺住持，旋返浙江湖州金粟山广慧寺。崇祯六年（1633年），圆悟得法弟子闽僧费隐通容继任住持，其高足闽僧隐元隆琦被推为西堂。崇祯十年（1637年），隐元继主法席，此间，屡赴福建漳州和广东潮州一带募化，数年劳顿，苦心经营，陆续修建了大雄宝殿、法堂、山门、斋堂、钟鼓楼、库房和寮舍等大小30余处，寺宇落成后，隐元举扬宗风，大振于世，福清黄檗山万福寺成为东南沿海临济宗重要道场之一。清顺治十一年（1654年），隐元东渡日本，在日本开创黄檗宗，其门人慧门性沛继主万福寺法席。乾隆（1736—1795）年间，该寺又趋衰微，僧清馥一度募化修复。民国十七年（1928年），该寺突遭山洪，损失严重，翌年又罹火灾，千年古刹毁于一炬，藏经、文物焚烧殆尽。

1957年春，经多方努力，在唐代故址修建法堂和方丈室，供僧众修持、栖息，因财力拮据，寺院全貌未复。“文化大革命”期间，该寺濒临废毁。1979年以来，寺院重新得到恢复，1983年被列为全国汉族地区佛教重点寺院。1989年4月成立福清黄檗山万福寺修建委员会，着手对该寺进行修复。此间，国务院和省人民政府先后多次拨出修缮补助款，又得印度尼西亚华侨陈子煌、日本友人滋贺县山冈容治等十方善信的热心资助，黄檗山万福寺得以重建一新。2017年，黄檗山万福禅寺在福清籍企业家曹德旺支持下，发起新一轮重建工程。福清黄檗山万福寺现任住持为戒文。

寺中文物尚有古石槽3口，其中一石槽上有宋庆历五年（1045年）题刻，全文为:“僧淳生为四恩三有舍，庆历五年乙酉七月造，住持沙门复其。”福清黄檗山万福寺为日本黄檗宗祖庭，隐元东渡日本后，在京都宇治创建新寺，全以故乡万福寺建筑为蓝本，仍称黄檗山万福寺。从1979年起，日本佛教人士多次组成访问团，专程到福清万福寺谒祖拜塔。1983年，日中友好临黄（临济与黄檗）协会组团参拜祖寺时，特立“日本黄檗山万福寺开山隐元东渡振锡之圣地”石碑，以资纪念。

法脉传承

黄檗山万福寺历史上高僧辈出，代不乏人。唐代有正干、希运、鸿庥、大安、月轮，宋代有密庵咸杰，元代有荆岩。进入明清时期，黄檗山更是高僧迭出，涌现出中天正圆、大休、密云圆悟、费隐通容、隐元隆琦、亘信行弥、木庵、即非如一、慧门如沛、虚白超愿、广超性宣、清斯明净诸禅师。至当代，由黄檗寺分衍出的黄檗派、南山派二支依然兴盛不减，以广钦照

万福寺大雄宝殿旧貌（1929年）

黄檗亭

敬、宏船寂常等为代表。

唐代高僧断际希运（？—855）出生于福建福清林氏，因唐宣宗李忱赠其谥号断际，世称断际希运。于福清黄檗山建福禅寺出家后，游学江西，嗣法于百丈怀海。于洪州高安县鹫峰建广唐寺，因思念福清家乡，还改山名为黄檗，即今江西宜丰黄檗山。其法子中，义玄（？—867）于河北镇州临济院（今河北正定县临济寺）成立临济宗，盛行于世，又传播于日本、朝鲜、越南等地，是为迄今最有影响力的禅宗流派。

与希运同一时代的大安（793—883）是福州西禅寺开山祖师，于福清黄檗山出家，后来嗣法于福建长乐出身的百丈怀海，与希运是法兄弟。曾经辅助灵祐住持潭州（今湖南长沙）沩山密印寺。唐懿宗咸通八年（867年），大安回到福建，于福州西郊怡山创建清禅寺（即今西禅寺）。大安晚年还游故乡黄檗山，于僖宗中和三年（883年）圆寂，谥号圆智大师。

明代费隐通容（1593—1661）也是隐元的嗣法本师。费隐俗姓何，福清江阴人，万历三十四年（1606年）在福清三宝寺从慧山出家。崇祯三年（1630年）七月，在福清黄檗山万福禅寺接受密云圆悟付法，成为临济宗第31代法脉传人。崇祯六年（1633年）应请住持福清黄檗山万福禅寺，前后三载。此后历住金粟山广慧禅寺、天童山景德禅寺、崇德福严禅寺、径山兴圣万寿禅寺等。费隐弘法教化近30年，培养了64位法子，其中著名的有隐元隆琦与亘信行弥，分别开出了临济宗黄檗派与临济宗南山派。

亘信行弥（1603—1659）是临济宗南山寺派始祖。俗姓蔡，同安人，崇祯八年（1635年）在福清黄檗山万福寺嗣法于费隐通容。崇祯十七年（1644年）一度住持福清黄檗山万福禅寺，清顺治三年至六年（1646—1649），应请住持漳州南山报劬禅寺（今南山寺）。在闽南地区经过20多年的弘法，培育众多优秀法子孙，后世称为临济宗南山派，清末时该支法脉传播东南亚等海外地区，传承至今，影响深远。

广钦（1892—1986），传承明末以来的临济宗黄檗派，开出台湾佛教中的临济宗承天寺派。俗姓黄，惠安人。1927年出家于泉州承天寺，后来嗣法于临济宗黄檗派宏仁，为隐元隆琦第13代法孙。1947年6月，由厦门渡海到台北。从此弘化台湾南北，先后建立台北市新店广明寺、广照寺，台北县土城镇日月洞、承天寺、广承岩，台中广龙寺、高雄妙通寺等道场，开创了台湾佛教中的承天寺派。1986年示寂于台北县承天寺。

宏船（1907—1990），传承明末以来的临济宗南山寺派。俗姓朱，晋江人。13岁在泉州承天寺出家于会泉座下，后来嗣法于临济宗南山派转道海清，为临济宗南山寺派下第16代。弘法新加坡，创建新加坡光明山普觉禅寺。此后随侍会泉，历经厦门南普陀寺，南安石井慧月精舍、碧云寺，厦门虎溪岩、万石岩。1938年随会泉南渡新加坡，1943年开始住持光明山普觉禅寺。经过发展扩建，普觉禅寺现为新加坡最大寺院。历任新加坡佛教总会主席、新加坡各宗教联谊会发起人兼主席。以宏船为代表的喝云派僧人，至今在新加坡也非常活跃。宏船逝世后，他的法嗣继续住持普觉禅寺。

隐元东渡

历史上，黄檗山万福寺法脉传承极广，先是福建、江西、浙江、江苏、广东、台湾等东南地区，进而传播于朝鲜、日本、澳大利亚、新加坡、越南诸国，波及欧美，迄今不衰。

其中，明代福清籍高僧隐元东渡日本新建京都黄檗山万福禅寺，创立黄檗宗，尤其为黄檗寺发展历史上的辉煌篇章。

隐元大师画像，喜多元规作于1671年

隐元（1592—1673），福建福清人，俗姓林，名曾昺。明泰昌元年（1620年）在福清黄檗山万福寺礼鉴源兴寿出家，法号隐元，讳隆琦。崇祯七年（1634年），在黄檗山嗣法于高僧费隐通容，为临济宗第三十二代传人。崇祯十年（1637年），隐元应请住持福清黄檗山万福禅寺，倾力复兴。清顺治三年（1646年）退居，顺治十一年（1654年）再任住持。隐元两次住持黄檗山，前后17年，以不懈的努力重兴福清黄檗山，终使之成为东南地区的一大禅林。在这里，隐元结成了黄檗山教团，形成了以继承其法脉的禅僧为中坚力量的临济宗黄檗派。这个黄檗山教团与临济宗黄檗派，后来随着隐元的东渡，传入日本，开花结果，形成了日本黄檗宗。

因为长崎唐人的多次恳请，清顺治十一年、日本承应三年（1654年）五月十日，隐元率领僧俗徒众，离开黄檗山，南下泉州府同安县中左所（厦门），六月二十一日，于中左所乘坐郑成功海商集团的船只，起航东渡，七月五日到达长崎港，六日进驻长崎唐人寺院兴福寺，后又住持长崎崇福寺、摄州普门寺等。

清顺治十八年、日本宽文元年（1661年）五月八日，在德川幕府的支持下，隐元在京都府宇治郡太和山开辟新寺，命名黄檗山万福禅寺，以示不忘福清黄檗山万福禅寺祖庭根源。京都黄檗山万福禅寺的开创，标志着隐元开出的临济宗黄檗派在日本落地生根，日本禅宗新兴宗派黄檗宗由此成立。

在德川幕府的支持下，新兴的黄檗宗得到了巨大发展。从创立到清乾隆十年即日本延亨二年（1745年）的不足百年期间，除总本山京都黄檗山万福禅寺以外，黄檗宗在日本各地的寺院发展到了1043个。与之同时，隐元的10位法子以及法孙高泉性潡，各为开祖，创立了黄檗宗派下的11个流派，传承至今。“在日本黄檗宗十一流中，万松派、直指派、海福派三家分别由隐元的日本弟子龙溪性潜、独照性圆、独木性源所开创。其中，龙溪性潜在隐元渡日前就已成名，是日本临济宗妙心寺派的大德，为摄州普门寺住持。隐元渡日后，龙溪性潜前往长崎兴福寺听法，对隐元佛法之高明由衷赞叹，希望破除门户之见，请隐元禅师住持妙心寺，结果被派内所不容，于是改请隐元住持普门寺，自降为监院。在隐元禅师创立黄檗宗期间，龙溪性潜也出力甚多，但其行为遭到其所属妙心寺派的不满，甚至颇受非难，后来干

日本宇治市隐元禅师登岸地石碑

脆就嗣法于隐元门下，正式成为黄檗宗弟子。龙溪性潜与隐元隆琦的这段交往，堪称中日佛教界间的一段佳话。”

清康熙十二年、日本宽文十三年（1673年）四月三日，隐元在京都黄檗山安详示寂，享年82岁。综其一生，隐元住持中日两国7所道场，开堂说法近30年，传授三坛大戒16次，培养法嗣23位，法孙50多名，其禅风在中日两国佛教中具有深广的影响。隐元圆寂前一日，后水尾上皇赠予封号大光普照国师。此后，每隔50年，日本皇室都加以追谥，成为惯例。最近一次为1972年，昭和天皇谥号华光大师。这样持续的封号追谥在日本僧人中并不多见，而在其他历代渡日弘法僧人中，则别无他例。

“随着隐元禅师所开创的黄檗宗在日本立足，明清时期的中国文化大规模涌入日本，影响于佛教内外，波及江户时代社会生活的方方面面，在文学、书法、美术、雕塑、篆刻、医学、茶道等诸多方面都对日本近世社会的发展产生了深远的影响，隐元禅师也因此被誉为“日本的文化恩人”。

除了隐元，东渡弘法的僧人中还有两位被日本皇室尊为国师，追谥封号，即隐元法嗣木庵性瑫（1611—1684）、法孙高泉性潡（1633—1695）。

1992年，在纪念隐元诞辰400周年时，京都大学柳田圣山教授说：“近世日本的社会发展，不论从哪一方面看，如果离开黄檗文化的影响，都无从解释。”

2017年10月11日，由福建省与日本长崎县共同发起，中日黄檗文化交流大会在福州举办，缅怀隐元大师的功绩，认为黄檗文化是两国人民的共同财富。

作为佛教道场的福清黄檗山，繁衍出江西黄檗山、日本京都黄檗山，堪称天下三黄檗。如今，福清黄檗山万福寺礼请曾长年于澳大利亚弘法的戒文法师回国住持，黄檗山走出了之前的东亚文化视域，融入更为广阔的国际化视域中。

罗山法海寺

万派朝宗归法海，千峰环峙拱罗山。

罗山法海寺为闽垣名刹，自开山道闲以下高僧辈出，至近代又有圆瑛来此开法。民国时期，法海寺先后创办法界学院与法海中学，为近代佛教界兴办僧俗教育事业的一个范例。同时，由于法海寺地处福州市区，民国起便成为福州市林森县佛教联合支会办公驻地，至今依然是福建省佛教协会与福州市佛教协会会址所在。

法海寺

闽垣名刹

法海寺位于福州于山西北的罗山山麓，始建于五代后晋开运二年（945年），原为孟司空舍宅所建，由罗山道闲开山，初名兴福院，又名罗山寺。

北宋大中祥符（1008—1016）时，改名法海寺，法席盛于一时。政和七年（1117年）改作神霄宫，宣和元年（1119年）又改女贞观，南宋建炎元年（1127年）再次恢复为寺院。

明朝初年，法海寺被官府占用，正统二年（1437年）重建。成化九年（1473年）辟法海寺地，扩建闽县学，寺院又渐衰落。嘉靖元年（1522年），举人高叙废寺为宅，后数易其主，为侍御蓝济卿之家。万历二十七年（1599年），僧悟宗上人劝说蓝济卿之孙蓝圻舍宅为寺，当地乡绅亦纷纷捐资重建，法海寺得以中兴，再弘法化，于万历年间曾刊行《心经宋濂宗泐合注》一卷。万历四十一年（1613年）郡人林材曾将重刻的《淳熙三山志》一书的雕版徙置寺中，嘱主僧守之，以广流传，惜已散佚。当时法海寺内有罗山堂、金积园、万绿堂等名胜，为晚明名士游览吟咏之所。

清朝初年，法海寺再度废置，乾隆（1736—1795）时重修，后又屡有兴废。同治八年（1869年），住持心法发愿重兴，渡海到台湾劝募，重建山门、客堂等建筑。光绪二年（1876年），住持妙镜偕徒监院慈悟外出募化，重修大雄宝殿、天王殿、法堂，又建大士阁、大悲楼，历十载竣工，千年古禅林得以恢复旧观。1928年，圆瑛应法海寺僧众之请，将法海寺收为雪峰廨院，重修殿宇，恢复万绿堂，又设福州罗山法界学院于寺中。往后十余年间，战乱频仍，法海寺殿堂沦为驻军之所，僧徒被驱逐出两厢，大悲楼亦被占用。为此，常悟数次往返南洋各地，募款重修寺宇。1948年，佛教界创办法海中学于寺内。

中华人民共和国成立后，福州市佛教协会与福建省佛教协会相继于法海寺成立，法海寺从此成为省、市佛教协会会址所在地。

1985年，在省、市政府拨款及海外侨僧的资助下，法海寺依照清同治年间寺院格局进行修复。1994年11月，在台湾简丰文、林国营两位居士的支持下，又在寺院后进东侧新建成一座仿古三层结构的弘法楼，内设讲堂、图书室、音像复制室等。修复后的罗山法海寺坐南向北，各殿堂佛像颇具特色。

法海寺文物史迹丰富，寺后山坡岩石上刻有楷书“罗山”二字，字径盈尺，是福州“三山藏”之一。寺内文物今尚存明、清石碑4方。1992年11月，法海寺被列为福州市第三批市级文物保护单位。

法海寺法堂

高僧辈出　法脉永续

法海寺自道闲开山起，始终是福州著名禅宗道场，历史上高僧辈出。

唐代后期，青原行思派下弟子陆续向闽中发展，将青原禅法传入福建。至五代时期，青原系在闽达到鼎盛，法海寺的开山祖师道闲，便是青原系岩头全豁门下高足。罗山道闲禅师，福建长溪（今霞浦）人，俗姓陈。早年出家于宁德龟山寺，谒临济宗大德石霜楚圆，再参岩头全豁得法，为青原派下第七世。回闽后受到王审知的礼重，居罗山开法接众，署号“法宝禅师”。五代时丛林号最盛，道闲“领众千数”，嗣法弟子达19人之多。道闲之后，其弟子绍孜、义因相继主持罗山法席，继之，又由同为青原系的雪峰义存再传弟子义聪继席。

北宋时期，禅宗中的云门、临济两宗发展最盛，法海寺也多由此二宗的禅师住持，见诸记载者，有云门宗第五世罗山蒙、云门宗第六世兴福智正、临济宗第十世兴福康源等。另有德建，福州怀安人，俗姓潘，为等觉真一禅师法嗣，所属法脉不详，庆历四年（1044年）起历主鼓山、开元、林阳、雪峰等福州诸名刹，后移住法海寺。又有法海明惠禅师，有偈颂《迷》《妄》《情》《想》等10首传世。

福州法海寺法脉传承图

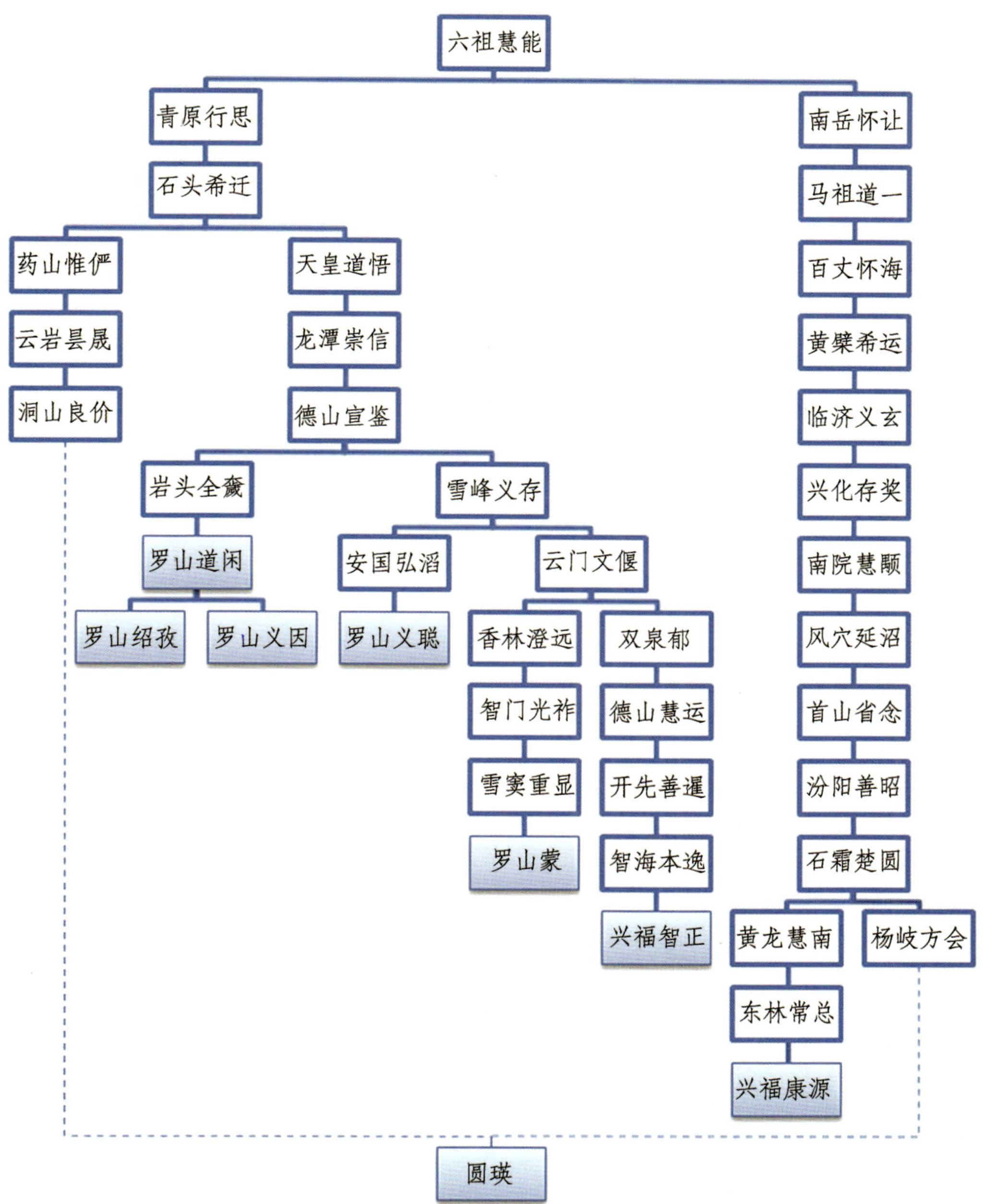

南宋以后，法海寺兴替不一。其间，有明万历（1573—1620）年间僧人悟宗，清同治（1862—1874）年间僧人心法，光绪（1875—1908）年间僧人妙镜、慈悟师徒等相继主持重修。明代的悟宗出家后曾在鼓山国师岩、凤池

等地结茅庵持诵《华严》，并开辟风池白云洞，万历二十七年（1599年）主持重建法海寺，与谢肇淛等名士交好。清代的妙镜为曹洞宗四十三世法脉传人，曾参与福州北禅寺与闽侯石松寺的建设。

民国时期，圆瑛、达铭、常悟、忠心诸师相继以雪峰崇圣寺住持兼主罗山法海，其中以圆瑛、常悟二师对法海寺的建设贡献尤深。1928年，任雪峰崇圣寺住持的圆瑛于法海寺弘经讲法，重修殿宇，将法海寺收为雪峰廨院，恢复万绿堂名胜。同年春，圆瑛的弟子明旸也住在法海寺中，修学禅林清规。圆瑛历主国内外诸大名刹，后出任中国佛教协会首届会长，为中国近现代佛教界著名领袖。其弟子明旸后来成为中国佛教协会副会长，同样为现代佛教界杰出领袖。

常悟，福建莆田人，俗姓苏，法名禅观，号住空。早年丧母，后礼潮泉寺元本为师，依鼓山涌泉寺转福座下得戒，曾在福州雪峰崇圣寺、福州涌泉寺、马来西亚槟城极乐寺等出任维那、知客、监院等职。1943年，荣膺福州雪峰崇圣寺住持，兼主法海寺，又任福州林森县联合支会理事长，设会址于法海寺中。民国时期，曾七度往返南洋各地，募款修建雪峰崇圣寺及福州法海寺，并与忠心等创办福州法海中学于法海寺中。

法海寺明清碑记之一

传常（1921—2009），福建霞浦人，俗姓林。19岁出家为尼，1957年在福州鼓山盛慧座下受三坛大戒，1964年嗣法德钦为临济宗第四十五世，为近代禅门尊宿虚云法孙。传常从1958年起参与中国佛教协会福建省分会筹备组工作，1980年起长期主持福建省佛教协会、福州市佛教协会的日常工作。1985年，经落实宗教房产政策，在圆拙、妙湛的支持及海外侨僧的资助下，由传常主持落实法海寺的重建与全面复兴。

慈悲办学　源远流长

随着近代佛教的复兴与西方国家新式学校教育的传入，福州佛教界有识人士也主动参加社会文化教育事业的兴办。其中，又以法海寺兴办的福州罗山法界学院和福州法海初级中学最为典型。

福州罗山法界学院为民国时期福州僧伽教育的一个典范，由圆瑛创办于1936年3月，其前身为虚云创办的福州鼓山法界学院。圆瑛担任学院院长，慈舟、体敬主持教务。

慈舟（1877—1957），湖北随县人，俗姓梁，法名普海，出生于佛化家庭，33岁投随县佛垣寺礼照元出家，同年冬于汉阳归元寺受具。慈舟毕生行愿，教弘贤首，律持四分，南北游方弘化，兴办僧伽教育。由于其极重修持，戒行精严，因此福州罗山法界学院禅、净、教、律四者并重，在办学方式上一方面符合近代僧伽教育改革之新风，另一方面又注重保持丛林教育之传统。

福州法海初级中学为民国时期福州佛教界兴办社会慈善教育机构的一个典范，由常悟倡办于1947年，初名私立法海普通中级初习学校，1948年正式改名法海初级中学。学校设在法海寺第二进，以“救济社会贫苦失学子弟，实行义务教育”为其办学宗旨，招收失学之贫寒青少年就读。新加坡圆通寺忠心受聘为董事长，校长则先后由叶承谦、欧阳英担任。1949年，法海初级中学正式得到承认，政府同意批准立案，学生人数增加到250人。

1950年，法海初级中学的一切经费开支均由福州市教育局统筹拨补。1952年6月，法海初级中学与基督教会兴办的私立扬光、格致中学合并，成为福州第五中学，1992年更名福州格致中学。

佛协驻地　八闽中枢

民国时，法海寺就开始在省市佛教团体中发挥重要作用。1946年，福州

法海寺庭院

市林森县佛教联合支会在福州法海寺成立。当时的中国佛教会福建省分会也在法海寺中举行了诸多重要会议，对于抗日战争胜利后福建佛教及福州佛教的整理、恢复和发展，发挥了重要的作用。

中华人民共和国成立后，福州市佛教协会与福建省佛教协会相继在法海寺成立。1956年12月，福州市佛教协会在法海寺正式成立，选出理事21名，盛慧被推选为首届会长。1958年5月，中国佛教协会福建省分会筹备委员会在法海寺成立，推举盛慧为筹委会主任。1962年9月，中国佛教协会福建省分会正式成立，选举产生了由45名理事组成的第一届理事会，福慧为首届会长。1990年，中国佛教协会福建省分会更名为福建省佛教协会。福建省佛教协会与福州市佛教协会的成立，使福建佛教界、福州佛教界有了团结和联系全省、全市佛教徒的群众组织，为协助贯彻宗教信仰自由政策，引导全省佛教徒爱国守法、管理教务、弘法利生、维护权益提供了组织上的保证。

为适应佛教工作的需要，省佛协从1981年起在福州鼓山涌泉寺和象峰崇福寺举办佛学培训班，1983年在此基础上成立了福建佛学院，分男众、女众二部，男众部设在莆田广化寺，女众部设在福州崇福寺。福建佛学院实行院长责任制，院部设在福州法海寺省佛教协会内，首任院长为普雨，副院长由圆拙与传常担任。如今，福建佛学院不仅培养了数千僧才，还以道风、学风严谨见称于世，大部分毕业学僧已成为各级佛教协会和各地重要寺院的骨干力量。

根据中国佛教界历来倡导的如法传戒的原则，从1981年起，福建省佛教协会着眼于教务开展的需要，先后举办了传授三坛大戒法会20多届，历次传戒法会均依南山律行事，颇受佛教界的好评。其中，1985年举办的第四次传戒法会，严格遵循佛教律制，比丘和比丘尼二部分开进行传戒，比丘尼在戒坛受本法后再到福州法海寺大僧处加法，这样严格的大型传戒法会在全国首开纪录，此后相沿成习。如今，在以福建省佛教协会名誉会长界诠为代表的一批僧尼的推动下，福建已成为全国汉传佛教界戒学弘传修学的一个中心。

同时，省、市佛教协会积极开展交流交往活动，接待东亚、东南亚、南亚及欧美各国及我国港澳台地区的佛教界人士来访，加深了解，增进友谊，进一步开展对外友好交往和促进祖国和平统一大业的工作。由福建省佛教协会主办的闽台佛教文化交流周作为海峡论坛的一项重要活动，成为闽台佛教界和信众交流交往的重要平台，为凝聚两岸法缘，增进情谊，促进闽台两地佛教界进一步交流发展，共同弘扬中华优秀传统文化，推动两岸关系和平发展作出了积极贡献。

芝山开元寺

萧梁寺观今余几？尚有芝山迹可寻。

萧梁古刹福州开元寺，是福州市现存最古老的寺院，历史上地位显赫。唐代时，日本真言宗祖师空海与日本天台宗祖师圆珍均曾来寺参谒。宋代，寺刊刻的《毗卢藏》为五种宋版大藏经之一，对后世影响深远。近代，寺方丈宝松为早期赴南洋弘法的代表性僧人，其发起的福建佛教医院是近代佛教界最成功的社会公益事业之一。而今，寺院以文化建设为特色，成果显著。

开元寺内山门

概　况

福州开元寺始建于南朝梁武帝太清三年（549年），因地居灵山，初名灵山寺，旋即改称大云寺，唐初改名龙兴寺。至唐开元二十六年（738

年），以年号为名，定名为开元寺。

盛唐时期，开元寺曾建有开元塔，后由王审知重建，塔号寿山，与今白塔、乌塔等并称福州七塔。贞元二十年（804年），日僧空海从长溪（今霞浦）至福州，曾驻锡寺中。唐武宗灭佛，于会昌（841—846）中汰天下寺，每州只准许留一寺，福州开元寺因有唐明皇像而得以保存。大中七年（853年），日僧圆珍来福州开元寺求法，从寺中天竺僧人般若怛罗学习梵字悉昙章，并得赠不少佛教经典。

唐末五代时期，福州开元寺一度成为全闽规模最大的寺院。天祐三年（906年），王审知在福州开元寺铸丈六金铜佛像一尊、造丈三鎏金铜质菩萨像一对。后梁开平元年（907年），王审知受封为闽王，又在福州开元寺设道俗四众弟子参加的大规模的无遮大法会，参加法会者达20万人之众。后唐天成三年（928年），王审知之子王延钧在福州开元寺开坛，度僧两万人。

宋元时期，福州开元寺龙象云集，历代住僧屡蒙朝廷赐号赐紫。北宋政和二年（1112年），福州开元寺住持寿山本明禅师启动大规模刻经，前后历时40年，经7任住持，方基本告竣，名之为《毗卢藏》，共6132卷。南宋建炎元年（1127年），朝廷将宋代太庙七祖御像迁至福州，安奉在开元寺大

药师殿与药师佛

法事活动

殿，后在寺中专辟殿堂供奉，敕匾为启运宫奉迎神御所。元延祐三年（1316年），朝臣亦黑迷失为皇帝祝寿，在全国择定一百座大寺，施钱银轮月看转三乘圣教一藏，福州开元寺名列其中。

明清两代，开元寺规模渐小，但仍然为福州府僧纲司僧正都纲寓所。正德元年（1506年），镇守太监梁裕主持重修。明万历十九年（1591年），赵参鲁遵旨移宁德支提寺《龙藏》和御器供奉于寺。清顺治三年（1646年），开元寺灵源阁遭大火，延及钟楼，后由泉州耿姓僧人募八旗金重建。嘉庆十六年（1811年），寺再遭火灾。光绪二十六年（1900年），开元寺悉毁于大火，仅存铁佛一尊。次年，官府占寺开设自新工艺厂，以安置游民和罪犯，后沦为监狱。

1941年，宝松和尚下山中兴开元寺，两年后于寺中设千台焰口，以超度抗日战争死难者。1946年，宝松主持重建铁佛殿。次年，宝松又择寺之药师殿旧址创建福建佛教医院，向贫苦病人免费施医赠药，在海内外影响巨大，其修建和开办经费由福建与南洋佛教界通力筹集，为今福州市人民医院前身。1948年，宝松赴南洋募化，后于马来西亚士姑来创一真法界，为开元寺历史上的海外廨院。

“文化大革命”期间，开元寺大部分被占，宗教活动一度停止。改革开放后，寺内着手重修，至1981年，以铁佛殿为中心的殿堂修建告竣。1983年，由马来西亚郑真如居士捐资，在寺内西侧建立宝松和尚纪念堂，同年，福州佛教功德林也在寺中恢复活动。

1998年，本性应开元寺两序大众礼请，入驻福州开元寺，全面主持古刹复兴工作，先后落成开元寺内、外山门，兴建观音苑、罗汉堂、禅悦斋，重

铁佛殿

修药师殿、铁佛殿、毗卢藏经阁，重镀千年铁佛金身。现今，福州开元寺坐北朝南，布局紧凑合理，内设福建省开元佛教文化研究所、福建省圆瑛大师研究会、福州开元志业文教慈善基金会、福州开元寺海上丝路佛教馆等机构。

开元寺内多珍贵文物。寺铁佛殿内有一尊铸于唐末五代时期的千年铁佛，佛像螺髻，两耳垂肩，叠掌结跏趺坐于莲花台上，外披泥贴金，法相庄严肃穆，通高5.95米，总重量约52吨，是研究古代冶炼技术的珍贵实物。开元寺铁佛于1961年被列为福州市第一批市级文物保护单位，1991年3月被列为福建省第三批省级文物保护单位。寺中尚存两石槽，分别镌有宋嘉祐六年（1061年）和大观二年（1108年）题识。寺文物还有宋代石塔一座，七层八角，每层雕有8尊坐佛，总高约7米，塔檐口径宽2.6米，塔身宽2米，现位于寺围墙外的外贸宿舍楼群中。

法脉传承

福州开元寺历史悠久，法脉绵长，但寺之始创者今已难以考证，至唐代以后方有较为清晰的记载。由于长期作为福州官寺，主僧多由官府礼请委任，因而福州开元寺历代住持宗派不一。历史上，来福州开元寺讲经弘法的律宗高僧、义学大德、禅门尊宿层出不穷。

唐天宝（742—756）年间的律宗僧人宣一，是现存记载最早的福州开元寺僧人，为唐初高僧扬州龙兴寺法慎律师的上首弟子，为较早在闽弘律的僧人。大中（847—860）年间，福州开元寺在佛教义学上发展繁荣，寺中精通义学的僧人包括常契、常砧、存式、惠灌、智海、义雄、参寥、履权、令端、志宁等。其中，寺僧志宁将唐代华严学者李通玄居士所著的《新华严经论》注于《华严经》下，汇经论合为一本，编成《大方广佛华严经合论》，遍行于世，对华严学的传播意义重大。寺僧惠灌与来华游学的两代日僧弘法大师空海、智证大师圆珍相交，关系莫逆。寺僧存式为福州开元寺传教大德，义学造诣精深，曾为圆珍讲授《妙法莲华经》《华严经》《俱舍论》等经典。寺僧参寥善于诗文，有诗集，与圆珍有诗文唱和。

两宋时期，禅宗独盛，福州开元寺的僧人以禅宗为主。宋仁宗（1022—1063）年间，福州开元寺住持有悟壁、德建等。两宋之交，开元寺盛极一时，名僧辈出，累获朝廷加封、赐号、赐紫，殊荣不断。从宋徽宗政和二年（1112年）至宋高宗绍兴二十一年（1152年），担任福州开元寺住持的僧人就有赐紫传法解空大师本明、宗鉴大师元忠、净慧大师法超、赐紫传法慧海大师惟仲、传法沙门必强、传法赐紫圆证大师子文、赐紫传法慧通大师子一等。其中，本明禅师为本觉守一法嗣，传云门宗第八世。至南宋末年，福州开元寺住持由传法沙门文迪担任。

元明以降，福州开元寺稍有衰落，但高僧名士往来不绝，多有佳话。元代时，福州开元寺住僧有穆庵文康禅师，浙江慈溪人，嗣法了庵清欲为临济宗松源派第二十世，与明初佛教领袖季潭宗泐禅师交好，擅长诗词，文辞甚雅，有《穆庵文康禅师语录》一卷传世。明永乐（1403—1424）时，福州开元寺住僧法阐上人为“闽中十才子”中王恭的从兄，曾住鼓山白云寺与芝山开元寺，为当时著名诗僧。万历（1573—1620）时，开元寺住僧有住持如容、藏主真灿等，另有大迁圆慧、天恩真受等高僧不时来寺讲法，法席盛于一时。清初，福州开元寺住僧雪溪，居开元寺铁佛殿行医济世，假福田为净土之本，与鼓山道霈交好，世寿六十而终。

宝松和尚纪念堂

除福州开元寺自身外，五代时由开元寺地析置的太平寺，同样也是高僧辈出。五代僧人洞山清禀，同样于福州太平寺受戒，嗣法云门文偃为云门宗第二世，居江西洞山开法。宋初僧人昭本文备，幼学于福州太平寺，并于太平寺受具足戒，后住钱唐慈光院弘法，为天台宗十四祖高论清竦的三传弟子，著有《圆觉经科》等。北宋僧人太平守恩，嗣法慧林宗本为云门宗第七世，于福州地藏寺、太平寺两处开法，大阐宗风，四方归仰。南宋僧人枯禅自镜，嗣法密庵咸杰为临济宗杨岐派第十五世，曾驻锡福州太平寺开法，后移主杭州灵隐寺、宁波天童寺等。

近代以来，福州开元寺几经灾劫，幸有宝松、通明、广体、提润、戒灯等相继护持，其中以宝松贡献最著。宝松和尚（1891—1962），福建长乐人，俗姓陈，礼槟城极乐寺本忠为师，于福州鼓山涌泉寺受戒，依雪峰崇圣寺达本习禅，属曹洞宗寿昌系法脉，先后担任福州雪峰崇圣寺监院、槟城极乐寺监院、福州林阳寺住持。1941年，宝松主缘重兴福州开元寺，两赴南洋募化。经宝松苦心修葺，开元寺重建铁佛殿，再塑庄严金身，创办福建佛教医院于寺之药师殿，福州开元寺得以中兴。

现任方丈本性，为福建霞浦人，俗姓王。1985年礼常熟兴福寺悉明上人出家，1988年依广东南华寺本焕长老座下受具足戒，1996年嗣法上海圆明讲堂明旸禅师，传临济正宗第四十二世、曹洞正宗第四十八世，2004年晋院升座为福州芝山开元寺方丈。

海丝名蓝

福州开元寺位于中国海上丝绸之路的重要节点福州，与海上丝绸之路的发展有着千丝万缕的联系，自古洎今都是海丝佛教的重要参与者与见证者。汉代时的福州东冶港旧址，就位于今福州开元寺前东侧。唐代时，与朝鲜、日本、印度僧人有往来，日本真言宗、天台宗均与福州开元寺渊源甚深。近代时，福州开元寺又成为汉传佛教向南洋传播的祖庭之一。

福州开元寺作为福州州寺，唐代时是官方接待各国来闽僧人之所。唐贞元二十年（804年），弘法大师空海随日本第十七次遣唐使入唐，因海上遇风漂泊至福州长溪县（今霞浦）赤岸镇，被安排至福州开元寺内居住。后空海大师入长安，在御前书五行各体书，被唐德宗誉为“五笔和尚”。元和元年（806年），空海大师搭日本使船回国，后于高野山开创了真言宗，至今依然是日本佛教最大宗派之一，信徒达到一两千万之众。

空海大师铜像与空海入唐之地石碑

大中七年（853年），智证大师圆珍随中国商人从日本九州渡海来唐，于福州登岸，住福州开元寺参学，从寺僧存式大德习《法华经》《华严经》《俱舍论》等经义，负责接待圆珍大师的惠灌长老询问空海下落，知空海大师已逝，十分伤感。当时，古印度大那烂陀寺僧人般若怛罗三藏也住在福州开元寺，圆珍大师住寺期间，不仅搜集到一些佛教经籍，还随般若怛罗学习悉昙梵字和密教。随着密教传入日本，日本的悉昙学也大为兴盛。后来，圆珍又从福州赴温州、台州、越州（现绍兴）等处访求佛教经典，并赴长安学习密宗。5年后搭乘唐商船舶回国，后成为日本佛教天台宗门派创始人。

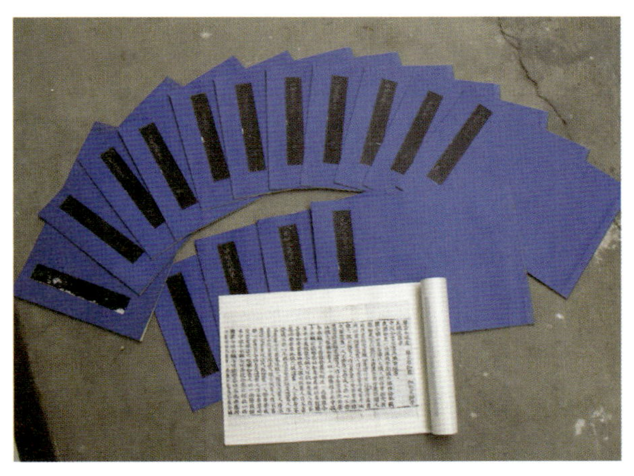
从日本宫内省图书寮影印回的《毗卢大藏经》经卷

南宋嘉定十年（1217年），日本天台宗门派僧人庆政到泉州寺院参学，后与僧行一、明仁结伴来到福州，迎请福州开元寺与东禅寺刊刻的大藏经回国，再续中日佛缘。由于战乱，《毗卢藏》在国内逐渐散失，现在我国已无完帙存世。后经多方联系，于1990年4月从日本宫内省图书寮迎回首批《毗卢藏》（影印本）。《毗卢藏》的刊刻与影印，东流与回传，几涉鲸波巨浪，时隔八百春秋，经卷所承载的佛教文化在时间与空间中传递着历史的记忆，可谓中外佛教文化交流的一个缩影。

近代以降，大批福州籍僧人随着福建移民走向世界，远赴五大洲弘法，其中尤以到南洋各国传教者居多，为汉传佛教在南洋地区的立足作出重要贡献。福州开元寺中兴祖师宝松，出家于南洋槟城极乐寺，此后长期活动于福州与南洋佛教界。作为早期赴新马地区弘法僧侣的代表之一，宝松结缘于槟城、吉隆坡、怡保、马六甲、柔佛以及新加坡等地。晚年，宝松常忧世界核战争爆发，将陷人类于空前浩劫，偕徒广稀在马来西亚怡保东莲小筑自行荼毗，舍身警世，其精神之伟大、悲愿之深挚，令人感慨不已，对当时的世界和平运动产生一定影响。

福州开元寺前住持提润以医术行佛事，亦赴菲律宾弘法多载。提润法师自19岁随医僧明洁学医，便开始了其佛门行医生涯，1989年于开元寺中创办佛教中草药门诊，专攻癌症，屡见奇效，被世人誉为“治癌高僧”，誉满中外。1991年，菲律宾马尼拉普陀寺、碧瑶普陀寺慕名聘请提润老法师兼任二普陀寺住持，直至圆寂。此间，提润法师自费十多次往返于中菲之间，并从国内带去大量的中草药，向菲华社会行医义诊，并免费赠药给贫苦病人，赢得了菲华社会的尊敬。

守正开新

福州开元寺注重弘扬佛教文化，推动中华禅文明“走出去”。

2007年，福州开元寺创办福建省开元佛教文化研究所，为福建省首家宗教界创办的社科类文化研究机构，有国内外研究员43人。研究所以“福建历代高僧评传”为主要项目，致力于打造福建祖庭文化，选取福建极具代表性的历代高僧50位，为每位高僧立传，由海内外专家学者申领，研究所提供课题经费。“福建历代高僧评传项目”启动至今，第一、二、三批成果已出版。

2013年，福州开元寺又接管福建省圆瑛大师研究会，研究会以整理汇编《圆瑛大师全集》《慈航菩萨全集》《明旸长老全集》等为主要项目，其中《圆瑛大师全集》的编撰得到福州市政协的大力支持，全书共7册，是迄今

首届21世纪海丝佛教论坛盛况

为止已出版的圆瑛大师文集中规模最大、篇幅最多、收集最全面的一套大型文化丛书。

目前，福州开元寺组织编纂出版的图书逾30种，发行地区除中国大陆与中国港澳台地区外，还译成外文在泰国、斯里兰卡等国家发行。

2015年，福州开元寺在美国洛杉矶创办汉传佛教国际文教中心，在泰国曼谷与泰国摩诃朱拉隆功大学合作成立大乘佛教研究中心。泰国大乘佛教研究中心开展多语种佛教经典著作互译项目，并推动“佛教+互联网”计划，促进佛教弘法科技化，成为南北传佛教交流的一个新尝试。美国汉传佛教国际文教中心已在美国举办三期汉传佛教传教师的认证授戒，培养35位外籍汉传佛教传教师，为佛法西渐欧美开启方便法门。

2016年9月，经国家宗教事务局批准，首届“21世纪海丝佛教·福建论坛”在福州成功举办，来自日本、菲律宾、马来西亚、新加坡、印度尼西亚、缅甸、柬埔寨、泰国、斯里兰卡、美国以及中国港澳台等国家和地区的海内外三大语系佛教300多位高僧大德及佛教信众、社会各界贤达等3000多人共襄盛会。

为服务国家“一带一路”倡议，2017年，福州开元寺海上丝路佛教馆正式开馆。

象峰崇福寺

象峰崇福寺是福州五大禅林之一，为日本长崎崇福寺祖庭，曾被赵朴初会长誉为“江南第一女众模范丛林”。福建佛学院女众部设于崇福寺内，是全国创办最早的尼众佛学院。改革开放后，党的宗教政策落实以来，崇福寺传法兴教，以戒为师，开国内二部僧传戒之先，以戒律行持严谨闻名教内外。近年来，崇福寺积极与东南亚、欧美和我国台湾等地区进行交流，促进了佛教文化的传播。现今崇福寺环境清幽，殿宇庄严，学修一体，道风谨肃，是四方尼众向往的修学胜地。

崇福寺

历史沿革

福州屏障大北岭逶迤东来，陡然拔起，俨如象王垂鼻，故称为象峰。崇福寺坐落于福州北郊新店镇象峰南麓，此处泉甘涧幽，草木丛茂，是著名的福州古驿道起点，古代学子赴京赶考皆在此发轫登程，故又称“状元古道”。

崇福寺始建于北宋太平兴国二年（977年），初名崇福院，后废。明万历四十七年（1619年），鼓山永觉元贤弟子跬存来此，见奇峰凌霄，环境清幽，遂与师弟谛详商议于此草建“养母堂”，辟地基时不意发现“崇福禅院”石额，知为古崇福院故址，乃发愿重兴，建佛堂三间。崇祯五年（1632年），在元贤的支持下，跬存续建大殿、法堂，朝山礼佛者日众。

清顺治（1644—1661）年间，跬存弟子清安来寺住持，境况略有起色。康熙三十三年（1694年）淑英主持，大兴土木，崇福寺初具丛林规模。光绪廿一年（1895年），古月仿效鼓山涌泉寺重建。宣统三年（1911年），台湾信徒前来朝拜，古月开观音戒。古月圆寂后，古月嗣法门人必定继任住持，时有农林学校占用寺产，必定护持甚力。

1949年后，寺僧参加土改，诵经坐禅之余，以耕田自养。后于寺内创设佛教安养院，使生活无依无靠的佛教徒安享晚年。1978年，传常使崇福寺得以恢复并成为尼众道场。1983年，传常与妙湛、普雨、圆拙等诸位大德共同创办福建佛学院。1989年，传常荣膺崇福寺方丈。2003年，传常弟子如妙继任方丈。在两任方丈的主持下，崇福寺复兴道场，重开戒坛，广弘佛法，培养僧才，普利众生。

崇福寺旧山门

现如今的崇福寺环境清幽，殿宇庄严。穿过山门，中轴线上天王殿、大雄宝殿、法堂依次布局；祖师殿、玉佛殿、地藏殿、观音阁、伽蓝殿分列左右；辅以放生池、钟鼓楼、客堂、斋堂以及碧瓦飞檐的教学楼组合等，错落有致。寺院庄严肃穆，梵音缭绕。四大班首、八大执事俱全，僧众以戒为师，结夏安居，半月布萨，行住坐卧，如法如律。

规范传戒

崇福寺实现丛林管理制度化，道风谨严，以戒为师。规范传戒是对戒法的延续和对佛法命脉的传承，更是续佛慧命，绍隆佛种的重要之事。改革开放之后，崇福寺重开戒坛，成为现代国内最早传授二部僧戒的戒律道场。

崇福寺注重僧伽教育，尤其重视培养律学僧才。1992年，崇福寺开始创办律学苑，系统教授南山三大部等课程。学僧学业完成后走出学院，积极弘扬律法，成为全国各地佛教院校教授戒律的中流砥柱，并多次受邀赴全国各地乃至海外传授二部僧戒，在各个戒场承担三师七证及引礼师等职务。传常曾受邀赴湖南、浙江、广东、香港等地传戒，现任方丈如妙曾赴湖南、浙江、广东、陕西、香港、新加坡等地传戒。

截至2017年，福建省佛教协会共组织传授三坛大戒25次，其中21次二部僧传戒法会在崇福寺举办。整个传戒过程如法如律、规范有序。崇福寺依佛制，具备受戒时必需的一切条件，如三师七证、受戒场所（戒坛）、法会程序等。每次传戒法会，崇福寺戒堂的传戒比丘尼、羯磨阿阇黎、教授阿阇黎、尊证阿阇黎以及引礼大德等均由崇福寺培养的戒师担任。

崇福寺成就了一批批如法如律的佛教僧才，在全国汉传尼众寺院中起到了模范作用，为中国佛教增添了生机与活力，备受海内外高僧大德的赞誉。

戒期合影

培育僧才

福建佛学院女众部设在象峰崇福寺内，创办于1983年。福建佛学院是一所由圆拙、普雨、妙湛、传常等人发起，报经福建省人民政府与国家宗教事务局批准，以修学并重为基础的汉语系佛教院校。2008年，福建佛学院与中国佛学院、中国藏语系高级佛学院、云南佛学院巴利语系分院、四川尼众佛学院5所佛学院共同成为国际佛教大学协会的正式成员。

学院以培养“爱国爱教、修学并重、具足正信、具有较高佛教学识、能适应现代社会，立志于从事佛教事业、住持佛法的青年僧才”为办学宗旨，始终坚持以戒为师，从严治校。学僧在特定的氛围中学修并重，道心坚固，律仪纯正。

现在福建佛学院女众部设有预备班、预科班、本科班及律学研究班等6个班级，在校师生共300余人。

福建佛学院女众部学僧坚持每日早晚课诵、二时斋供，每晚共修诵经。每逢半月与常住僧众共同布萨，以使日常行持如佛所教，如法如律。每年四月十五日至七月十五日，谨遵佛制安居。

崇福寺研究律学已近20年，一切以戒为师，道风严谨，学院生活与丛林生活结合在一起。学院师生与常住僧众和合共住，学僧们在这一特定的氛围中，耳濡目染，潜移默化，无形中道心坚固，德养提升。学僧在丛林寺院浓厚的宗教氛围中正其律仪、固其道心，实现了“学修一体化”的办学方针，也将课堂上所学佛法及佛教活动仪轨在具体的佛教活动中加以实践。

福建佛学院女众部的课外生活丰富多彩，每逢佛教重大节日，崇福寺举行各种形式的法会。每年年初举办千佛法会、药师法会；四月初八举行浴佛法会；七月十五佛欢喜日举行斋僧、盂兰盆法会，并于诸佛菩萨圣诞时举办佛七法会等。

重大节日举行升国旗、教旗、院旗仪式，组织法师利用假期外出参访名山古刹，亲近高僧大德；组织学僧参观博物馆、革命历史纪念馆、民族英雄纪念馆等，进行爱国主义教育。全寺上下僧众依六和敬，共住同修，使崇福寺成为四方尼众向往的修学圣地。

福建佛学院女众部正式成立“象峰慈善小组”，秉承佛陀“慈悲济世，利乐群生”的宏愿，通过放生、赈灾、助学、探望孤老等形式，组织学僧积极参与社会慈善公益事业。

在历届院长、法师、教职员工、常住僧众的辛勤耕耘之下，一大批德才兼备的青年法师已遍布海内外。从学院创办至今已毕业、结业学僧2000余人，他们活跃在全国佛教界的各个角落，分别从事佛教学术研究、佛教教育、佛教团体及寺院管理等工作。有的还远涉美国、加拿大、新加坡、菲律宾、马来西亚、澳大利亚、斯里兰卡等国家弘传佛法。

对台和对外交流

崇福寺佛教文化积淀深厚，祖庭影响深远，在寺院不断发展的过程中，与海外部分国家和地区交流十分密切。其中，对日本的影响尤深。

福州崇福寺为日本长崎崇福寺祖庭。明崇祯二年（1629年），福州籍日本华侨在长崎创建圣寿山崇福寺，延请福州崇福寺僧超然为开山住持，此后至第11代，该寺均由福建籍僧人任住持。现今，日本圣寿山崇福寺仍保存完好，并与祖庭保持着文化交流。1994年，长崎崇福寺平成大修理落成时，传常法师曾书写“本自同根”相赠。2007年，福州崇福寺方丈如妙前往日本黄檗寺参加交流活动，后长崎兴福寺住持松尾法道也率团至福州崇福寺参访交流。

1984年，传常法师在崇福寺接待日本客人

2011年6月，台湾法藏法师及台湾各佛学院诸位法师到福建佛学院女众部参访

福州崇福寺与台湾佛教界也展开了积极的交流和互动，为促进两岸和平和友好关系发挥了重大作用。台湾“中华佛教弥陀本愿研究协会”、香光尼众佛学院、法藏法师及台湾各佛学院诸位法师、国际佛光会澳门协会松山分会参访团都曾参访福州崇福寺。如妙方丈多次应邀参加“两岸祈祷世界和平”“向台湾中台禅寺赠送同源桥”等和平系列活动。佛学院女众部本科班学僧也曾应邀参加第三届、第四届“海峡论坛·闽台佛教文化交流周”活动。

福州崇福寺与欧美、澳大利亚等国家和地区的佛教界也一直保持着频繁友好交往，开展形式多样的友好交流活动。崇福寺曾接待德国、奥地利、瑞士、缅甸、泰国等国家及我国台港澳地区的参访团来寺参观访问。新加坡宏船、广洽、隆根，美国妙因等法师都曾到崇福寺参访交流，并对崇福寺的道风和学风给予高度的赞誉。

长乐龙泉寺

百丈山深，弹指不闻花雨落；三乘海阔，回头独见龙泉清。

长乐龙泉寺肇建于南朝梁，因一代禅门宗匠百丈怀海禅师在此落发出家而声名远播，经唐、明、清三次中兴，终成闽中一大丛林。至今，由百丈怀海创制的《禅门规式》，其主要精神仍为全国各地寺院所共同遵行。百丈怀海所倡导的“一日不作，一日不食”的农禅路线，依然在包括龙泉寺在内的许多丛林中得以传承。

龙泉寺

概　况

长乐龙泉寺肇建于南朝梁承圣三年（554年），唐大中十三年（859年）复建五峰山龙泉院。禅宗高僧百丈怀海在山落发出家，传说曾见二龙

龙泉寺天王殿旧貌

戏井中。咸通（860—874）年间，唐懿宗有感于“井现青龙”之祥瑞，特赐匾额“龙泉禅寺”。因此殊荣，寺院更加兴盛。

五代后晋天福（936—944）时，有普明与弟子云行更拓展寺基。北宋淳化元年（990年），建寺前龙井下戏龙亭，并新其制。治平元年（1064年），复大加增葺。绍圣三年（1096年），寺僧才襄为双亲祈冥福，铺五峰山朝阳石前石路220余丈，并小路100余丈。南宋绍兴元年（1131年），增建龟石庵、登高亭、白衣岩龙亭等。

迨及明初，寺院渐渐荒芜，时人有“二十年来叹荆榛”之咏。明天顺元年（1457年），寺院再遭损毁，僧众四散，法堂沦为停柩之所。万历四年（1576年），有老僧宝峰徘徊故址，慨然生起修复之念，清理停柩，劝缘重新修复寺宇，后经广传、如实、了空、隆珂等相继护持，渐有起色。

清顺治二年（1645年），临济宗高僧隐元隆琦从黄檗莅山住持，重兴本寺。顺治九年（1652年），又有曹洞宗高僧空隐道独劝募重建。后遭兵燹，寺遭毁圮，仅存石柱。乾隆（1736—1796）年间，当地士绅先后礼请黄檗智幢和鼓山常明入主，龙泉寺一时兴盛，与福州鼓山涌泉寺、福清黄檗寺鼎足而立，至清代犹存旧观。

民国期间，寺院再次衰落。至1947年，有海济回寺住持，赴南洋各埠募缘，发愿重兴古刹，后因有大盗入寺劫掠，重建之事中辍，寺庙更加凋零。至20世纪70年代，殿宇荒芜，佛像荡然，文物多毁，徒留石柱，其间一度沦为畜牧场。

随着改革开放后宗教政策落实，1983年秋，闽侯雪峰崇圣寺首座瑞淼上人携弟子广禅、居士齐志平驻锡龙泉寺，发愿重建古刹，重振百丈宗风。

1984年起陆续收回地产，重修新建大雄宝殿、天王殿、山门、法堂、钟鼓楼、达摩祖师堂、藏经楼、斋堂、放生池、观音堂等建筑。1996年，寺中开办农禅培训班，持续8年，毕业学僧4届。多年来，龙泉寺还开展禅修营活动，2003年建成百丈纪念堂，成立百丈文化研究会。2010年，广禅荣膺龙泉寺方丈。

千年古刹龙泉寺虽屡经兴废，尚存许多有价值的文物，于1986年4月被列为长乐县县级文物保护单位。寺大殿垂檐歇山式，木构，殿内竖立12根双人合抱的石柱，柱础、础盘保留唐代构件；屋顶部分保持清代重建时的原貌。寺周层岩叠石，风景幽美，还有流米佛、中丞石、龙井等古迹，并保存有许多古代名人题刻。

百丈怀海禅师

百丈怀海（720—814），是中国禅宗史上至关重要的一个人物，上承马祖道一开创的洪州宗风，下启后世禅宗五家中的沩仰、临济二宗，宗法至今传承不绝，影响深远。其所制定的“百丈清规”为中国第一个禅宗丛林规式，从组织管理上完成了佛教中国化的历程，对禅宗的发展具有不可磨灭的贡献。

百丈怀海，俗名王木尊，长乐沙京人。10岁入本邑寺院落发出家，后从南岳衡山法朝受具足戒，未久至安徽庐江浮槎寺研读经藏，终至“三学该

龙泉寺

龙泉寺1998届农禅学院开学典礼合影

练”。后参江西马祖道一，深得器重，与西堂智藏、南泉普愿同入祖室，时称马祖门下三大士。马祖入寂后，师往洪州百丈山开法，规创禅林，制订禅门清规，率众修持，农禅并举，丛林称盛。是时，诸方禅者云集，以黄檗希运、沩山灵祐为上首，后开临济、沩仰两宗。怀海圆寂后，于唐长庆元年（821年）谥号“大智禅师”，宋大观元年（1107年）追谥“觉照禅师”，元元统三年（1335年）加谥“弘宗妙行禅师”。

怀海变革了以往僧侣寄生和游乞的生活方式，独辟蹊径，把禅行与农作融合为一，并首创《禅门规式》（即《百丈清规》），在禅众内部实行严格的同吃同住同劳动的制度，把禅僧自己的劳动所获作为生活的主要供给来源，成为山居禅众的典型模式。怀海所确立的农禅体系，在中国禅宗史上具有划时代的意义，为以后禅宗的发展指明了方向。后来汉传佛教中禅宗独盛，禅林行事皆本于怀海所制规式。故又有人称“佛之道以达摩而明，佛之事以百丈而备”。《百丈清规》问世后，千余年来虽屡经删修，但却始终以此为蓝本。一直是历代寺院的基本法规和禅宗僧侣必须遵循的基本规诫。百丈之宗风，则由灵祐、希运二脉传承发扬。

对台和对外交流

长乐龙泉寺历史悠久，作为祖师道场，大德高僧辈出，代不乏人，如唐

龙泉寺方丈广禅带领学僧在山门后出坡

百丈怀海，后晋天福间普明，明万历间宝峰，南明弘光间隐元，清乾隆间智幢、宝明，近代海济、瑞森师徒等，其中有不少法师都与海外佛教界建立了密切的联系。

清顺治二年（1645年），隐元从浙江嘉兴福严禅寺回闽，应请住持长乐龙泉禅寺，前后近一载。翌年回黄檗山万福禅寺。隐元在黄檗、福严、龙泉等闽浙三处寺院住持说法的语录，于顺治十年（1653年）汇编成集，共16卷，收入《嘉兴藏》。次年，隐元接受日本长崎唐人寺院的邀请，率弟子良静、良健、独痴、大眉、独言、良演、惟一、无上、南源、独吼等20人，搭乘由郑成功提供的船只东渡日本。

隐元到达日本后，历住长崎东明山兴福寺、长崎圣寿山崇福寺、摄州慈云山普门寺，后于日本宽文元年（1661年）在京都开辟新寺，命名黄檗山万福寺，以示不忘福建祖寺根源。后世将隐元尊为日本黄檗宗始祖，但当初并没有黄檗宗这个称谓。隐元本人以临济正宗的僧人自居。其宗风、清规等都是传承明代中国临济宗的规矩，但又与日本的临济宗不同，因而自成一派，与日本临济宗、日本曹洞宗鼎足而三。

在改革开放后的重建中，海外侨胞、侨僧关心祖庭建设，对长乐龙泉寺的复建贡献颇多。新加坡双林寺侨僧谈禅对于龙泉寺的重建起了非常重要的作用，曾于1988年募集人民币30余万元，以续建天王殿。还有马来西亚东莲小筑住持华果曾于1985年龙泉寺开始重建时捐助6万余元，马来西亚郑真如居士亦捐献巨款。

在寺院设施复兴的同时，龙泉寺也非常注重传承百丈祖师精神，发扬农禅并举之宗风。

另外，寺方丈广禅从1993年始，便经常与海内外道场开展文化交流活动，与美国纽约、旧金山、费城，澳大利亚墨尔本、南澳、堪培拉，新加坡，印度等国家和地区，以及中国香港、台湾等地区的佛教团体和丛林道场交流频繁，对长乐地区佛教与台港澳和对外交流起到了积极的作用。

于山定光寺

定光寺为闽垣名刹，坐落在福州于山西南麓，始建于唐天祐元年（904年），历代屡有修葺，现为鼓山涌泉寺廨院。寺中有报恩定光多宝塔，通体白色，民间称之为“白塔”，寺也因此以“白塔寺”之名为海内外所熟知。寺之白塔和乌山的乌塔遥相呼应，与屏山、于山、乌山共同构成福州“三山两塔”的格局，成为今日福州的地标建筑。

据黄滔《大唐福州报恩定光多宝塔碑记》，闽王王审知于天祐元年“以大孝之诚，发大誓愿”，为报答父母养育之恩，于“九仙山造塔，建号定光”，因之塔名“定光多宝塔”。寺院在宋、元、明均有修建。明嘉靖年间主要殿宇大多毁于倭患，定光塔也于明嘉靖十三年（1534年）毁于雷火，嘉靖二十七年（1548年）改建为砖塔，七层八角，高41米，内空可登顶，外敷

定光寺

夜晚的定光塔

白灰，俗称白塔。

定光寺的法堂与众不同，称法雨堂。法雨堂是人们为纪念后梁贞明元年（915年）寺僧义收“积薪自焚”、舍身求雨而建的。法雨堂在晚清时期还曾作为福建船政学堂的临时校舍。

定光寺作为鼓山涌泉寺的廨院，现有文献中明确的记载是清代鼓山涌泉寺住持为霖道霈作《重修万岁塔记》，该文记载了明崇祯（1628—1644）时住持僧静庵试图募缘重修定光塔，但清顺治十六年（1659年）为台风所损，其后静庵的徒孙一微在康熙二年（1663年）费银200余两重修，道霈为之功德利益作记。乾隆（1736—1795）时鼓山住持遍照兴隆在修坚牢塔之后，又受福建巡抚余文仪之请来修定光塔，花费白银300余两，在乾隆三十八年（1773年）完工。孟超然为此撰写《重修报恩定光塔记》，碑刻至今尚在定光寺内。

光绪（1875—1908）时，鼓山涌泉寺住持妙莲等鼓山僧对定光寺的重建居功至伟。至今天王殿、法雨堂等多处石刻留存妙莲、振光等鼓山僧人的楹联。从现存楹联可知，妙莲在光绪二十九年（1903年）重修白塔寺并住持，而且其后鼓山古月、振光都任白塔寺住持，白塔寺作为鼓山廨院接受涌泉寺管理。

近代，白塔寺与圆瑛、明旸尚有殊胜的因缘。1926年1月，圆瑛在福州启建救劫息灾法会，亲自主持大法，并于白塔寺法堂讲《仁王护国般若经》，明旸其年10岁，跟随母亲到白塔寺听经，时年虽小，但已有所悟，便向圆瑛要求出家，大师未许，遂皈依三宝，直至13岁落发出家，成为圆瑛的嫡传弟子。

现在定光寺天王殿石拱门门框上刻着鼓山涌泉寺方丈普法题写的楹联："陶塔、石塔、白塔，同宗圣箭；鼓山、乌山、于山，不二法门"，十分形象地表达了鼓山、乌山和于山三个道场间的渊源，说明了乌山石塔寺、于山白塔寺与鼓山涌泉寺的法缘关系。

2006年，定光寺归还给祖庭鼓山涌泉寺，按照原有规制进行落架大修，

定光寺举办的"清净·和合"讲经交流会

2013年10月，台湾净心长老率团访问定光寺

在鼓山普法方丈带领下，历时5年才修葺一新并对外开放，寺名仍为定光寺，由著名国学大师饶宗颐题匾，高悬天王殿大门之上。现在的定光寺坐北向南，以中轴线建天王殿、大雄宝殿（现改名毗卢殿）、法雨堂。寺后则有福州城市地标——白塔。寺院庭院东、西两侧廊庑墙壁上依照鼓山涌泉寺收藏的清光绪年间所刻的《佛陀应化事迹》进行烧制的景德镇青花陶瓷壁画画卷，格外引人注目，其250多米的长度是景德镇至今所烧制的最长的陶瓷壁画。

2011年6月1日，寺院修缮一新，重新对外开放时，为期21天的祈福大法会亦同时开始。2011年6月9日晚，“第三届海峡论坛·闽台佛教文化交流活动周”在福州开幕。两岸千余名僧人参加了当晚举行的开幕式。当晚10时许，普法荣膺福州于山定光寺方丈升座法会隆重举行，传印为普法送位，马来西亚极乐寺代表团出席，中国佛教协会多位副会长，来自各地的省、市佛教协会会长、副会长以及福建佛学院、闽南佛学院等300多名僧众以及台湾24个县、市佛教协会理事长等前来祝贺。10日0时，定光寺举行佛像开光法会。10日上午8时许，定光寺举行由闽台两地诸山长老共同主法的祈福法会，两岸千名僧人参与祈福法会，共同祈愿“世界和平，社会和谐，两岸人民安居乐业”。2013年10月15日至16日，由福建省佛教协会主办、于山定光寺承办的福建省佛教协会“清净·和合”讲经交流会在定光寺圆满举行，相关领导与诸山长老出席。之后，日、韩、东南亚等海外佛教人士来访络绎不绝。

乌山石塔寺

石塔寺位于福州乌山之麓南门兜西侧，毗邻崇妙保圣坚牢塔（俗称“乌塔”）。石塔寺与崇妙保圣坚牢塔均始建于唐贞元十五年（799年），寺因塔兴。塔初名“贞元无垢净光塔”，故寺亦曾名“净光”。乾符六年（879年），塔毁，至后晋天福六年（941年）重建，改今名。崇妙保圣坚牢塔现为全国重点文物保护单位。

贞元十五年（799年），福建观察使柳冕为德宗皇帝祝寿祈福，在乌石山东麓建造净光塔，唐德宗“御札题额，赐‘贞元无垢净光塔’为名”，并刻《贞元无垢净光塔碑铭》；塔边建有寺院，名石塔寺，又叫净光庵。乾符六年（879年），净光塔和塔院毁于唐末黄巢入闽战乱，仅存此碑铭保留至今。天福六年（941年），闽王王审知第七子王延曦为自身及眷属、臣下祈福，在唐代净光塔遗址上兴建宝塔，称“崇妙保圣坚牢塔”，即今之“乌

石塔寺的乌塔

《贞元无垢净光塔铭》碑

塔”。

净光塔虽毁于黄巢之乱，但《贞元无垢净光塔铭》碑得以保存，现在位于福州市区乌石山东麓的乌塔西南侧、石塔寺之东侧。六螭碑首，其中四螭隐约在两螭之后，乍看都以为只有两螭。额文篆书“敕贞元无垢净光塔铭”，碑文分23行，每行24字。龟趺座，碑身高4米、宽1.3米。碑文记述柳冕建塔缘由，形制古朴，雕刻雄劲有力，具有唐代碑刻艺术的特色。

闽王王审知第七子王延曦重建崇妙保圣坚牢塔，方到七层，即被臣属所杀，工程遂告结束。林同颖为之作记。

现存塔身为巨大花岗石砌造的楼阁式建筑，七层八角，高35米，为唐代建筑难得的典范。该塔平面呈八角形，塔身底部浮雕龙凤纹，塔基为须弥座，塔内层层有石阶通道接连层廊，层层串联至顶。转角设倚柱，每层叠涩出檐，层层收分，上施平座栏板，栏板双面浮刻勾片纹，回护周廊。檐面刻瓦垅，檐口刻勾头滴水。八角各有翘脊，脊端各坐一尊镇塔佛，七层计56尊。塔顶八面坡，覆钵结顶，上置圆球、宝塔、露盘，铁葫芦顶刹。露盘八方各垂铁链，连接塔顶八角脊端，稳重挺拔。塔造型雄伟端庄、古朴浑厚，为福建省最古石塔之一。第一层开一门，二至七层各开二门，每层塔壁均有浮雕佛像，塔外建有佛龛或镶嵌碑记，龛中为炭质贝叶岩浮雕造像，共46尊，雕工精湛，为五代闽国的雕塑艺术代表作品。第四层、五层、七层嵌有塔名碑、建塔塔记和祈福题名碑等。塔中碑刻文字可补史书阙失，为研究古代福建历史的宝贵资料。

福州传统地标“三山两塔”之乌塔与白塔的美丽夜景

五代时期，闽王王审知父子修复和创建了闽都七塔，七塔如今仅存乌塔与白塔，而这两座塔都与其旁边的佛教寺院兴废同命运，更准确地说，到了清代都与鼓山涌泉寺有着密不可分的关系，是因为鼓山涌泉寺的数代住持发心修复两塔及两寺，使得两处道场皆成为鼓山廨院，方得以保留至今。

坚牢塔历经风雨，历史上几度修缮。尤其是清光绪九年（1883年）妙莲任鼓山涌泉寺住持时，对福州乌塔、白塔、漳州南山寺的兴建都倾注了心血。石塔寺中有一副楹联，“卓锡在乌山，现身莅凡世；潮音传南海，普渡仰慈航”，十分贴切地表达了妙莲东南亚弘法后回到鼓山并修复住持廨院石

石塔寺落架大修吉祥上梁法会

塔寺的事迹，而且石塔寺现在尚存的石头大供桌，镌刻“鼓山妙莲法祖”，完好如初，既称法祖，应该是妙莲鼓山住持退席之后。

中华人民共和国成立后，政府对乌塔进行维修，因塔身倾斜，1958年逐层箍以钢条，石缝以水泥浆灌注加固。石塔寺于1978年重修，在塔周围设护围石栏杆，重建塔碑亭。1993年亦曾经小规模予以修复。2006年，明确石塔寺重归鼓山涌泉寺管理，并将原乌山慈善堂一并归入石塔寺，由鼓山涌泉寺对其进行整体规划与建设。2013年10月，涌泉寺正式启动落架大修工程，并在2014年1月上梁。

石塔寺重修之后，将与碑亭、石塔祖殿等连成一片，使三山两塔这一福州千年的古老名片重新焕发生机。

旗山万佛寺

万顷石松围佛寺，一江闽水绕旗山。

旗山万佛寺原为北宋古刹石松寺，1999年批准恢复重建。寺院重建之初，就致力于搭建高标准的佛教文化平台，力求汲取海内外佛寺之精华，“以特立足，以特取胜，以特扬名”，以寺中藏有万尊玉佛，改寺名为旗山万佛寺。

万佛寺

古寺越千年 旧貌换新颜

位于福州西郊的翠旗名山，山巅欹侧，其形如旗。旗山山势逦迤数里，高数百仞，上有勾漏洞、仙人石、旗尾堰诸胜，梵刹尤多。旗山东麓的南屿镇旧时便流传着“九庵十八寺”的说法。旗山万佛寺前身石松寺，是昔时的“九庵十八寺”之一，历史上曾是福州著名的佛教胜地，众多名宦达官、骚人墨客留下了许多诗文墨迹。

石松寺始建于北宋大中祥符三年（1010年），地属侯官灵凤里，初名灵凤院，后改石嵩院。南宋绍兴十年（1140年），寺僧天石于石上种松三株，并题诗云：“偃盖覆岩石，岁寒傲霜雪。深根蟠茯苓，千古饱风月。”由此因缘，寺院易名为石松院，后改为寺。

明成化九年（1473年），石松寺重建，嗣后又经颓废，明代诗人邓原岳有诗叙其沧桑：“古寺荒凉甚，伤心落照前。佛龛留鼠迹，僧舍断人烟。色相已成幻，桑田殊可怜。只余洗钵水，相对亦泠然。”至万历（1573—1620）时，石松寺再次修复，成为晚明福州文人集咏之地，南明礼部尚书曹学佺有诗称：“石与松俱好，名之寺更幽。到门山雨下，面壁峡泉流。法磬随清虑，香台自远眸。此生无住著，才得称心游。”清代以后，石松寺屡有兴废。至20世纪末，因年代久远，寺殿损废失修，仅存大雄宝殿、西配殿和东堂，昔日胜概不再。

1999年，石松寺恢复重建。2000年落实宗教政策交由僧人管理，雪峰崇圣禅寺方丈广霖入主石松寺，在保护古寺遗存的基础上全面主持古刹复兴工作，发动海内外护法居士筹集大量资金进行建设。

经过近20年的建设，旗山万佛寺的各大主体建筑均已相继落成，现总占地1352亩，主建筑面积380亩，附属建筑面积363亩，除主建筑物和附属建筑物面积外，还有山林地、园林苗圃609亩，规模之大在国内也属罕见。万佛寺建筑群规模气势恢宏磅礴，形成了“万尊玉佛归一寺，万人听法集一堂，万叠莲波荡一湖，万人谒寺朝旗山”之特有风貌，每年都吸引百余万海内外信众及各界人士慕名前往观光、朝圣。

万佛寺文物史迹丰富，石松古殿，即原石松寺大雄宝殿，始建于宋代，明代重建，坐北向南，建筑面积600平方米，为现今保存较好的明代殿堂建筑。寺内文物尚存有宋代的法真松碑、石构舍利塔、船形石槽、莲瓣式石盆、抱鼓石、坐禅室摩崖题刻等遗迹。1989年，石松寺被列为闽侯县第一批县级文物保护单位。2013年1月，被列为福建省第八批省级文物保护单位。

昔誉古禅刹　今开法华筵

旗山万佛寺历史悠久，法嗣代兴，绵延千年，其间虽几经兴替，然屡废屡兴，香灯无改，法脉不绝。古时万佛寺传承以禅门各宗为主，当代重建之后成为天台宗在闽弘传的重要道场。

南宋初年，有寺僧天石，称住山老祖，传承不详，在《补续高僧传》中有传，列入“护法篇”。天石曾植松于石上，今寺中尚存南宋绍兴十年（1140年）所立的法真松碑，题云：“一与寺门立名实，二与山林为标致，三与一切人作阴凉，勿剪勿伐，永荫此山。”

与僧天石同时期，有云门宗僧人石松祖天来石松寺开法。石松祖天嗣法于雪峰崇圣禅寺思慧妙湛（1071—1145），传云门宗第九世，共有法兄弟14人，分赴临安、镇江、福州、汀州、处州、宣州等地开法。曾有僧人问祖天禅师：“如何是一心不生？”祖天答曰：“七纵八横。”又问：“如何是万法无咎？”答曰：“一场漏逗。”

清末，石松寺为曹洞宗僧人住持，先后有曹洞宗第四十一世本清能禅师，第四十二世性来福禅师，第四十三世妙镜心禅师、妙机志禅师，第四十四世慈仁盛禅师等相继住持弘法。

目前，旗山万佛寺在广霖的住持下，承天台妙法，成为天台宗在闽弘传的一个中心。天台宗为中国汉传佛教八大宗派之一，元代以后逐渐式微，至民国时期由近代高僧谛闲大师（1858—1932）中兴。广霖天台法承香港佛教

万佛寺三十三观音岛

联合会名誉会长、谛闲大师法孙、传天台宗第四十五代教观总持永惺，成为天台宗第四十六代传人。

现任方丈广霖，福建周宁人，俗姓林，毕业于中国佛学院灵岩山分院，承接曹洞宗、临济宗、天台宗三支法脉，1994年升座为福州雪峰崇圣禅寺方丈，1999年起承担万佛寺的重建工作。为光大天台宗，广霖遍开法席，传法弟子多达70余位。

架台海桥梁　促“一带一路”

旗山万佛寺致力于搭建高标准的文化交流平台，努力将寺院打造成多功能、多元化的佛教文化交流基地。方丈广霖所承法脉均来自海外，与海外诸山长老法缘深厚，尤其注重对外交流。

万佛寺历年来都会组织举办或积极参与多种形式的闽台活动。2006年福州国际招商月期间，万佛寺以一场世人瞩目的佛祖舍利瞻礼活动，吸引了来自海内外的佛门信众与各界人士40余万人次到寺参观，其中包括来自台湾佛教界的净心、净良长老等各界人士600余人。

万佛寺一年一度的三时系念万人胜会

第八届闽台佛教文化交流周两岸祈福盛典

2012年起，旗山万佛寺连续6年普请海峡两岸诸位大德高僧，在大雄宝殿举行“海峡护国消灾三时系念祈福法会”，为世界和平与国泰民安祈愿，祝祷海峡两岸的和谐平安。

2016年10月，第八届闽台佛教文化交流周暨佛教自身建设与祖师禅研讨会系列活动在旗山万佛寺召开。此次论坛以佛教自身建设与祖师禅为主题，活动的成功举办，既进一步促进闽台关系的良好发展，又引导两岸佛教界再次瞩目于佛教的自身建设问题，扩大了旗山万佛寺在两岸交流中的作用。

除在对台交流中的活跃表现外，万佛寺还以文化艺术为纽带，依托雪峰崇圣禅寺的雪峰书画研究会，多次组织会众前往新加坡和中国香港、台湾等地区进行交流。2007年12月，广霖曾率队赴港参加香港永惺长老慈善基金会成立庆典，并在仪式上敬献130多幅书画作品，将现场义拍所得的106. 8万元善款和剩余书画作品全部捐赠给香港西方寺永惺长老慈善基金会，以用于慈善事业。2011年7月，广霖赴新加坡参加纪念新加坡菩提阁松年长老诞辰100

周年活动，同样将大量书法作品在展会上义卖，并将义卖收入及剩余书画作品捐赠给菩提阁，为菩提阁的恢复建设筹措资金。

旗山万佛寺以天台宗法脉为纽带，于寺内成立天台宗研究会，与海内外天台法子多有交流互动。2013年6月7日，韩国天台宗总务院教育部部长、首尔观门寺副住持金世运率韩国茶艺师一行15人到访旗山万佛寺，广霖率两序大众热情接待了参访团一行，在万佛寺大雄宝殿举行隆重的欢迎仪式，并于万佛寺般若堂进行禅道、茶道的交流。

福清少林寺

福建现有3座寺院以少林之名见著于世。宋时，曾有妙嵩、德诚等高僧在福清少林院开法，宗风远扬，至清代始没落。如今，经过20余年的重建，在各地侨贤的支持下，福清少林寺现已初具规模，其“禅、武、医”并举之宗风闻名遐迩。

福清少林寺

历史悠久

福清少林寺，原名少林院，后改为寺，为与河南少林寺区别，也称南少林寺。寺后之山，亦以嵩山为名，以示怀念河南嵩山祖庭。寺院始建年代不详，但在南宋淳熙《三山志》、明弘治《八闽通志》、正德《福州府志》中，均有福清少林院的记载。南宋时，曾有佛行少林妙嵩、少林德诚二位高僧于此传法，名列僧史。

少林妙嵩（?—1221），福建浦城人，俗姓徐。初受业于梦笔等觉，后得法于育王佛照德光，传临济宗径山派十四世，曾住福清嵩山少林院开法。南宋嘉定三年（1210年），住杭州净慈寺；嘉定十四年（1221年）召入内廷说法，赐号“佛行”并紫袈裟。同年，圆寂于径山，有《语录》10卷。

少林德诚（1203—1254），福建福清人，俗姓郑，得法于同邑高僧铁鞭允韶，传临济宗虎丘派十六世，住福清嵩山少林院开法，后迁汀州南安岩，又归福清，坐草庵、翁陂庵各三载，晚年入浙，住杭州净慈寺蒙堂，于南宋宝祐二年（1254年）圆寂，世寿五十二，僧腊三十七。德诚修为甚深，荼毗时有异相，杭州净慈、灵隐、径山名宿160余人为之作《三不坏偈》。后归骨于净慈寺，并由法嗣宗镜将部分舍利奉送回福清，请德诚生前好友、南宋著名诗人刘克庄作墓铭。刘克庄曾有诗怀念德诚，诗云：“看取少林诚长老，死生林下伴寒斋。”

清初，福清少林院毁于兵火，旦夕之间，沉寂销声。又经200余年风雨，南少林寺之所在，竟成历史悬案。至20世纪80年代末福清进行地名补查，在东张镇有少林自然村。据《地名补查和资料更新成果表》载：“肖林村……因村后有一古刹，相传是嵩山少林寺分寺，也名少林寺。吴氏于清初择此而居，村以寺名。”同时，少林村周围多有以少林命名的地名，如肖林桥、肖林路、肖林溪、肖林洋等。

1993年6月，经过福清市文史工作者苦心考证、多方查找，终于在东张镇少林村附近找到南少林寺遗址。1994年11月，福建省宗教局和福州市政府先后下文，批准在原遗址上重建南少林寺。如今，福清少林寺建有山门、天王殿、大雄宝殿、达摩祖师殿等，初现名刹风貌。现任福清少林寺住持为广智法师。

文物丰富

1995年7月，经国家文物管理局批准，由福建省和福州市联合组成的考古队对福清少林寺遗址进行发掘，出土了大量珍贵文物，其中有“少林院”“少林”等石刻铭文，成为福清少林寺历史的有力佐证。同时，遗址规模之大，文物数量之多，也从一个侧面反映出该寺是一座历史悠久的佛教大丛林。2005年5月，福清少林寺遗址被列为福建省第六批省级重点文物保护

福清少林寺遗址

单位。

遗址出土文物中，有数百件瓷器，烧制时间从北宋至清代前期，种类涵盖江西景德镇、吉州的花瓶、瓷碗、瓷盘，浙江龙泉的瓷器，福建南平茶洋、莆田庄边、德化以及福清东张石坑等名窑的各种瓷器。其中有20余件瓷器上墨写有“少林”的文字，其中包括“少林院”1件，“少林”7件，“少林天王”2件，“少林会司”2件。

在遗址上，还发掘出了北宋大观四年（1110年）少林寺当家月休，为已故父母及自身捐舍大石盂一口。在15厘米宽的圆周口沿上，刻有铭文：“少林当山僧月休，为考妣及自身舍石盂一口，大观四年十二月题。”此外，在遗址第八阶地西北角发现了一座巨型墓塔，从墓砖的性质可断定是北宋早期的和尚墓。该墓构筑极有特色，系用特制的各种形状的墓砖筑成。同时，在遗址周围还发现了3座烧制砖瓦用的窑址，其中野竹圆大窑址保存尚好，窑址遗留的砖瓦片与遗址挖掘出来的砖瓦相同。

福清少林寺不仅在遗址里留下丰富的文物，而且在寺址的外围也留下大量的珍贵遗存。福清少林寺地处深山，福清少林院僧人历史上有修桥铺路的传统，在崇山峻岭中开辟道路4条，建造桥梁十余座，其中部分桥梁和道路至今还在发挥作用，在现存的铺路石和桥板上，铭文刻有寺僧月圆、日象、显清、显常、景从、景军、景起、景永、元深、元智、元翼、元章等人的名字。这些由寺僧募缘捐造的道路和桥梁也说明，福清少林寺对于当地山区的开发及经济文化的发展，都有着巨大的历史影响。

1996年11月15日，福清举行南少林寺遗址考古发掘和研究成果报告会，国内外专家、学者、宗教界、武术界以及中国香港、澳门、台湾同胞和日本华侨，省、市有关部门负责人和新闻界人士共120多人参加。与会的专家学者亲临福清少林院遗址进行现场考察，对考古发掘的成果，进行严密的论证，一致充分肯定少林村的寺院遗址就是《三山志》所记载的福清少林院遗址。

古刹重辉

福清少林寺这座历史悠久、富有文化底蕴的千年古刹，在历史上早已享誉四方，孕育了许多德高望重的禅师及武术名家，他们都为福清少林寺留下了许多宝贵的历史文化遗存。而今，以禅文化为核心，以武、医文化为载体，福清少林寺重现辉煌。

自1994年11月省市有关部门批准福清少林寺在原遗址上重建起，此事得到了福清市各界人士及新加坡、马来西亚、日本、印度尼西亚、美国等海外华侨及中国港台同胞的支持。河南嵩山少林寺法脉传人永国应邀主持重建，历经十年施工，福清少林寺初具规模。

重兴福清少林寺第一代住持永国，1962年生，河南偃师人，俗姓张。1976年入河南登封少林寺礼方丈行正为师，1980年入中国佛学院栖霞山分院执事培训班学习，1983年在山西五台山塔院受具足戒，传曹洞宗少林寺法脉第四十七世。曾担任河南嵩山少林寺知客、汝州风穴寺住持、漯河双龙寺住持。2000年8月应邀出任福清少林寺住持，在中断百年之后，使少林寺法脉重入福清少林寺故地。现任福清少林寺住持广智，即永国法嗣。

如今的福清少林寺，不断加强南少林特有的“禅、武、医”文化建设，得到不同种族、不同信仰、不同文化背景的人群所接受和认可，并随着“一带一路”倡议而远播海内外。

厦门

厦门古称嘉禾屿，又以鹭岛为雅号，嘉禾滋养，白鹭牵思，自古为钟灵毓秀之所在。作为闽海之门户，厦门背靠漳厦平原，面向浩瀚大洋，扼东南沿海交通之要冲，正所谓“厦庇五洲客，门纳万顷涛”。厦门佛教始兴于隋唐五代，千余年来几经兴衰，到近代臻于鼎盛，其辉煌延续至今。厦门市现有依法登记的佛教寺院56座，常住僧尼近千人。厦门南普陀寺为全国汉族地区佛教重点寺院，其他著名寺院还有梵天寺、紫竹林寺、虎溪岩寺、日光岩寺等。

厦门于近代一度成为全国佛教改革的基地、僧伽教育的中心，在中国佛教史上具有重要的地位。厦门法脉传承主要为临济宗的虎溪岩派与喝云派两派，至民国时僧人转逢将南普陀寺改为选贤制的十方丛林，成为近代厦门佛教改革之滥觞。近代名僧会泉、太虚先后出任闽南佛学院院长，闽南佛学院很快成为全国佛教高等学府，成为推行佛教改革、发展僧伽教育的实验基地，“人间佛教”发源地，为海内佛教界造就了众多优秀僧才。当代一些著名的佛教泰斗，如印顺、宏船、演培、竺摩等，均出自闽南佛学院。闽南佛学院创办至今，共向海内外佛教界输出了3000多名毕业生。近年来，闽南佛学院分别于泰国摩诃朱拉隆功大学、斯里兰卡佩拉德尼亚大学、印度尼西亚雅加达西禅寺、新加坡竹林寺、加拿大湛山精舍、美国纽约西方寺等地成立了6个校友会海外分会，为佛教积极融入“一带一路”开启新窗口、新模式。

厦门佛教在中外佛教交流史上扮演了重要角色。清初，福清黄檗山隐元一行30多人由厦门出海东渡日本，创日本黄檗宗。清中叶，虎溪岩派僧人佛寿、佛宾分赴今越南、印度尼西亚弘法。近代，闽南出现僧人出国弘法的热潮，转道、转岸、瑞等诸师在新加坡先后建立普陀寺、龙山寺、普济寺、普觉寺等20多座寺院，从厦门去新加坡的僧人，逐渐发展成为新加坡汉传佛教的主力。从厦门出国往马来西亚弘法的僧尼则有会泉、竺摩、方莲等人，有力地推动马来西亚佛教事业的发展。又有性愿应菲律宾华侨居士的邀请赴菲主持创建菲律宾第一座佛教寺院信愿寺，被誉为菲律宾佛教开山祖师，此后又延请厦门瑞今、善契等法师前往助化。从此，新、马、菲三国成为闽南僧人出国弘法的重要基地。近年来，厦门佛教延续历史传统，积极加强对外交流与合作，不断有僧人前往东南亚、南亚及欧美各国弘法传教，建寺办学，促进佛教本土教育与教法弘扬。

南普陀寺

南普陀寺紧邻厦门大学，是中国东南沿海的一座名寺。南普陀寺融汇了汉传佛教与源远流长的闽南历史文化。镌刻在大雄宝殿石柱上的对联“经始溯唐朝，与开元而并古；普光被厦岛，对太武以增辉”，深刻阐释了这座千年古刹的文化底蕴与史绩辉煌。传承至今，寺院以禅宗临济一脉为法统，以僧伽教育为学统，以“人间佛教”为道统，成为一座集“弘法修持、僧伽教育、慈善利生、造福社会、文化交汇”为一体的现代化、多元化、信息化的综合性汉传佛教寺院。

南普陀寺

历史沿革　继往开来

南普陀寺始建于唐末五代，据清乾隆《泉州府志》、嘉庆《同安县志》记载："五代僧清浩所建，其初名泗洲。"当时之"泗洲院"，实为纪念著名的泗洲大圣僧伽（观音化身）而得名，这成为南普陀寺作为观音菩萨道场的历史背景。北宋时期，僧文翠改名为"无尽岩"，元代至正元年（1341年）被毁。明永乐（1403—1424）年间寺院重修一新，明末（1628年）又因兵火而毁，清康熙二十三年（1684年），寺复建，依《华严经》"于此南方有山，名补怛洛伽，彼有菩萨，名观自在"一句而更名为"南普陀寺"，延续至今。

自北宋开始，南普陀寺便打上了佛教禅宗的烙印，承禅宗临济法统，清中叶以后成为临济宗喝云派传承道场。1924年，转逢将南普陀寺改革为十方丛林制，成为十方丛林佛教寺院，并依照新订的规约，推选会泉为十方丛林住持。次年，闽南佛学院于南普陀寺应运而生，会泉为首任院长，开启了南普陀寺学修并重的发展道路，确立兴学重教的学统基础。1927年，太虚继任南普陀寺方丈和闽南佛学院院长。在任期间，太虚积极推行佛教僧制改革，佛学院经太虚的亲自教导和整顿，院风院貌焕然一新，成为全国一流的佛教高等学府，造就了一大批德才兼备的名僧大德。自此之后，在历代贤德高僧的奔波努力、励精图治下，南普陀寺成为培养汉传佛教人才、弘法布教蜚声海内外的教育修学基地。

中华人民共和国成立后，饱受了民国以来战火与岁月动荡的南普陀寺浴火重生。1957年以来，在妙湛等前辈大德的主持下，南普陀寺修复扩建，逐步重现往昔面貌。复办闽南佛学院，再启僧伽教育新篇章；创建厦门南普陀寺慈善事业基金会（现厦门南普陀寺慈善会），慈悲济世普惠众生。

1996年，依十方选贤制度，圣辉出任南普陀寺方丈。圣辉继席以来，率先垂范，领众熏修，率领全寺两序大众，精勤道业，"讲修行、讲因果、讲发心、讲道德"，实行"学修一体化、学院丛林化"的方针，使南普陀寺成为一座大众如律熏修的清净道场，一所培养佛教人才的僧伽摇篮。

2005年，则悟接任南普陀寺方丈。南普陀寺上下致力于发扬太虚"仰止唯佛陀，完成在人格，人成即佛成，是名真现实”的“人间佛教”精神，不断开拓进取，爱国爱教，兴寺安僧，修学佛法，利济群生。

时至今日，南普陀寺千年古刹重现风采，已成为全国汉族地区佛教重点寺院、中国汉传佛教教育高等学府。寺内现有常住僧众700多人。

法统久住　承上启下

昔日释迦牟尼佛以拈花微笑，传迦叶无上心法，至达摩东来，禅宗逐渐在中国落地生根，鼎盛时形成“五家七宗”格局。而在禅宗临济法脉中，杨岐派法脉传入闽中，传衍至明末，亘信行弥得法南下闽南，创立临济宗支脉喝云派。

自唐末至明末清初，南普陀寺前身由泗洲岩至无尽岩，再至普照寺，时有波折起伏，甚至一度废寺，虽有法脉延续，但受朝代变迁、时局动荡、佛法兴衰等影响，没有形成系统完备的法统体系。

清康熙二十三年（1684年），靖海侯施琅从台湾班师返厦，见普照寺残状，感念观音菩萨救度，发心重建寺院后，延请喝云派第八代传人慧日担任

南普陀寺天王殿

住持。自此，南普陀寺成为临济喝云派下所属的子孙丛林，开始长达200多年的传承。历经如渊、景峰、省己、真衷、喜参、转道、佛化等喝云派法脉传承人住持。

民国时期，新思想不断涌现，在国内佛教界兴起的一股革新热潮背景下，时任住持喝云派弟子转逢锐意改革，把南普陀寺改为十方丛林选贤制，虎溪岩派僧人会泉承接喝云派法脉，被推选为改制后南普陀寺首任方丈。此后，部分喝云派高僧如性愿、广洽、广义、广净、妙灯、宏船等亦以南普陀寺为基础，对内弘法八闽，向海外弘法利生。南普陀寺的法统传承由子孙寺庙背景下的形意相彰，逐步转化为无形的精神承接与道统延续。

全面落实宗教政策后，妙湛也于1984年承接临济喝云派法脉。现任方丈则悟于1992年在福州林阳寺受三坛大戒，得临济宗喝云派传人、南普陀寺妙湛传授大戒。南普陀寺今日在则悟主持下，继续坚持学修并进，继承禅宗临济一派法统道风，以“人间佛教”思想造福社会、利益有情众生，成为蜚声海内外、法水长流四方、法灯延续不绝的汉族地区佛教著名寺院。

学统庄严　会通中外

佛教传入中国后，历经译场教育时期、丛林教育时期，至清末时，闽南佛学院等佛教学府应运而生，佛教开始进入学院（堂）教育时代。南普陀寺由弘法布教的传统教育模式迈入了学院教育与丛林修持并重的新时代。为建立以闽南佛学院为基础的“闽院学统”、传承学修并重的学风奠定了坚实的基础，在近代中国佛教史上产生了深远的影响。

闽南佛学院创办后，会泉担任首任院长。1927年，太虚接任院长一职。1928年，著名律师弘一驻锡南普陀寺，创办佛教养正院并手书《悲智训》赠学僧，强调“悲智双运”，成为学统的又一基石。1925至1936年初创时期，便涌现出了一大批出色的佛教贤才，成为近现代海内外名山长老或佛学大师，如当代已故宁波七塔寺方丈月西、苏州西园寺方丈明开、莆田广化寺耆宿圆拙、台湾佛学泰斗印顺、为澳门及马来西亚佛教作出卓越贡献的竺摩、菲律宾佛教中兴人物瑞今等。

闽南佛学院虽曾经停办，但在妙湛重建南普陀寺后，于1984年又复办闽南佛学院，学院教育设施、教学质量、学院规模均非昔日可比。在学风建设上，延续并光大“学修一体、以戒为师、悲智双运”学统。

1997年以后，学院在圣辉、则悟两任院长的带领下，以严谨的学风、纯正的学统、先进的教育理念和教学方法，为中国佛教乃至世界佛教培养了大批人才。

自1925年创办至今，佛学院共向海内外佛教界输送了3000多名毕业生。同时，佛学院积极加强对外交流与合作，毕业生有到国外留学深造，有前往新加坡、马来西亚、斯里兰卡、泰国、美国、加拿大等国家弘法传教，数不胜数。这些远渡重洋、旅居海外的法门龙象都与佛学院有着或深或浅的法脉联系。他们在当地建寺办学，促进佛教本土教育与教法弘扬。

新加坡是南普陀寺僧众早期对外弘法的重要支点。1913年，转道与转岸、瑞今等法师合力募建新加坡现今之普陀寺。之后，转道等众人又相续建立龙山寺、普济寺、普觉寺、妙香林地藏寺等20多座寺院。其中，普觉寺亦是今日新加坡佛学院所在地，转道、宏船等大德先后任住持，为促进新加坡

闽南佛学院复办后首届毕业典礼（1988年）

佛教教育奠定了基础。妙香林地藏寺先后由广洽、广净、妙灯、广余等任监院，并且分别在1950年和1965年，宏船、常凯创立新加坡佛教总会和新加坡世界僧伽联合会，使新加坡佛教得到极大发展。

而在马来西亚，以南普陀寺及闽南佛学院会泉、方莲、竺摩等人为代表，先后创建三慧讲堂、妙香林寺、观音亭、鹤鸣寺等，竺摩担任马来西亚佛学院首任院长，马来西亚汉传佛教由此熠熠生辉。

1937年，曾任南普陀代理方丈的性愿应邀到菲律宾弘法，担任大乘信愿寺住持，被誉为菲律宾佛教开山祖师。1945年，性愿又将创立的华藏寺与信愿寺联合为十方丛林寺院，采用联合上座制的任职制，此后，瑞今、宏船、印顺等相继被聘为上座。据1988年统计，彼时全菲共有27座寺院，这些寺院从厦门、泉州延聘僧尼到菲律宾弘法者达40多人，促进了汉传佛教在菲律宾的扎根弘法。

与此同时，南普陀寺尤其重视与中国港澳台地区、东南亚国家，乃至欧美国家的佛学教育机构的合作，在佛教教育方面不断扩大合作范围，逐步提升办学层次。

厦门和香港两地佛教徒往来不绝，出自南普陀寺的知名高僧太虚、转逢、转道、会泉、性愿、广洽、瑞今、印顺、宏船、竺摩、演培、元果等，都多次前往香港弘法，受到香港佛教界的尊崇和敬仰。中华人民共和国成立，尤其是改革开放后，南普陀寺法师赴港说法弘教频繁，加深了两地的法脉联系。闽南佛学院毕业生亦有应聘往香港住持寺院或入当地佛学院任教者。

厦门与台湾的佛教交流渊源深厚。早在民国初期，时任南普陀寺方丈的会泉于1912、1920、1923、1933年应邀前往台湾讲经说法，并为台湾僧尼传授唱念梵呗及法事规仪，以及主持启建台湾佛教史上第一次水陆大法会。1949年后，众多闽南佛学院师生，纷纷赴台弘法，如大醒、印顺、慈航、演本、演培等。他们为台湾佛教注入新趋势，使得台湾佛教兴盛一时，也为台湾佛教教育带去了闽南佛学院的学统学风。

在人才培养方面，南普陀寺于2013年促成闽南佛学院与台湾圆光佛学院签署教育合作交流协议。2015年3月，闽南佛学院11名男女在校研究生赴台湾圆光佛学院研修，正式启动两岸佛教院校互派学僧交流、共同培养僧伽人才的教育项目，为促进两岸佛教界教育的繁荣发展搭建了法谊之桥。

近年来，为更好地响应国家“一带一路”倡议，2017年5月20日至6月3日，南普陀寺发起闽南佛学院第十五届本科毕业班“重走海上丝绸之路”教育参访之旅，对泰国、新加坡、马来西亚、印度尼西亚、斯里兰卡东南亚五国的寺院古迹及佛教院校进行访问交流，并分别在泰国曼谷、斯里兰卡康提、印度尼西亚雅加达和新加坡成立闽南佛学院4个校友会海外分会。2017年9月18日至10月3日，南普陀寺又组织以则悟法师为团长的“一带一路”交流参访团，对加拿大和美国的汉传佛教寺院及当地佛教教育机构进行参访交流，并分别在加拿大多伦多湛山精舍成立闽南佛学院校友会加拿大分会和在美国纽约西方寺成立校友会美国分会，为闽南佛学院学统传承海外建立了支点。

正信正行　弘法利生

作为“人间佛教”祖师道场的南普陀寺，延续与实践“人间佛教”思想这一道统。2005年，南普陀寺在全国寺院首倡“三零”（零经济、零商业、零门槛）理念，以营造良好的寺院环境、净化不良商业行为。2009年，南普陀寺又宣布实施“文明敬香”，提倡鲜花礼佛。2011年3月寺院宣布实行免票入寺，使寺院真正发挥启迪智慧、净化人心的作用。2014年以来，先后开展“善心善行”“垃圾不落地”系列行动，致力于将南普陀寺建设成为厦门创建全国公共文明行为准则典范城市的试验田。

在弘法利生事业上，南普陀寺以实践“人间佛教”为己任，面向社会，接引大众，通过创办南普陀寺官网、开设微信公众号、开办网络微视频、成立经书赠送处、以周末讲堂的形式举办佛法文化讲座、成立佛法辅导室、推出《菩萨家园》《慈善》等寺院内部交流读物，令正信佛教传播发展更加迅速，寺院更加开放与贴近民生。

南普陀寺始终高举爱国旗帜，坚持佛教中国化的方向，走“人间佛教”的道统，在继承中发展、在发展中继承，形成了“以教育为根本、以慈善为方便、以弘法为职能、以解脱为究竟”的理念，成为僧伽修行和进行宗教活动的庄严道场，成为佛教信众的精神皈依之所，也成为承载中国优秀传统文化、传播汉传佛教法脉、展现汉传佛教道学风范的重要场所。

虎溪岩寺

虎溪岩寺位于厦门思明区东北隅的玉屏山麓。相传古时山谷中有一石洞，洞中有虎，称为虎洞，洞下潺潺流水汇成小溪，故称虎溪。虎溪山上，林木蓊郁，岩壑幽邃，怪石嶙峋，鸣泉清澈，其中“虎溪夜月”被列为厦门八大景之一。寺依山而建，渐次错落。借崖壁为顶，洞穴为室。岩中含寺，寺中悬岩，形成独有的岩寺建筑。虎溪岩寺传承临济宗虎溪岩派法脉，近代涌现出会泉、宏船等一批在海内外有较高影响力的高僧。

虎溪岩寺

虎溪岩寺初建于明神宗万历后期。当时厦门名士林懋时，爱石成癖，为爱玉屏山巉岩耸立，即荷锄锸，亲自入山开凿岩穴。先凿建山背的“白鹿洞”和山前的“棱层室”“摹天洞”，并亲自书刻“棱层”“摹天”在洞口上。

19世纪80年代的虎溪岩寺

20世纪初期的虎溪稜层洞

据《厦门志》记载：明万历年间，另一名士池显方在玉屏山上建玉屏寺。明末清初，玉屏寺毁于战乱。清康熙四十年（1701年），福建水师提督吴英延请僧人元飞来寺主持重建，更名为虎溪岩，传承临济宗虎溪岩派。

宣统元年（1909年），虎溪岩住持善温将虎溪岩交给门徒会泉住持。1932年在虎溪岩创办虎溪莲社和楞严学会，同时扩建印月楼和僧舍楼房。1938年后，会泉携弟子宏船辗转至新加坡弘法，虎溪岩由其徒孙开慧、开教住持，后由宏辉主持寺务。

1985年，会泉门徒、新加坡华僧宏船捐资，委托妙湛重建虎溪岩寺，先后建成大雄宝殿、弥勒殿、啸风亭、稜层洞等，并由其徒开正住持。2005年，圣辉驻锡虎溪岩寺。2012年5月，由净心继任法席，担任虎溪岩寺住持。在净心的带领下，虎溪岩寺兴建大佛母孔雀明王殿、五方佛殿、虎溪禅堂、僧寮等殿宇及配套设施，并于2011年成立厦门市慈善总会虎溪岩寺慈善基金会，践行菩萨道。

自清中叶重兴以来，虎溪岩寺传承临济宗黄檗系剃度法派，称临济宗虎溪岩派。临济宗黄檗派起源于福清黄檗山。康熙四十年（1701年），黄檗派下僧人元飞入主虎溪岩，开临济宗虎溪岩派传承。

元飞一生收徒4人，长徒瑞峰，嗣法住持虎溪岩寺，曾应厦门诸士绅之请，于乾隆九年（1744年）、十二年（1747年）、十四年（1749年），先后三次举办弘法传戒大法会。次徒瑞晃在鼓浪屿西隅三坵田开建瑞晃庵（后改称法海院）。

乾隆三十九年（1774年），清廷鉴于政权巩固，民心安定，才放开度僧与建寺的禁限，诸多优秀弟子秉着弘扬佛法的信念，离开虎溪岩寺，在厦门甚至南洋各地生根发芽，开花结果。佛寿、佛宾先后越洋出国，一居越南，一居三宝垅，此为厦门僧人最早出国弘法的记载。

晚清，虎溪岩寺再度兴盛，先有会向重修虎溪岩，为虎溪岩寺的新生奠定基础，后有会泉积极倡导佛化教育，推动闽南佛教宗风大振。当时会泉任虎溪岩寺住持，一方面对僧俗进行初级佛学教育；另一方面又倡导寺僧生活改革，提倡“一日不作，一日不食”的百丈清规，开展农禅活动。受会泉影响，闽南各地较具规模的寺院也纷纷开办各类学院、学林、学苑或佛学研究会，会泉对各地设立的学院或研究会（社）都给予热情支持，或派人协助组织教学，或亲自前往讲经授课，使闽南佛教宗风大振，学风日盛。

会泉弟子中以宏船最有成就。宏船随会泉至新加坡弘法，1940年驻锡新加坡光明山普觉寺，翌年再随会泉往马来西亚槟城弘法。初于槟城双庆寺讲《楞严经》，后得华侨施助，在槟城创建名刹妙香林寺。宏船一生为弘扬佛法，不遗余力，在东南亚以及世界各地享有盛誉。新加坡佛教总会成立时，他被推举为首任会长。

虎溪岩寺五方佛殿开光大典

1983年6月，新加坡光明山普觉寺宏船携众弟子一行16人经过香港由厦门入境拜谒祖庭，宏船心系祖庭，来华期间反复叮嘱，要求重修虎溪岩寺与万石莲寺，并不遗余力捐资捐物。1994年10月10日，虎溪岩寺相关工程全部竣工，并举行落成暨开光典礼，同时举办为时7天的水陆大法会，修葺一新的虎溪岩寺进入了新的发展时代。

虎溪岩寺从清乾隆（1736—1795）时的佛宾开始，就有着对外交流、传播中华文化等方面的活动。厦门开埠以后，虎溪岩寺在会泉、宏船等法师的主持下，变得更加兴隆昌盛。同时，海内外的佛教交流也步入高潮，许多僧人纷纷出国弘法。

梵天禅寺

梵宇庄严，广植德本；天人归仰，常转法轮。

厦门梵天寺位于同安城区东北1千米处大轮山南麓，始创于隋唐间，乃厦门最古老的寺庙之一。寺初名兴教寺，北宋合七十二庵为一区，更名梵天禅寺，时为同安众寺之首。

据《闽书》记载，宋皇祐（1049—1054）以前，兴教寺中有北岩院。熙宁（1068—1077）时，合七十二庵为一区，改名梵天禅寺。元至正十四年（1354年），泉州大旱，饥民闹事，梵天寺毁于兵火。明洪武（1368—1398）时，住山无为重建梵天寺，时有金刚殿、天王殿、大雄宝殿、藏经阁四大殿并钟鼓楼，规模宏大。嘉靖二十二年（1543年），僧通皓重新修葺，林希元迁大同书院（即今紫阳书院）于此。万历四十年（1612年），湖广参政蔡复一再度重修，并自为记。

梵天寺

梵天寺旧影

清初寺圮，至康熙（1662—1722）时，僧实韬重修，乾隆元年至二十八年（1736—1763），寺僧元芳继葺。同治（1862—1874）时，复坏，乡绅王文祥、王福昌倡议重修。时僧古峰和尚为寺主。光绪末，殿柱为白蚂蚁蛀蚀，举人张荄、周冕、道衔胡铉等募修。

1916年，军阀张树成纵火焚烧禅林，僧众即时星散，1934年，同安县县长黄元秀、邑绅陈延香邀请厦、漳、泉诸山长老会泉、会机等，以及叶青眼居士到同安，筹谋复建梵天寺，由会机、会泉及居士陈延香等组成同安佛教会，会机任会长兼梵天寺住持，修复金刚殿等。1946年，清念接任梵天寺住持及同安县佛教会会长。1952年，厚学继任住持及同安县佛教协会会长。1956年，马来西亚华侨杨金殿、杨朝长捐建法堂。1958年，梵天寺被列为风景区。“文化大革命”中，梵天寺佛像、殿宇、轮山摩崖石刻被毁，佛教道场变成生产农场。1981年，恢复正常宗教活动，梵天寺被批准为首批开放寺庙。1994至1999年，在厚学的主持下，藏经阁、天王殿、金刚殿、大雄宝殿、大悲殿等寺院主体建筑相继复建。现任住持为仁慈。

千余年来，梵天寺虽历尽沧桑，但历代高僧辈出。明代僧人无为、通皓，清代僧人实韬、元芳等，对梵天寺均有修复之功。民国以来历任住持有古峰、木师、梅师、华中、会机、开潭、盛求、清念、厚学等。

会机（1875—1943），法名明真，字会机。福建南安人，俗姓吕。宣统三年（1911年）投南安杨梅山雪峰寺出家，受具于佛化，得法于喜广。1934年，受聘为同安县佛教会会长兼梵天寺住持，修葺金刚殿、钟楼。时学中、本愿、本妙诸师在寺，讲经说法，四众称赞。1938年，会机出游安南，后赴星洲、怡保、槟城弘法，应邀住持槟城洪福寺，受聘于马来西亚槟城佛学院执教。会机学问渊博，淹贯儒释经义，著有《金刚经注》《楞严经疏》《起信论讲义》及《大学中庸讲解》等。

清念（1876—1957），福建同安人。清光绪十九年（1893年），投浙江南海普陀山鹤鸣庵出家，于普济寺依慧源受具足戒。宣统三年（1911年），应邀为普陀山福泉禅院住持，其间收印顺为徒。后南下游化闽南，1946年住持同安梵天寺，皈依四众弟子甚多。1950年，接受新加坡女弟子铜荷姑邀请，南渡新加坡海印寺，遍历星马各地讲经弘化，所至都受到缁素人士的尊崇。其度徒印顺，为当代著名高僧，在汉传佛教界，尤其是台湾佛教界有广

大殿全景

泛而深远的影响。

厚学（1918—2002），福建同安人，俗姓洪。1935年礼厦门鼓浪屿日光岩礼善契披剃出家。1945年，由同安梵天寺清念代弟子印顺收为传法弟子，后依普陀山法雨寺开轮受具足戒。同年秋，返回梵天寺协理寺务。清念南渡星马后，继任梵天寺住持。厚学住寺逾50年，以保护和复建同安梵天寺为己任，曾于1990、1994、1995年三次南渡新加坡，广结善缘，奔走呼吁，得到海外各界热心人士的鼎力支持。今之梵天寺规制完备，均赖厚学护持之力。

梵天寺自古为人文荟萃之地，文物遗存丰富。寺院里遗存有一座建于北宋元祐（1086—1094）时的婆罗门佛塔，三层方形，石构实心，高4. 6米，须弥座底为1. 78米，四角浮雕侏儒，四面浮雕走兽；二层每面浮雕坐莲佛像4尊；三层四个上角展翅神兽。四面浮雕佛教故事图像。刹座覆莲盆，刹杆五层相轮，刹尖葫芦状。婆罗门佛塔是研究古代宗教史及石雕艺术的实物资料，被列为第一批省级文物保护单位。

梵天寺婆罗门佛塔

寺后原有文公书院，后改名紫阳书院，为泉州府最早的官办书院。至今院内还存有朱熹的石刻画像，至为珍贵。朱熹曾为同安主簿，尝寄寓祇园，漫游禅林，有《书梵天寺寝堂》诗曰：“输尽王租生理微，老僧行乞暮还归。空山日落无钟鼓，唯见虚堂蝙蝠飞。”并留有“寒竹风松”“战龙松”“瞻亭”“极目”“圭石”诸崖刻，现或佚失或残缺不全。

如今，梵天寺主体建筑沿中轴线自南向北，分别为金刚殿、天王殿、大雄宝殿、大悲殿与法堂。中轴线诸殿两旁依地势新建两列爬山式骑楼长廊，两序布列着五百罗汉堂、钟楼、鼓楼、伽蓝殿、弥陀殿等堂殿。主体建筑群东侧，散布着大轮山山门、千佛阁、念佛堂、功德堂、报恩堂、三夫人妈殿诸堂殿。寺之钟楼始建于明初，历代屡有修葺，现钟楼为近代仿古重建，“梵天钟声”为同安轮山八景之一。

千年古刹，盛世重辉，梵天寺以悠久的历史传承，幽静的地理环境，蕴含着浓郁的佛教文化特色。如今，庄严的梵天寺与秀丽的大轮山交辉媲美，以崭新的姿容笑迎来自四面八方的香客与游人，成为闽南香火鼎盛的佛教伽蓝。

鸿 山 寺

鸿山寺位于鹭岛西南的鸿山，寺以山为名，山以寺传闻。寺院依山就势，巧构庭院，既保留了传统建筑风格，又融入了现代科技内涵，被人们赞叹为“田螺壳里建道场”。鸿山寺法脉源于禅宗临济宗喝云派一脉，缘起漳州南山寺。20世纪中叶，鸿山寺因“闽南佛化新青年会”以寺为会址兴起佛化运动而闻名，如今已成为广开方便法门的道场。

鸿山寺

寺院概况

鸿山寺初建于明万历（1573—1620）年间，清初毁于“迁界”，至乾隆（1736—1795）时复建。光绪十五年（1889年），敦请漳州南山寺临济宗喝云派喜参住持鸿山寺，全面重修寺宇。后来喜参又转往重兴南普陀寺。1924年，转逢献南普陀寺为十方丛林时，鸿山寺被收为南普陀寺的廨院。

20世纪20年代中叶，厦门佛教界兴起佛化运动，时有青年居士蔡吉堂、叶青眼等人，以太虚为导师，组织发起“闽南佛化新青年会”，以鸿山寺为会址开展佛化宣传活动。“闽南佛化新青年会”也成为厦门佛教史上最早出现的佛教社团组织。1938年，厦门沦陷，鸿山寺寺废僧散。抗战胜利后，转由梵行清信女修明住持。

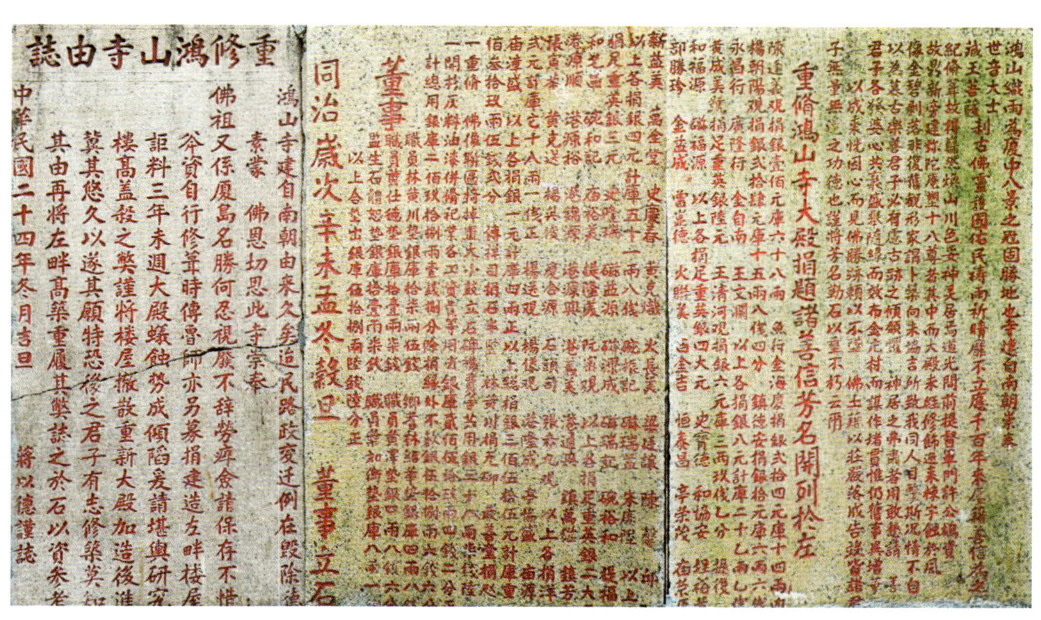

鸿山寺碑文石刻

1949年后，恢复组织念佛会。1958年，鸿山寺由房管部门收管，分租居民进住。1985年，随着全面落实宗教信仰自由政策，产权归还厦门市佛教协会。1986年，新加坡龙山寺监院妙华募净资重建鸿山寺。1989年，鸿山寺重建竣工。

清末民国时期的鸿山寺

由于历史原因及地理位置局限，鸿山寺殿堂位处崖壁，可利用空间狭小。2009年春，在住持法云的率领下，鸿山寺发起重建工程，历时逾5年方完成。2015年9月，鸿山寺举行了整体改造工程落成暨佛像开光庆典，来自美国、澳大利亚、新加坡、缅甸、泰国、越南、斯里兰卡、马来西亚等十几个国家和地区的近百位高僧大德共同主法，来自社会各界的数千位善信参加了开光庆典活动，同沾法喜，共襄盛举。

新建成的鸿山寺建筑高达50多米，融合了传统建筑风格和现代科技元素。寺院集朝拜进香、素食、禅房、共修、旅游观光等功能为一体，各楼层及殿堂定位明确，功能齐全。

2015年9月，鸿山寺举行整体改造工程落成暨佛像开光庆典

法脉传衍

鸿山寺法脉源于禅宗临济宗喝云派一脉，缘起漳州南山寺。清光绪十九年（1893年），喜参应厦门鸿山寺四众弟子礼请，住持鸿山寺，全面重修寺宇，殿堂焕然一新。1986年，经新加坡龙山寺方丈广洽、都监广净推荐，并得到厦门南普陀寺方丈妙湛的支持，妙华住持重建鸿山寺，妙华法子世澄任监院。1989年，鸿山寺重建竣工，妙华敦请其胞兄题安任住持，门徒法云任监院，主持寺院日常寺务。后由法云继任鸿山寺住持。

在鸿山寺建设发展过程中，法云提出了“以弘法传播文化，以文化促进慈善，以慈善培植信仰”的三个中心发展理念。在此理念下，鸿山书院、鸿山慈善会先后应运而生。近年来，鸿山寺两序大众围绕这一宗旨，内修外弘，契理契机，善巧方便地实践着“无缘大慈、同体大悲”的菩萨精神，如法如律开展弘法、文化、慈善等活动，热心服务社会，弘扬中华传统优秀文化。

对台和对外交流

鸿山寺与东南亚地区佛教有着深厚的渊源。1945年，时仅23岁的妙华由福州西禅寺常住委派住持越南西贡二府庙，并于1960年创建西贡万佛寺。

2015年9月23日，斯里兰卡僧王一行应邀访问鸿山寺

20世纪90年代以来，法云多次应邀出访美国、加拿大、日本、澳大利亚、新加坡、印度、马来西亚、老挝、越南、斯里兰卡、柬埔寨、泰国等国家和中国台港澳地区，开展弘法交流，广结善缘。1997年，法云应邀参加在日本举行的中日韩佛教友好交流会议日本大会。2012年，赴台湾佛光山参访，与星云进行了深入的交流。2015年，带领鸿山寺朝圣团赴印度开展了为期11天的印度、尼泊尔朝圣之旅。2016年，法云在高雄净觉山光德寺传授的三坛大戒中担任尊证阿阇黎，为闽台佛教共同绍隆佛种，深化两岸佛教合作互学互鉴发挥作用。同时，海外佛教界也多次参访鸿山寺。

观 音 寺

观音寺位于厦门市湖里区仙岳山东麓，是中华人民共和国成立以来厦门地区新创建的第一座大型寺院。寺院始建于1994年，由定恒筹建开山。经过20多年的建设，观音寺至今已初具规模，建筑群以红墙黄瓦为基调，富丽堂皇，巍峨壮观，是近年来新兴的一座集弘法、慈善、修学、素食、休闲静养为一体的大型观音文化寺院。

观音寺

寺院概况

观音寺位于湖里区，坐落在厦门岛中心，背靠仙岳山东麓，闹中取静。寺所在的仙岳山绵延起伏，峰峦叠翠，五座山峰由西向东依序排列，成为城市的绿色屏障，青山绿树、奇石美岩及山花异草构成了仙岳山特有的自然风貌。

观音寺主要建筑有山门、观音殿、大悲殿、万佛塔、观音寺素食馆等。全寺建筑庄严典雅，红墙黄瓦的传统佛教建筑风格与闽南地区石燕尾脊歇山式屋顶相结合，飞檐翘角，异彩纷呈。

观音寺右侧建有万佛宝塔，为寺院代表建筑，亦为厦门地标建筑之一。宝塔坐西朝东，规模宏大，塔基占地面积即达1600多平方米，整座建筑13层，连同塔刹通高78米。一层为大厅，中奉千手观音，木雕金妆、恬静庄严、熙怡慈悲。二三层为念佛堂，外作二层，实际一层，高敞弘丽。四层为延寿堂，布满供奉神主的橱龛。四层之顶为平座，四周栏杆围绕，中央建

观音寺山门

万佛宝塔

塔，八角九层。塔身由外壁、回廊和塔心三部分组成，翘檐复宇，回廊萦绕。万佛宝塔供养佛菩萨11111尊，每层平均1000余尊，供信众和游客瞻仰礼拜，故称万佛宝塔。宝塔恢宏瑰丽，挺拔俊秀，屹立在仙岳山麓，有“厦门佛教第一塔”之誉。

名山掩映着宝刹，宝刹装点着名山，如今，观音寺成为仙岳山上最亮丽的风景线。寺院通往后山的步行道成为人们锻炼休闲的好去处。

筚路蓝缕　艰辛创寺

观音寺开山住持定恒，1982年就读养正院，1989年闽南佛学院本科毕业， 1994年，定恒主持筹建观音寺，择定当时还是草木丛生、未经开发的仙岳山一带建寺安僧。定恒重修持，讲因果，以肇建道场为己任，广结善缘，锲而不舍，历尽艰辛，得到海内外各界热心人士的鼎力支持，至2003年完成山门、观音寺、大悲殿、万佛塔、五观堂、香积厨等建筑群的建设工程。

千手观音

建成后的观音寺布局合理，构思巧妙。山门屹立于山下，坐西朝东，面向大道，为三间四柱牌楼，琉璃瓦覆顶，中间榜书“观音寺”。

大悲殿在观音寺之后，依山势构筑，居高临下，气势宏伟。大悲殿重檐歇山，屋面浑健雄大，檐角反翘如大鹏展翅，厚重硕健；正脊两端加饰鸱吻，鸱尾卷曲相对。殿堂五开间立柱雄伟，大气磅礴，殿内供奉毗卢观音菩萨。底层是报恩堂，上层主殿供奉毗卢观音青铜坐像，两边供奉32尊观音化身像，清净庄严。

弘法利生　观音文化

定恒带领观音寺四众弟子积极投身于各种弘法慈善等利生事业，坚持弘法与建设并举，边建设边弘法，以建设推动弘法；边弘法边建设，以弘法促进建设，取得显著成效。观音寺立足本地，发扬佛教精神，大力倡导观音文化“慈悲、清净、平等、和合”的理念，造福社会大众。常年坚持每星期六举行一次念佛法会；每月农历十九日举行观音大悲宝忏法会；每年正月、六月各举办一次万佛法会；每逢佛诞节日举行各种大型法会。

观音寺于2011年成立厦门观音寺慈善基金会，2016年成立厦门观音寺慈善会，组织信众和义工参与各类扶贫济困、敬老养老、助学助残、救灾救难等公益慈善活动。同时，观音寺也积极推广素食文化，2013年设立观音寺素食馆，大量的义工在后台服务，每天提供100多种素菜，推广素食文化和养生保健理念，吸引了许多人与素食结缘，与观音寺结缘；2017年更是推出了每月初一、十五和佛诞日的“观音护生免费福饭”，免费与众生结缘，深受广大信众的喜爱和好评。

万人弘法大会

加强自身建设的同时，观音寺也不断加强与海内外各丛林的交流合作。一方面积极走访国内各大丛林寺院，参与其重要活动，加强法谊交往；另一方面利用厦门的对台优势，加大对台合作交流，多次邀请台湾大德法师等来厦交流。此外，观音寺僧人先后走访东南亚及欧美国家的众多道场和佛教组织，并邀请他们前往观音寺参观考察，形成良好互动。

太平岩寺

太平岩寺原为太平观，乾隆初年如渊辟为莲花道场。民国时期，南普陀僧转逢、转岸先后重修。2000年以后，世澄重建，终将昔日荒凉旧基变成今朝庄严净土。太平岩寺已成为厦门这一海上花园城市的一处知名伽蓝。

太平岩寺

历史沿革

太平岩寺，位于厦门万石植物园内，初为道观名“太平观”，祀玉皇大帝，始建于明万历（1573—1620）年间。明末清初，郑成功据金厦，常以此为闲暇读书之所。郑东渡后废毁。清乾隆初年（1736年），南普陀寺住持如渊募资复建，辟为莲花道场，改太平观为太平岩，于偏殿保留道教奉祀玉皇大帝的天坛。时邑人黄日纪《嘉禾名胜记》云：“山径皆巨石夹道，狭窄如带。岩前有石如开口状，镌‘石笑’二字；行数武，又一大石，镌‘极乐天’三字。后有石洞，泉流不竭；佛宇禅房，左右数椽。”嘉庆（1796—1820）年间举人林云青倡修。同治元年（1862年）正月，佛堂火灾，榱栋几案俱成灰烬。岩寺董事职员倡修缮完。同治十年（1871年），重邀李永仁、康超英、叶如衡诸居士集资修复。清末民初，寺岩再度废毁。

1910年代，美国归正教会牧师威尔逊·毕（Wilson Pitcher）游览太平岩寺，在《一个中国首次开埠港口的历史与事实》一书中记载：“虽有一些雕

“石笑”

圆通宝殿

镂古怪的石柱，但建筑浑厚朴实。建筑的名字意义晦涩，只有须弥浅藏、山气浮空、海天一色，孤帆待潮。”

20世纪20年代初，南普陀寺住持转逢南渡星洲，募集资金翻修太平岩。1928年11月，原欲往暹罗行脚的弘一途径厦门，因身体不适，居岩寺静养。1934年，富商蒋以德居士添建一大殿于寺左。20世纪40年代初，南普陀寺转岸任岩寺住持，因出国募化，交女弟子瑞孟姑住持。不久复由万石岩宏绸姑（会泉女弟子）接手代理。时寺岩有僧侣一人、斋姑三人。1945年，转岸海外归来，继续修葺。1948年，旅菲僧性愿在岩寺捐资创办觉华女子佛学苑，由弟子陈珍珍负责教务，学苑后迁往泉州。1949年后，寺务交由宏稠姑住持。1952年，与妙清寺合资创办联友、群华手工业纺织社，组织住寺女众自救自养。

1996年，厦门市佛教协会从园林管理部门收回寺院产权。2000年，岩寺恢复为佛教活动场所，僧伽入住，世澄组织重兴工作。2004年4月，举行重建奠基典礼，同年8月，大雄宝殿动工，2008年6月，举行大雄宝殿落成、佛像开光、圆通宝殿奠基典礼，并启建第一届水陆空大斋盛会。2009年开始举行各类法事活动；2014年4月，举行寺院全堂佛像开光暨世澄升座庆典。2017年6月，厦门市太平岩弘一书院暨太平岩弘一慈善基金会举行揭牌仪式。

现在的太平岩寺以唐代古建风格为主，自外而进依次为天王殿、钟鼓楼、圆通宝殿、大雄宝殿、方丈楼、藏经楼、地藏殿、法堂、禅堂、上客堂、放生池、罗汉广场等。

乾隆年间，曾任兵部武选司主事的黄日纪曾有诗云：

太平古刹建何年，秋色凄凉冷暮烟。
洞口木棉飘坠叶，云头石笕引流泉。
卷帘遥岫层层出，望海轻帆片片悬。
花落鸟啼无客到，老僧扶杖倚檐前。

摩崖石刻——黄日纪《秋游太平岩》

如今，厦门太平岩寺是文人雅士吟诗赏景的好地方，是游客消暑度假的好去处，更是佛教四众弟子净化心灵、精进念佛修行的好去处。

法　　脉

太平岩是一处净土宗道场。乾隆初，如渊复建为莲花道场，镌石曰“极乐天”，显见是修净土法门。太平岩寺又有僧知坚，预知时至，拜佛西归，道光十二年（1832年）《厦门志·方外列传》曰：“知坚住太平岩，预知死期，置酒别所知交共七人，命寺僧设八人座次。其弟子曰：‘何用过多？’坚曰：‘即有至者。’方欲就席，果后有一人至。酒数行，起曰：‘予欲拜佛西归矣。’人皆笑之，有尾其后者，见其甫及禅床，已圆寂。众始信之。”

民国时期，厦门居士王拯邦曾在太平岩寺建归宗精舍，引领大家一起念佛求生净土。王拯邦曾写信给苏州印光，请求题写精舍额名及对联。《印光法师文钞》中有《归宗精舍同修净业序》和《复王拯邦居士书》记载。

太平岩寺现任方丈世澄也是一位净宗行者。世澄，俗名李启旺，福建福鼎人。1976年出家于福鼎青龙寺；1979年入福鼎西兴寺，随青意修净土法门，曾勤修四十九天精进佛七。1980年至福州雪峰崇圣禅寺，赴庐山东林寺果一和尚座下受具足戒；再入闽南佛学院就学，1989年本科毕业后，重建鸿山寺并担任监院，并至新加坡龙山寺弘扬佛法。1991年回国担任南普陀寺知客及副寺等职，任厦门市佛教协会副会长。2000年应请住持厦门太平岩寺以来，一直倡导禅净双修。

对台和对外交流

近20年来，太平岩寺多次接待海内外、中国台港澳政商两界重要人士。世澄到访多国多地，与佛教团体精诚交流。

2010年11月，岩寺接待新加坡佛牙寺方丈法照率百余位居士启建斋僧植福祈安法会；同年12月，新加坡毗卢寺方丈慧雄率50余位居士到寺参访。2013年1月，台湾心茂一行到寺参访。

2009年，世澄（左三）出访印度尼西亚参加世界佛教会议

2014年4月，海内外诸山长老、大德法师到寺参加开光庆典等。

世澄先后到访台港澳各大寺院，以及美国、澳大利亚、新加坡、马来西亚、印度、尼泊尔、斯里兰卡、泰国、越南、柬埔寨、日本、韩国以及欧洲等地，与佛教人士、信众广泛交流，加深联谊。

漳州

漳州，地极七闽，境连百粤；两山拥翼，二江襟带。此地山川清秀，原野坦平，蔚为江外名邦。民众自古以舶海为恒产，资用饶给，质朴谨畏，乐善远罪。佛教兴盛，向称法窟。

漳州之有佛寺是在唐初。漳州开元寺建于唐嗣圣元年（684年），原在漳浦县，贞元二年（786年）随州治迁建于龙溪。开元（713—742）年间，延福报劬院（今南山寺）建成。咸通（860—873）年间，建三平寺。景福元年（892年），建兴教寺等。五代时仅龙溪一县建寺就有5座。按《漳州府志》："闽自王审知以来，寺院半民家，定田为三等，择其上者以与僧，盛可知矣。"《海澄县志》："唐宋以来，缁流多有。"北宋时，漳州原有寺院大都进行了迁建或扩建，乾德六年（968年）南山寺重修，太平兴国三年（978年）普贤院扩建为普贤寺。这一时期，法眼宗传入漳州。南宋，漳州佛教兴盛，"僧寺极多，极为富饶，十漳州之产而居其七"。元代，新设之县及偏远地方建有不少新寺，较著名的如南靖安福寺和西坪院、诏安良峰寺等，漳州境内有佛寺600余所。明代漳州寺院和僧人显著减少。清光绪《漳州府志》载开元、法济、净众、南山、龙山、罗汉等寺18所，福寿院、达摩院、木棉庵等20所，明末新建如万善寺、龙亭寺，清代新建如东园、南霞、五福、四林、宁海、大山等寺院12所。光绪志云，"释氏一道亦寖微矣，现存寺院庙宇犹多裁革浸没，况所谓废院者，杳不知其基址也"，故以上数据是"择其尤者纪焉"。清末得侨僧汇款资助，寺庙略有复苏。至1937年，据不完全统计，漳州佛寺不到百座，僧尼三四百人而已。

漳州是禅宗法眼宗与临济宗喝云派的发祥之地。大概在925—926年，玄沙师备弟子桂琛从福州地藏院迁到漳州罗汉院，文益、悟空、绍修等随后前来，其后文益道振江南，开创法眼一宗。明末，临济宗亘信行弥禅师住持南山寺，创喝云派，南山寺从此成为喝云祖庭。清末民初，喝云派名僧辈出，法嗣遍布漳厦泉乃至江浙一带。

漳州与海外佛事交往频繁。南唐保大十六年（958年），三佛齐国（今印度尼西亚苏门答腊）李将军运香货到漳州销售，赚钱后营建普贤院，还在法堂梁上题字。明崇祯元年（1628年），南山寺僧觉海东渡日本，传播佛教，在长崎建福济寺（又称漳州寺）。清光绪年间，南山寺住持佛乘为修缮寺院派人到南洋募资。此后漳州僧人下南洋者日渐增多，如今东南亚汉传佛教寺院很多都是喝云派后裔所创建。

昔贤遗化在，邹鲁文物同。漳州为闽粤台交通之要冲，有此地利之便的漳州佛教，必将光前裕后，对台港澳地区、东南亚乃至“一带一路”沿线国家和地区的宗教文化交流产生重要的影响。

南山寺

南山寺始建于唐，盛于宋初。明末因亘信行弥在此传法，而成为喝云堂祖庭。清末由有晴、佛乘复兴，一度衰落的南山祖庭得以宗风重整，闽南佛教也由之起衰振盛。南山喝云派子孙又多下南洋，东南亚许多寺院多为其所创建。

南山寺

历史脉络

南山寺原称报劬崇福禅院，位于漳州中山桥南，南靠丹霞山，北向九龙江。寺始建于唐，实创于宋初，历代屡有重修。

南山寺始建于唐，由陈邕舍宅为寺；宋初寺已废，陈文颢再次创建，名之曰“报劬”，可能是为其逝去的母亲追荐冥福。郡守章大任题匾额“南州法窟”；南宋初，寺毁于水灾；绍兴八年（1138年），时任泉州观察推官，后任参知政事的陈俊卿曾捐资重修。元至正、明永乐年间亦重修。明嘉靖二十四年（1545年）正月毁于火灾，寺僧圆性募缘重建。嘉靖年间，寺院田产多半被抽调以作备荒、赈灾、军需之用，寺僧星散。隆庆万历年间，随着漳州月港对外贸易兴起，漳郡经济繁荣，寺僧行钦得以募缘重修，改名南山报劬崇福寺。天启年间，庙宇重修并改名南山寺，现存寺名匾额由黄道周书写。

明末临济宗亘信行弥禅师住持，创喝云派，南山寺始为喝云祖庭。清康熙四十四年（1705年），张福昶《南山寺》诗曰：“岁久南山寺，壁上龙蛇迹。石罅苔痕青，林间葩可摘。斯须散晴烟，江城含远碧。登临意未已，夕阳漫相逼。”

黄道周书写的匾额

咸丰年间，有晴重建南山寺；同治三年（1864年），太平军攻克漳州，寺院损毁严重，沦为难民收容之地，有晴一人坚守之。光绪元年（1875年），有晴弟子佛乘住持收回寺院并重修，遣弟子出洋募化，寺又重兴，左宗棠书“莲界重辉”匾额祝贺，并从北京请回《龙藏》。8年后又遭

左宗棠所赠“莲界重辉”匾

水灾，妙莲出洋募化，光绪三十年（1904年），新加坡侨领刘金榜捐资修建南山寺，光绪三十三年（1907年）从缅甸购买高两米白玉佛像供奉玉佛殿。1927年，南山寺承建南山佛化学校。1933年改为十方丛林，选贤任能，公推广心出任方丈。1938年，广心外出募化，将日机轰炸毁掉的石佛阁改建净业堂。20世纪80年代，南山寺成为最早开放的一批寺院，1983年列为全国汉族地区佛教重点寺院。

现存建筑坐南朝北，中轴线上自北而南依次为山门、天王殿、大雄宝殿、法堂；左右有喝云祖堂、陈太傅祠；石佛阁、德星堂、地藏王殿、福日斋；东侧为城隍庙；后山有塔院等。大石佛、白玉佛、元代大钟、血书《华严》、御赐《龙藏》和《贝叶经》为南山寺宝。

法脉传承

南山寺有明确记载的开山祖师为玄应定慧，福州白龙希祖法嗣，白龙嗣法玄沙师备。玄应得法后在漳州保福庵旁青阳山隐修20多年，南唐开宝三年（970年），陈文颢创报劬院，屡请玄应住持，固辞。陈文颢请玄应胞兄军校吴仁济出面，玄应才答应出世，“时参学四集，仅千五百人”，“陈帅以师之道德闻于太祖皇帝，赐紫衣师号”。开宝八年（975年）圆寂，荼毗收灵骨在院之后山建塔。

明末清初，亘信行弥（1603—1659）创喝云派，南山寺遂成为喝云派祖庭。亘信，同安人，18岁在本县梅山出家，纳戒于宁德支提山万寿禅寺，明崇祯八年（1635年）冬，得法于费隐通容（1593—1661），与隐元隆琦（1592—1673）同出一门，为临济宗第三十二世。明崇祯九年（1636年），住泉州南安大罗山栖隐禅院，其后历住南山报劬、福清黄檗山万福寺、泉州承天寺、福州雪峰崇圣禅寺等，清顺治十六年（1659年）在雪峰入寂。住南山寺时，求学弟子最众，影响最大，故民国喻谦著《新续高僧传》直以“漳州南山报劬禅院沙门释亘信”为题；亘信门下有如幻超弘、休耳超极、南山超元等弟子，超极、超元等都曾主南山。亘信后世子孙繁衍，各立门户，曾有喝云、潜云、锦云、白云和法云“五云”，唯南山喝云系独盛。

清末刘金榜所捐赠的白玉佛

近代南山寺中兴祖师为有晴及其弟子佛乘。有晴，金门人，俗姓许，在南普陀出家，忍端弟子，后在普陀山佛顶山信真如处得法，咸丰六年（1856年）回厦门，住养真宫，“塑福禄寿仙像，钵之余粒尽充漳南山寺，厦绅叶文渊因公往漳，为倡修，今成巨刹。寂灭后塔于普之东谷。”有晴弟子佛乘（1834—1899），龙岩人，同治元年（1862年）依有晴剃发，后外出受戒、参学，十一年（1872年）回南普陀，光绪元年（1875年）受师命移锡南山寺，时南山寺兵燹之余，佛乘派弟子喜昌在南洋募化，“得道宪并诸士夫护法，殿宇焕然一新，宏戒三次，置田十顷，度众数百人，间居以生死大事劝策后学，开悟者实繁有徒”。佛乘代师收佛化（1833—1912）为弟子，得传南安雪峰寺一脉；代师兄佛日收徒喜参（1848—1911），委以南山监院之任，后得传南普陀一脉，“使一度衰落的南山喝云堂祖庭得以宗风重整，闽南佛教也由之起衰振盛，是皆佛乘大德有以致之”。佛乘在南山寺三度传三坛大戒，使中断多年的闽南戒坛得以复振，近代名僧转道、转初、转尘、会泉等都曾在此受戒。

清末民初，南山喝云派名僧辈出，法嗣遍布漳厦泉乃至江浙一带，“喜”字辈有喜参、喜滔、喜昌、喜广等；“转”字辈有转道、转武、转逢、转尘、转岸等；“瑞”字辈有瑞芳、瑞等、瑞今、瑞桑、瑞持、瑞进等；“广”字辈有广钦、广洽、广净、广纯、广义、广馀、广安、广玄等。

1927年，闽南佛学院附属小学部迁南山寺，由觉三负责重建并主持校务，称“南山佛化学校”；1929年，觉三和瑞今到台湾筹措办学经费，觉三积劳成疾，次年3月回南山寺入寂。1930年，曾招收锡兰留学团入学。1938年5月厦门沦陷后不久，广心请弘一在南山寺讲《金刚经》等，喝云堂派下僧尼等100多人听讲。

弘法海外

南山喝云派曾传法日本并影响至今。明崇祯元年（1628年），旅居日本长崎的漳州籍船主在分紫山创福济寺（俗称漳州寺），延请南山寺觉海为开山僧，同行的还有了然、觉意，觉意续任住持，清顺治六年（1649年），蕴谦戒琬任住持，经20多年扩建，由妈祖庙建成佛教大伽蓝。顺治十二年（1655年），延请南山寺慈岳道琛为住持。福济寺是日本较早寺院之一，影响深远。

亘信弟子超元曾住持南山寺，后于顺治八年（1651年）东渡长崎主崇福寺，后住平户智门寺、金泽天德寺，传“盘桂派”；顺治十五年（1658年）回国，如今长崎、东京等寺“盘桂派”法裔仍达数千人。

日本僧众来南山寺朝拜

南山寺对东南亚佛法影响则更为广泛与深入。清末民初，南山寺僧相继出洋，如今东南亚寺院大多为喝云派后裔所创建，如清末之妙莲、转初、喜参、转解等，民初之转道、会泉、性愿、转逢、广洽、广净、瑞今、宏船、转尘、转物、妙灯、广义、常凯、广余、宏船、广园、广净、晴辉等。以广洽为例，他是南安人，1921年到南普陀礼监院瑞等为师，1923年南渡新加坡居龙山寺数月，不久回南山寺住数月，随性愿、广通参学，深受教益。后师事弘一法师十余年。1937年再次到新加坡龙山寺，1942年瑞等入寂，广洽接任龙山住持，1948年创薝蔔院等。南渡50余年，历任新加坡佛教居士林导师、佛教总会主席等，1995年圆寂。

南山寺与台湾佛教交往历史悠久。清乾隆十五年（1750年），南山寺僧海伦前往台湾，驻锡台中清水紫云岩，进行了大规模重建。清末民初，在南山寺出家的会泉4次赴台弘化。1912年，南山寺僧会机到台湾弘法。1921年，台僧贤顿在南山寺礼觉定剃度出家，后住寺数年。台僧智性曾作为妙莲侍者住南山寺，后任监院、客堂等职。1929年，南山佛化学校在台湾《南瀛佛教》刊出招生广告，招收台湾学僧，除厦门闽南佛学院外，还在基隆月眉山灵泉寺和新竹大湖庄法云寺设有接待处。

1984年，新加坡诸山长老捐资重建喝云祖堂和五观堂，同年10月，宏船和广洽、广净、广纯、广义、广余、妙灯等长老朝山团抵达南山寺，为答法乳之恩，重兴喝云祖庭，携海外所募专款重建佛乘祖师舍利塔。1987年，舍利塔底建成，赵朴初会长题名“佛乘和尚舍利塔”，林子青居士撰《重建南山寺佛乘和尚舍利塔记》。1992年，身处海外的广洽、广净、广余、妙灯、瑞今等长老为南山寺修建大雄宝殿多方募资。

1991年，新加坡龙山寺广净一行到南山寺交付募化来的资金，以在千佛阁旧址建法堂大殿。大殿于1993年落成，楼上为藏经阁，放置光绪帝颁赐的《龙藏》，楼下为法堂，瑞今书写匾额“成等正觉”，内祀清光绪九年（1883年）刘金榜捐献的两米高缅甸白玉佛。

1999年，喝云派僧人、鼓山涌泉寺方丈普法回山担任南山寺住持。2001年10月16至17日，南山寺举行“建寺1265周年暨重修大雄宝殿佛像开光庆典”活动，盛况空前，新加坡普济寺方丈妙灯长老代表喝云派僧人致辞，台湾月眉山灵泉寺晴虚长老率团前来祝贺，日本僧人代表和美国、德国、奥地利友人出席庆典。

喝云派祖庭所在地喝云堂

法 泉 寺

法泉寺建于明代，初名观音寺。自20世纪90年代以来，法泉寺崛起于漳浦赤湖镇，不数年间，梵宇俱兴，琳宫宏开，以净土专修道场知名于当世。

法泉寺在漳浦县赤湖镇北桥村。始建于明朝，原名观音寺，1993年移址重建，改名法泉寺。1999年，大雄宝殿完工。2004年，住持妙空主持扩建。现建筑布局，中有天王殿、大雄宝殿，十八罗汉殿对称东西两边。东边依次有慈悲楼、钟楼、六和敬楼、斋堂、接待厅、藏经楼、石壁雕刻地藏王菩萨像、随缘楼、般若室、放生池等；西边依次有包容楼、鼓楼、客堂、晚晴楼、法行楼等；院中矗立一尊千手千眼观音菩萨铜像。僧众日常以净土修行为导归，学习佛教经论，每年举办传统文化教育、念佛七等共修法会。

法泉寺住持妙空承嗣的是临济宗喝云派广钦法脉，属广钦下第三世。这实际是近代南安雪峰寺佛化禅师传下来的一支，按喝云派近现代传承字派“佛喜转瑞，广传道法，普化无为”，其传承顺序是：佛化—喜敏—转尘—瑞芳—广钦—传平（台）—道诚（台）—法行（妙空）。

妙空出家后，曾在泉州承天寺参学。2000年入住法泉寺，8月举办首次佛七法会，开创漳浦念佛七之先河。2004年，台湾承天寺广钦和尚弟子传平

法泉寺

法泉寺

一行6人到福建参访，听闻法泉寺概况后，专程前往交流。此后，传平或其弟子道诚每年均率众从台湾到漳浦法泉寺参与春秋两季佛七。法缘殊胜，妙空法接道诚，得赐法号“法行”。

现在的法泉寺秉承广钦“老实念佛”之彝训，每年定期举行三次佛七法会，参与人数少则一两百，多则四五百，有不少是来自厦门、汕头、广州、台湾、香港，以及新加坡、美国、菲律宾、澳大利亚、泰国、柬埔寨的居士，佛七主法者有台湾传平、道诚、悟道，香港觉仁、菲律宾广学、泰国隆波通等教界大德。

法泉寺一直以来致力于闽台两地之间的佛教文化交流，2009年列入漳州市首批“对台交流重点寺庙”。

2015年11月9至11日，由福建省佛教协会主办的“第七届闽台佛教文化交流周”在法泉寺举行，此次交流会由福建省佛教协会与台湾佛教会的诸山长老共同主法，闽台两岸佛教界人士和信众等1000多人参加。其间还迎请广钦老和尚舍利，由传平亲自护送至法泉寺，供奉于广公纪念堂。此次交流旨在弘扬广老的“苦·忍·境”修持观，共同探讨如何通过提升自己的修行来净化人心、利益社会。闽台文化交流周首次在位于乡镇行政区划的法泉寺举办，也是对法泉寺近些年来在闽台两地佛教交流领域所作贡献的一种肯定。

法泉寺立足漳浦，以弘法利生为己任，弘扬中华优良传统文化，发挥地缘优势，加强闽台佛教界的交流与合作。

诏安九侯禅寺

漳水南下闽山，其尽头有九侯山，壁岫争霞，孤峰限日。山有梵寺，上接天门，下临霄汉，岩石奇绝，林木蓊郁，为山中之一巨观。寺始建于唐，宋有思齐、元有无碍驻锡。九侯竞胜争奇，凡枕流漱石之精灵，皆为道学文章、莲社传灯及避世隐居之所缘起，故山号“南闽第一峰”，九侯禅寺汇聚天地、人文之精华，而为佛门圣地、闽南名刹。

九侯禅寺

历史脉络

九侯禅寺位于诏安县城东北方向约11.5千米处的九侯山麓。《九侯禅寺碑记》载：“古刹有‘内旧岩’，始建于唐代。宋绍兴十年始建佛阁大殿。”内旧岩，在天柱峰东，与之隔峡谷相望，现旧址犹存。绍兴十年（1140年）新建佛阁在大石峰半山腰，即今之九侯禅寺所在地。淳祐五年（1245年），思齐为住持，募化重修扩建禅寺，《重建碑记》曰：“时淳祐五年，岁在乙巳，重开山僧思齐、化缘僧思谨、游坪、崇慈、立海、崇

无碍手书“九侯名山”石刻

实，至冲监造，祖琛志。”思齐被奉为重开山门祖师，现九侯禅寺西斋所祀祖师像有对联曰：“南宋思齐建大寺，高僧受钵皈侯山。”思齐是五台山僧，传为五台山第九世。

元大德（1297—1307）年间，三阳人无碍住持九侯禅寺。无碍善书法，前来听他讲经说法、学习书法的弟子甚众。《诏安县志·方外列传》载：“元僧无碍者，为九侯得道士，修养岩栖，有（怀素）种蕉学书态度，笔画凝重，衣钵极盛。当时九侯山门倚壁悬崖镌‘九侯名山’四大字，游人到此望之犹嶙峋光烁，亘古不磨，即其手书遗迹也。”

《诏安县志》中收录有多首明末文人游九侯岩诗作，从中可见当时九侯禅寺之片段。张燮（1574—1640）《重游九侯岩偕周仲先》曰：“礼佛还步虚，揽衣峰顶度。逢僧摘山毛，杂佐伊蒲具”。《登九侯岩诗》：“石门天半启，兰若岭头悬。”郑爵魁《陪郑使君游九侯》：“寺经千佛劫，山自九侯开。”县令戴廷槐《九侯山》：“从僧分得高春饭，作客兼闻定夜钟。”许判《同叶龟峰游九侯岩》：“鸟邀夕照藤萝外，龙护金书弥勒旁。”又明末清初时人戴冠《重游九侯山诗序》中说，“自天启乙丑（1625年）至今凡七游”，而“隆公法师亦化异物”，则明末时九侯禅寺有僧称“隆公”。

清初，九侯禅寺毁于山火。乾隆九年（1744年）、光绪三年（1877年）重修。清末诏安县僧尼约200人，分“九座”“临济”“福善”三派。1937年据统计，诏安仅有僧尼75人。20世纪80年代，有华侨捐资重建九侯禅寺；1996年由陈阿妹住持该寺。2007年，弘妙接任住持后，募资修缮了大殿、姑娘洞、飞来佛、遁来佛并做佛龛，新建白玉观世音造像、东西厢房、地藏阁、观音阁等。

寺右侧上方有福圣岩，始建于唐，宋重和元年（1118年）重修，由三块巨石覆盖，于前面依势嵌砌条石为墙，有“福胜岩”石门匾，旁署：“大明嘉靖二十二年正月立”。岩内石室祀佛像，俗称“遁地佛”；岩左侧有用天然石笋雕成佛像，上盖佛亭，俗称“飞来佛”。石室前为平台，站立平台，远近风光在望，为天然隐居良好处所。历史上常有文人儒士借住栖息。

佛儒交辉

九侯山既是一座佛山，也是一座儒山、仙山。九侯禅寺汇聚天地人文之精华，而成为一座闽南名刹。

九侯山是一座儒山。唐代，传说漳州首任刺史陈元光（657—711）曾驻兵于九侯山，现松涧泉仍留有其“试剑石”遗迹，陈元光后被祀为“开漳圣王”。大儒朱熹登临九侯禅寺留下“西斋”题匾、对联“西抹烟霞，秋景宜人；斋吟经史，春风满座”。南宋庆元二年（1196年），朝廷禁“伪

五儒书室

学”，时金陵赵嘉客、洛阳周直言、临汀伍仲求、大林飞仙、石屏翁陈景肃等五位儒士至此隐居讲学。现有“五儒书室”遗迹。宋末陈植崖山兵败曾隐居于此。历代不少大儒在此留字，如王十朋之“万山第一”、罗汝芳之“天开”、黄道周之“洗心之藏”；沈起津、林壬、丘逢甲等都曾登临赋诗。按黄昌《九侯岩指南传》的解读，“‘九侯岩’三字乃西北隅乾方，室火危月，交辉分度。诗云：相在尔室。夫室者，亥宫乾金，室火猪乃阴极阳复之侯，故君子终日乾乾。”所以“九侯岩”有君子自强不息之寓意。

马来西亚华僧捐刻“万法归一”

九侯岩还是一座仙山。前述五儒来此隐居，后人写诗认为五人最终皆成仙：“同跻名山顶，流饮北斗浆。玉泉吹铁笛，玉女制霓裳。皆云五儒者，百岁陟帝乡。共弄风尘表，悠悠天地长。”说九侯岩是一座仙山，还因为此处无处不石，无石不奇，如牛眠石、鲤鱼石、罗汉洞、松涧泉、风动石、云根石、三宝石、观音石、花瓶石、花薇石、蒸笼石等，如仙女临风、猿猴望月，似鲤鱼吐草、雄鹰扑兔，千姿百态，栩栩如生，真可谓仙人造化，鬼斧神工。

诏安县地处福建省最南端、闽粤交界处，素有“福建南大门”和“漳南第一关”之称，旅居东南亚的诏安籍华侨华人现有20多万人，诏安籍台胞100多万人。诏安宗亲对家乡的九侯禅寺别有一种怀念之情，自20世纪七八十年代以来，每年都有大量来自以上地区的诏安宗亲前来朝拜。

泉州

泉州，古名清源郡，因其地少寒，又称温陵。泉郡地理，山连苍梧，川逼溟渤，近接三吴，远连二广，向为闽之奥区。百姓煮盐鬻鱼为业，商贾鳞集；近代青壮则近趋台湾，远赴南洋。自古迄今，民间多富。风俗淳厚，民众乐善，素号佛国。

泉州之有佛教，始于晋太康九年（288年）在九日山建延福寺。唐末寺庵数十座。五代时期，泉州割据一方，从王审知到王延彬，从留从效到陈洪进，皆尊佛安僧，佛教呈兴旺态势。宋元时期，泉州是东方第一大港，经济繁荣带来佛教鼎盛，寺庵近千，高僧云集。明清闭关禁海，明末倭寇之乱，寺庙多被抽田调租以犒军，清初又有迁界之患，寺残僧窜，形势大不如前。民国时期，泉州支派繁衍，名僧辈出，僧众多下南洋，侨汇资助下，寺宇翻新，颇有中兴气象。20世纪80年代，泉州近百座佛寺恢复，侨僧出力最多。泉州历代佛寺有名称者多达800多座，现尚存300多座，有僧尼近千人。

泉州佛寺大多规模宏大、建筑精美、艺术精湛、独具魅力。列为全国汉族地区重点佛寺的有开元寺、龙山寺；其他著名佛寺有承天寺、崇福寺、少林寺、海印寺、铜佛寺、雪峰寺、庆莲寺、天柱岩寺、大慈林、草庵、南天禅寺、西资岩、科山寺等。近年修建的平山寺、宝海庵、慕西寺、金粟寺、宿燕寺、朵莲寺、清水岩、灵鹫寺、普济寺等也渐有影响。

泉州佛教素有从事社会公益传统。历史上建有100多座桥梁，多与僧人有关；近代创办有开元慈儿院、养老院、花桥善举公所、鹦山义务诊所、崇福寺义诊施药处等，抗战时建有抗日后援会；现各寺多设有公益基金会，从事扶贫、助残、兴学等事业。

泉州佛教呈多元化面貌。宋代以来，三教合一倾向明显；元明清以降，愈发与民俗结合。较多寺庙多神共祀，如元初清源山纯阳洞、万历间通淮关帝庙皆祀观音，现承天寺内有小庙祀张巡、许远和关羽；清水祖师由禅师变为地方神祇。佛教与武术结合而成南少林遗风；近代开元寺僧为弘法组建戏班，所演之戏称打城戏，以佛曲混合道情调和木偶曲，以舞蹈配合南少林武术，剧目具有佛教色彩。

泉州佛教与海外关系源远流长，是汉传佛教向海外传播的重要地区之一。唐鉴真东渡，弟子中有泉州超功寺僧昙静；南宋时期日僧庆政、大拙等造访开元寺。近些年来，日本黄檗宗常有代表团到开元寺参拜。

清末民初，泉僧下南洋弘法建寺。在新加坡，转道、转岸、瑞等、宏船、常凯、广洽、广净、广义等创建佛寺多所，有20多座佛寺由泉僧住持，常凯、觉林将少林拳术传到新加坡。在菲律宾，性愿建大乘信愿寺、华藏寺，邀请如满、觉定、善契、印实、妙钦、瑞今、妙抉等助化，后又邀广纯、善戒、瑞耀、观岩、妙戒、心理等赴菲住持。1957年，传贯往三宝颜福泉寺任住持，道津、传海、李心莲等随往，创灵鹫寺。在马来西亚，转物建吉隆坡巴双观音寺，转道建槟城妙香林地藏寺，会泉与宏船建槟城妙香林佛寺；另巴生龙寺、新山宝莲寺和芙蓉观音亭等也由泉僧所建。再如印度尼西亚灵山寺、极乐寺、普门寺都曾有泉僧驻锡。惠安僧高参擅少林拳术，曾云游缅甸、泰国、印度尼西亚、印度，创办少林国术团40多个，在印度尼西亚有门徒数万人。

泉州与台湾佛教渊源颇深。承天寺僧广钦在台建寺多所，信徒数万人，20世纪80年代以来，弟子多回泉州寻祖认宗、捐建殿堂；常觉是台湾著名唯识学家，最终归老崇福寺。台湾现有龙山寺廨院400多座、清水岩分炉近百座。

泉州一向被称作“宗教胜地”“世界宗教博物馆”，2013年又被称为“东亚文化之都”。在此文化氛围内逐渐兴盛起来的泉州佛教，必将继往开来，对东亚、东南亚乃至“一带一路”沿线国家和地区的宗教文化交流产生重要的影响。

开元寺

开元寺是中国东南沿海重要的文物古迹，始建于唐，现存主要殿堂系明清时修建，其建筑以古老精湛的艺术和独具魅力的神韵著称于世，是多元宗教文化因素并存的集大成者，也是福建省内规模最大的佛教寺院之一。

大雄宝殿

历史脉络

开元寺在泉州旧肃清门外，原为州民黄守恭园地，唐垂拱二年（686年），守恭梦一僧人想要化其地为寺，就推辞说："待桑树生莲花乃可耳。"不数日，桑树尽生莲花，守恭即舍为寺，建大悲阁及正殿。初名

开元寺

“白莲瑞应道场”；寺院修建时，忽紫云覆盖，故亦名“紫云寺”。后赐额“莲花寺”，长寿中改“兴教寺”；神龙中改“龙兴寺”。唐开元二十六年（738年），敕天下各州府设开元寺，遂改今额。

五代至宋，更创百余支院，如泉州刺史王延彬建清吟院、清凉精舍、浴宝院、泗洲院等。元至元二十二年（1285年），僧录刘鉴义奏报行省，将支院合为一大寺，赐额“开元万寿禅寺”，泉州地方文武官员届时云集辐辏，在此恭祝圣寿。明洪武、永乐间渐次重建。成化、弘治间，丛林规制日就陵夷；隆庆、万历间，佛殿僧舍大半为居民占据，戒坛为火药匠所占。万历二十二年（1594年），黄守恭裔孙、时任广西副使黄文炳力白当道，尽驱诸匠，修正殿法堂及两廊，知府窦子偁捐修正殿。

崇祯十年（1367年），曾樱、郑芝龙重修大殿，殿柱全换成石柱。清康熙元年至五年（1662—1666），道霈重修戒坛；嘉庆十年（1805年），闽浙总督玉德祈雨有应，重修前后殿及拜亭。之后寺貌渐颓，至民国，圮损更甚。1924年，转道约圆瑛和转物同返泉州，擘划修葺开元寺。转道把历年积

蓄数万元作为维修基金，后得菲律宾归侨黄秀烺、印度尼西亚富侨黄奕住等捐施巨款，分别修葺东西塔；黄仲训、黄念忆捐资修理法堂和大山门，千年古刹焕然一新。是年11月，转道在开元寺戒坛传授三坛大戒，受戒佛子近千人，为开元寺300多年来所仅见。抗战期间，大雄宝殿和藏经阁遭日机轰炸，文物古迹受损严重。

1950、1960、1973年政府拨款整修。1989年后接受新加坡僧广净等海外侨胞捐资重修大雄宝殿、山门和准提禅院等。1982年列为全国重点文物保护单位，1983年列为全国汉族地区重点寺院。2009年迄今屡有修缮。

开元寺镇国塔（局部）

开元寺建筑以古老精湛的艺术和独具魅力的神韵著称于世。现存建筑物是明崇祯十年（1367年）所造遗物，亦称“百柱殿”，柱子有宋元明各时期圆柱、方柱、楞梭柱、蟠龙柱、海棠梅花柱等。后廊檐间有十六角形辉绿岩石柱一对，雕刻的是印度教克里希那形象；殿前月台须弥座束腰处有72幅辉绿岩狮身人面像和狮子浮雕，都是当年修大殿时从已毁的元代印度教寺移来。殿内供奉明代重塑的五方佛，佛前石柱和珩梁接合处有24尊两排相向的妙音鸟浮雕。1983年，西哈努克亲王曾慕名到开元寺参观“百柱殿”。

甘露戒坛建于宋天禧三年（1019年），建炎二年（1108年）按《南山图经》改建为五级，后经元、明多次重修，现存建筑是清康熙五年（1666年）重建的仿宋建筑，为圆周形，与杭州昭庆寺、北京戒台寺戒坛并称为“中国三大戒坛”。戒坛上塑24尊“飞天乐伎”浮雕。

十六角形辉绿岩石柱

飞天浮雕

弘一法师墓塔

藏经阁为元至元二十二年（1285年）僧录刘鉴义始建。1925年，圆瑛改建为水泥仿木结构二层楼阁，收藏各种版本经书3700多卷。其中有宋刻明版《大藏经》，五代开闽王王审知请开元寺义英抄写的两部金银《大藏经》残页，元如照法师刺血书成的《法华经》，以及泰米尔文贝叶经。

寺有东西二塔。东塔号“镇国”，唐咸通六年（865年）始以木为之，高9层，宋天禧中增为13层，后毁于火，重建，又灾。守淳改造砖塔，高7层，顶有铁香炉、铜宝盖、镀金铜葫芦，塔八角，以铁索钩之；每层环转空洞，外为八窗，各有龛，安石像一。两壁翼以神像，外绕以檐廊，护以石栏。西塔号“仁寿”，仁寿塔由木，而砖，而石，毁兴几易。开元寺东西二塔是我国古代石构建筑瑰宝，与万安桥并称海内之冠。

现任方丈道元创建泉州佛教博物馆，改建弘一法师纪念馆，为恢复、完善开元寺原貌尽心尽力。

法脉传承

开元寺因为是州府之首刹，非专宗道场，故自开山以来，兼容并蓄，各宗派皆有传布。

唐代开山祖师匡护律行良谨，夏讲《上生经》，千人听讲，门徒甚广；令言居开元寺，苦行，习内典，俗呼“化身和尚”；文偁募化造东塔，“凡工值，使匠自取之，多取则迷方”。唐大中元年至六年（847—852），行标驻锡弘传华严宗。义英，出家开元寺浴宝院，闽王造金银二藏经，征义英缮写，厚施以奖劳。又宋代华严中兴教主净源，号“教海义龙”，“省亲于泉，请住清凉（精舍）”。

元至元二十三年（1286年）秋，各院合为开元一寺，杨岐派雪峰可湘之徒断崖妙恩受请为第一世方丈；至元三十年（1293年），以师弟契祖继之；契祖弟子如照，大德八年（1304年）领开元后堂；如照弟子广漩为首座；广漩弟子梦观大圭至正间居开元寺西，筑室“梦观堂”，著《梦观集》《紫云开士传》。

明洪武三十一年（1398年），曹洞宗僧正映被选为开元寺住持，建甘露戒坛。本源住持开元，永乐间敕征入京，奏对称旨，屡受奖赍。广轮，三至江南拜请藏经数万本回寺贮之，开元寺有藏经由此始。崇祯八年（1635年）冬，曹洞宗寿昌系巨匠元贤住开元寺，开法紫云，四众云集，著《大佛顶首楞严经略疏》，修《温陵开元寺志》。

清初，道霈来主法传戒，开元寺僧机锐、太积、德萃、海印等皆得成就；明光，为诗清灵，工草书，如寿精楷书，时人称曰：“明光草，如寿真。”民国时期转道、转物、圆瑛、弘一等名僧皆曾驻锡。

海外法缘

历史上，开元寺曾有外国僧人驻锡。唐代西域僧人朝悟来泉州居开元寺，离开后，寺僧刻木为像奉之，号“木头陀”，亦号“挑灯道者”；南宋宝林院天竺僧人啰护哪驻锡开元寺。高丽名僧义天在北宋元丰年间入华求法，《大觉国师文集》收录有泉州开元寺僧希湛写的一封信，请求义天赞助刊行其“逐字虔礼《妙法莲经》一部并观音讲颂文二十会”。南宋嘉定十年（1217年），日僧庆政随泉州回舶来泉州，寓开元寺学法，翌年回国，在日本京都开创法华山寺；元至正年间，日僧大拙祖能等到泉州开元寺学禅。

明末清初，木庵东渡日本，扶助其师隐元创黄檗宗，并继席成为日本黄檗宗第二代祖师，日本明治天皇追赠木庵“慧明国师”；开元寺紫云大殿虽是明代重建，仍保留唐宋建筑式样，与日本佛教建筑“天竺样”实例奈良东大寺南大门斗拱结构相似，为国内所罕见，是中日佛教文化交流的见证。

民国时期，转道、转物和圆瑛等移锡东南亚弘法，圆瑛创“槟城佛教研究会”，转道创新加坡光明山普觉寺。1994年，开元寺知客道元应巴西圣保罗观音寺之请，由中国佛教协会派任住持，1997年回国后任方丈。

海丝之路为泉州带来了经济繁荣，也营造出了宗教多元化、国际化的胜景，十余种宗教在泉州传播，使得泉州有“宗教博物馆”的美誉。开元寺是这种多元宗教文化因素并存的集大成者。

安海龙山寺

龙山寺位于晋江市安海镇镇北龙山之麓，始建于隋，是泉南著名古刹，1983年国务院确定的全国汉族地区佛教重点寺院之一，也是第七批全国重点文物保护单位。安海龙山寺是台湾400多座龙山寺的祖庙。

龙山寺

历史沿革

龙山寺位于晋江安海镇型厝村北龙山麓。相传东汉时该地原有一株樟树，大十数围，瑞光顶现，时人崇之。僧人一粒沙“化树为旃檀千手千眼佛祖像，而以其余为门，为鼓，迄今千余年，色相庄严如昔也”。“明倭寇氛，神蜂却寇，清时迁界，宝殿灵光”，历次劫难中，寺庙被破坏殆尽，独寺内樟木像、鼓、门留存。这一传说虽无可稽考，但背后仍蕴含有非常强大的信仰力量。由此传说可以确定，安海龙山寺始终是一处民众虔诚崇祀观音菩萨的佛教道场。

龙山寺有明确记载的建造年代是隋代至明天启间，兴废历史已不可考。

明天启（1621—1627）年间，僧玄默请御史苏琰出面募化重修。重修后，苏琰书“龙山宝地”，勒石山门。明末，元贤（1578—1657）曾到此挂锡，其《宿龙山寺》诗云：“挂锡龙山寺，堂虚半是云。风从海上至，月向树头分。山鸟隔林哢，潮声入夜闻。坐来清不寐，更把片香焚。”

清顺治十八年（1661年），为切断沿海百姓对郑成功的支援，清朝实行“迁界令”，沿海居民内迁15公里，史称“辛丑迁界”。安平境内“梵宫皆烬，惟此（龙山寺）独存”。康熙二十三年（1684年）复界，十一月，士绅邀请开元寺浮生到寺住持。施琅、颜仪凤先后鼎力支持，古刹得以重修。康熙五十六年（1717年），施琅之侄施韬又主持重修。道光十八年（1838年）、同治十三年（1873年）至光绪五年（1879年）及三十一年（1905年）又陆续重修。近代以来，龙山寺先后有转武、会泉、圆瑛等高僧大德担任监院或住持。1983年，龙山寺被国务院确定为全国汉族地区佛教重点寺院。2013年4月28日，晋江市佛教协会接收龙山寺，现由僧人自主管理。

安海龙山寺是典型的清代闽南传统寺宇建筑，其布局依中轴线而建，由放生池、照墙、前埕、钟鼓楼、金刚殿、天井、两庑、拜亭、圆通宝殿、大雄宝殿、藏经阁组成。

因为是观音道场，供奉明代木雕千手千眼观音立像的圆通宝殿是该寺主殿。殿前立清代道光年间雕刻的一对青石高浮雕蟠龙八角柱，为清代闽南石雕工艺杰作。殿内龛台供奉木雕千手千眼观音菩萨立像。像通高4. 2米，宽2. 5米，通体鎏金。该像代表了明代福建木雕艺术的最高水平，1991年成为福建省重点文物保护单位，后为第七批全国重点文物保护单位。

分香海外

龙山寺背靠龙山，面向安海港，其所崇奉的千手千眼观音菩萨成为地方出海的保护神。晋江乃至泉州出入波涛、冒不测之险的海商、移民等为祈求

明万历进士苏琰所题“龙山宝地”石刻

平安，多就近到龙山寺上香祈福。千百年来，正因有此种稳定且旺盛的宗教需求，安海龙山寺屡废屡兴，其香火得以远播海外。

明末清初，福建三次移民台湾潮中，泉州三邑（晋江、南安、惠安）民众人数最多。他们在安平港出海前，先到龙山寺上香，然后带着请来的菩萨像或香灰袋登船。正是因为有这样的信众基础与需求，台湾早期建起来的龙山寺有5座：鹿港龙山寺、高雄凤山龙山寺、台北艋舺龙山寺、沪尾（淡水）龙山寺、台南龙山寺；再由安海及以上5座龙山寺分灯全台的龙山寺有400多座。

安海龙山寺观音信仰的对台传播和台湾开发同步，尤与泉州三邑大量迁台及从事闽台货物批发业务的“郊商”兴起有密切关系。

近代以来，安海龙山寺又分灯至香港上水粉岭龙山寺、澳门观音堂。菲律宾、新加坡、澳门地区，乃至美国、巴西等地也有分灯寺院，其中影响最大的是新加坡龙山寺。1913年，安海龙山寺住持转武南渡新加坡弘法， 带去一尊观音金身，于1917年在黎士哥士律购地，草创龙山精舍以供奉。1925年，陈文烈捐资扩建为新加坡龙山寺。龙山寺现为新加坡著名华人佛寺。

安海龙山寺是台湾等地数百座龙山寺的祖庭所在，两地交往密切。早在清乾隆三十六年（1771年）秋，安海龙山寺住持普扬曾应台湾龙山分庭同道之邀，诣鹿港、艋胛诸地讲经。道光初年（1821年），普扬弟子然信应邀诣台湾讲经，倡兴莲社，学者翕然宗之。

几百年来，台湾龙山寺信众至安海祖庭谒祖进香者络绎不绝，但大多失于记载。进入21世纪，随着两岸交通的日益便捷，几乎每天都有到安海龙山寺朝圣的台湾香客。春节期间，台湾各地龙山寺也常派人员前来拜谒。近些年来，龙山寺每年接待海外朝圣、参访、交流团体都有十几次。

千手千眼观音菩萨木雕像

转武开山的新加坡龙山寺

台湾新北市观音寺一行到祖庭朝圣参访

2017年9月12日，台湾嘉义县龙门清河堂张氏族人一行到寺谒祖朝圣。清河堂系乾隆年间渡海入台，世奉观音菩萨，香火乃是自安海龙山寺分炉。

2017年11月22日，台湾新竹市竹林山观音寺一行60余人，到安海龙山寺谒祖朝圣。

2018年4月22日，台湾高雄市凤山龙山寺一行33人到安海龙山寺祖庭谒祖朝圣。

安海龙山寺也积极“走出去”，增强与台湾等地龙山寺的法脉联系及其对祖庭文化的认同感。

承天寺

承天寺又称月台寺，五代时为节度使留从效的南园。后周显德（954—959）年间改建为佛寺，初名南禅寺。宋景德四年（1007年）赐名承天寺。宋时承天寺香火旺盛，殿堂宏伟，历代屡经重修。承天寺与开元寺、崇福寺并称泉州三大丛林，有“一尘不染”“梅石生香”等奇景。

承天寺大雄宝殿，“闽南甲刹”为云果和尚所书

历史沿革

承天寺在泉州旧崇阳门东南、鹦鹉山脚下。后周显德四年（957年），节度使留从效舍南园别墅为寺，号“南禅寺”，寺后有子城东垣月台，故别称“月台寺”。宋景德四年赐名“承天”，嘉祐二年（1057年）改名“能仁”，政和七年（1117年）复名“承天”。南宋时期，临济宗多位知名禅

留从效南园故址

弥陀佛铜像

师受请担任住持，祝穆《方舆胜览》云：“承天寺规模雄壮，为泉南第一。”

元至大（1308—1311）年间，建浮屠七级，后悉毁。元设府僧录司、明设府僧纲司，皆在寺内；延祐三年（1316年）五月，福建行省平章政事亦黑迷失到泉州承天寺看经，施钞200锭与承天、开元二寺，以为买田出息作岁念藏经费。元末寺毁于兵火。

明洪武（1368—1398）、永乐（1403—1424）时，僧原辅、道陵、智庄、得众、至昌先后修建，永宁卫指挥同知张寿为山门题匾“月台”。嘉靖三十八年（1559年）增建留氏檀樾祠，毁于兵；不久，僧方灿重建。万历（1573—1620）年间，僧宗彬、慈约继建。

清康熙三十年（1691年），靖海侯施琅从寺后鹦鹉山麓掘地得弥陀佛铜像，高两米多，重一吨余，系七宝铜所铸，隋代由印度运来，后沉埋荒野。寺僧建法堂供奉。同年，其五子施世騋重修承天寺。嘉庆十四年（1809年），中书曾宝光暨僧淡起、淡融、然修、奕秋重修。

清末，承天寺分为一尘寺、光孝寺等，各自为政。圆常院僧莲鹫倡议合为一寺，各院推莲鹫为总住持。当时不少院宇已坍塌，莲鹫弟子云果

（1882—1914）东渡台湾，南航星菲，托钵化缘，得万余金，重修寺院。民国初年，漳、泉、汀、龙、永佛教会成立，会址设承天寺。1912年，云果为师祝七秩寿，建传戒法会；次年染时疫而寂，遗命会泉（1874—1943）接任。会泉十年任内修殿堂、创优昙学校、开研究社等，开始向现代转型。

1924年，转尘继任方丈。次年性愿、瑞今到寺教学。1930年，弘一自南安雪峰移锡承天，创养正院，讲解律学，培养僧徒。1942年10月，在温陵晚晴室圆寂，移龛承天寺荼毗。1933年，广钦离寺入清源山隐修，1946年始返寺。

抗战期间，侨汇中断，法堂被日机炸毁，转尘率僧众开荒种菜，生产自救。寺最终又趋衰颓。

1983年6月，61年前在寺随会泉剃度出家的新加坡佛教总会会长宏船劝募何蕙忠居士出资千万元捐助承天寺修复工程。1985年春节，第一期工程动工，总体布局以康熙三十三年（1694年）全图为依据。1990年10月，重建完工。圆拙（1909—1997）任方丈；2000年，原首座观严（1923—2010）继任；2005年，宏船再传弟子向愿继任方丈。

承天寺井

承天寺原规模宏大。东至何衙埕，西邻南俊巷，北枕鹦鹉山，南界登瀛桥，寺之四隅各立观音亭为界。寺原有旃檀林和古井近百口，殿宇40多座，僧众1000多人，别院左有光孝，右有圆常，又有一尘寺、杉植寺、何退庵、护界寺等多所。

承天寺原奇景异迹甚多。宋乾道四年（1168年）泉州知府王十朋《承天寺十奇诗》，于明天启六年（1626年），大学士张瑞图书写后刻石，现存泉州市博物馆。“十奇”为：榕迳午阴、塔无禽栖、偃松清风、瑶台明月、卷帘朝日、推篷夜雨、方池梅影、啸庵竹声、鹦山暮云、石如鹦鹉。清代梁章钜《归田琐记》云：

“承天寺中有九十九井，相传一僧畜异志，欲掘百井以为兆，后功亏其一而止。井上筑石塔数处，凡苍蝇飞集塔上，无论多少，头皆向下，无有小异者。山门口有梅花石，石光而平，中隐梅影一枝。每年梅树开花时，影上亦有花；生叶时，影上有叶；遇结子时，影上有子；若花叶与子俱落之时，则影上惟存枯枝而已。寺中又有魁星石，近视无物，远望如一幅淡墨魁星图。至天将雨时，石上绽出水珠，亦俨然结一魁星形也。”

法脉传承

承天寺开山祖师应为雪峰弟子慧稜。慧稜于唐天祐三年（906年）住招庆，中国第一部禅宗灯录《祖堂集》即在此撰成。

后唐天成（926—930）年间，泉州刺史王延彬在开元寺造千佛院，延请省僜住持。省僜足不出户十余年，著《泉州千佛新著诸祖师颂》。

慧稜和省僜皆是雪峰义存法脉。数十年后，同样出自雪峰禅系的云门宗僧洞源在真宗朝、传宗在仁宗朝先后传法于承天寺，二师为雪窦重显弟子。

北宋熙宁、元丰（1068—1085）年间，临济宗黄龙慧南弟子子琦受请住持承天达20余年，法嗣禧宝继席。南宋绍兴（1131—1162）年间，黄龙派第五世祖珍驻锡。其后杨岐派道升、祖鉴、嗣祖、善珍等先后传法。道升为杨岐派第六世，住承天时学者云集；祖鉴在淳熙（1174—1189）年间住持，善珍在理宗朝任住持，景定四年（1263年）迁福州雪峰。嘉定十年（1217年），宗杲法孙嗣祖住持。

明末，元来弟子道舟是住承天寺的首位曹洞宗僧。1930年，首座性愿仍属曹洞寿昌系，为第四十七世；重兴后方丈圆拙、观严振宗同为寿昌系。

明末，临济杨岐派圆悟传通容，通容下出隐元隆琦与亘信行弥。隐元下四世创虎溪岩派，亘信为南山喝云派始祖。两派先后有僧人在寺传法。明末清初，承天寺僧独谌性莹随侍隐元赴日弘法，成为日本黄檗宗一代宗师。清末，虎溪岩派第十世会泉住承天寺，现任方丈向愿亦属该派。

明末，亘信住漳州南山创喝云派。清顺治七年至九年（1650—1652）住承天寺。清末，喝云派法裔莲鹫、云果相继住持并重兴承天寺。喝云派近现代传承字派是“佛喜转瑞，广传道法，普化无为”，1924年，南安雪峰寺喜敏法嗣转尘继任住持，直至1961年圆寂。转尘传瑞芳，瑞芳传广钦。

目前，承天寺有喝云派“传道法普化”、曹洞鼓山系“今日禅宗振”、虎溪岩派“证心大善会宏开向上宗”相应字辈僧众。

道风远被　云水弘法

清末民初以来，承天寺会泉、性愿、转尘、广钦、瑞今、宏船诸师，或东渡台湾，或南航星菲，遂使承天一脉法恩广被海内外。

清康熙二十九年（1690年），台南原郑氏北园改建为寺，延请承天寺僧志中禅师住持，名“海会寺”，后改“开元寺”。志中所传为元代曹洞大开元寺派之承天寺系统。该寺为台湾第一座官建佛寺，与近代台湾佛教发展关系颇深。

青年时期的广钦

1937年，承天寺首座性愿赴菲律宾弘法，扩建信愿寺，延请瑞今、觉定、觉星、如满、善契前往，各自传人又前去协助，陆续创建许多佛寺。“二战”后，性愿又在菲创华藏寺。

1938年，在承天寺披剃的宏船，随师父会泉南渡星洲，驻锡龙山寺，1941年住持光明山普觉寺。长老一生弘扬佛法，不遗余力，在东南亚以及世界各地享有盛誉。晚年8次回国，为推动中新佛教法谊作出卓越贡献。

1946年，寺僧瑞今受性愿之请赴菲律宾任大乘信愿寺住持，后又兼主华藏寺，经手创建27座大小寺院，并引荐瑞耀、传贯、如满、广纯、妙钦、善戒等闽籍诸师入菲弘化，对菲律宾汉传佛教发展起了很大推动作用。

1947年，寺僧广钦赴台弘法，在台北新店街后山壁间凿石洞，创广明岩；1960年在台北土城火山建寺名“承天寺”，以示不忘祖庭；又肇建广承岩、广龙寺、妙通寺、金海禅寺、恒光禅寺等。

1960年，在寺受戒且任维那8年的妙灯至新加坡普济寺任住持。妙灯在新加坡弘化近40年。

1983年，承天寺副寺心理、监院瑞耀，僧善戒、妙戒等，受如满法师之命赴菲律宾弘法，住持碧瑶普陀寺，卓锡信愿等寺。

一个世纪以来，承天寺僧人创建、重兴、翻建、修葺或曾驻锡升座、宏开讲坛的海内外寺院不下数十座。

崇 福 寺

泉州崇福寺在泉州城东北松湾古地，创于北宋初期，初名千佛庵，后改名崇胜寺、洪钟寺、崇福寺，与开元寺、承天寺并称为泉州三大丛林。1982年被福建省政府定为第二批省级文物保护单位。崇福寺重修后的大雄宝殿风格保持明代规制。崇福寺有“镇山三宝”：应庚塔、百人釜、大洪钟。“崇福晚钟”为泉州八景之一。

崇福寺

史迹脉络

崇福寺为当时割据泉漳的陈洪进为出家女儿所建。陈洪进，仙游人，从963年开始实际掌控泉漳二州，先是依违于北宋、南唐之间，最终在978年献

蓝理所书“松湾古地”

土归顺。“罗城”是其前任留从效约在十年前为泉州新筑的外城，周围10千米，高6米，有外壕环之。寺庵在罗城东北之松湾地，陈洪进扩大罗城，将此地纳入城中。之所以名“松湾”，因此地有古松四株，相传是东晋时物；此处还是仙人蔡尊师的迁葬之地。

寺名屡经改易。吴越太平兴国（976—984）时为崇胜寺；北宋至道（995—997）中改名洪钟寺，因寺内有巨钟，“以铁为之，晨夕所敲，声闻二十余里。”元祐六年（1091年）始定名崇福寺，沿用至今；元至正五年（1345年）失火焚毁，不久复建；明洪武二十年（1387年），住持警凡再铸大钟，现存；永乐（1403—1424）、景泰、天顺间（1450—1464）陆续重建，其后沦为废墟，寺内巨钟被运到南安。

清顺治九年（1652年），泉南参戎孙龙剃发为僧，捐俸余赎寺旧地，重建殿堂。康熙年间，泉州知府蒋毓英、僧希觉、实哲等重修；康熙四十五年（1706年），漳浦人蓝理调任福建提督至泉州，继修崇福寺，并为书“松湾古地”。乾隆年间，曾撰《泉州府志》的郭庚武倡捐，住持法梁募缘重修；嘉庆七年（1802年），泉州知府王绍兰、晋江知县徐汝澜捐俸倡修。徐汝澜后任台湾知府、泉州知府。清末，崇福寺又几沦为废墟。

民国初年，妙月为住持，到菲律宾行医募化，归来后对崇福寺进行全面恢复，道场又现旧日规模。20世纪80年代，妙月再传弟子、香港元果与旅居新加坡的常凯法师不忘祖庭，着手筹划修建崇福寺。台湾常觉及其弟子宗本接手续建，历时20多年。现崇福寺已建成一座结构完整、规模宏大、布局谨严的建筑群，其殿堂斗拱宏大、简洁，在国内古代木结构建筑中极为罕见。

历史上，崇福寺有“镇山三宝”。其一是明代巨钟，高2米，直径1.267米，用纯铜800千克铸成。巨钟中部铸《心经》《楞严咒》；上部铸“明洪武二十年七月温州（平阳）黄宝起、陈显六造。”钟声可传十里至洛阳桥。

其二是百人釜或称千人鼎，据乾隆五十四年（1789年）举人陈翊霄《桐城杂诗》中云，“道场绝胜龙华会，一釜斋粮给百人”。这口大釜高2米，厚0.08米，阔1.67米，煮一次饭够百人吃，可惜现已不存。

其三是应庚塔。塔为实心，七级八角，高13.33米，广6.66米，每层有龛，内雕佛像，塔顶有多重相轮之塔刹。据传此塔有“应利欹斜”之灵，倾斜向何方，该方即五谷丰登，故名“应庚”。又有一说云，是塔关乎泉州兴废，凡朝代更替之乱世辄欹侧若堕，凡治世则正直不偏，故名“应庚”。

铸于明代的巨钟

法脉沿袭

崇福寺建于北宋之初，千余年来，历经兴废。明朝中后期至清初百年间，梵宇倾圮，几乎不存，故前代名僧事迹唯留吉光片羽。如北宋熙宁（1068—1077）年间，泉州太守陈枢曾延请本观住持崇福。绍定五年（1232年），泉州知州真德秀延请诗僧宗达入主崇福。明末清初，喝云派开山祖师亘信（1603—1659）任泉州开元寺、承天寺方丈时期曾力谋恢复而未果。

清初，中兴崇福寺者为希觉机锐。康熙间，鼓山道霈命弟子希觉机锐开堂崇福，建万佛道场，僧徒渐聚，道风日盛，两三百年间，鼓山曹洞寿昌系一脉叶叶相承，至清末而没落。

民初，中兴崇福寺者为妙月。妙月（1883—1944），晋江人，俗姓邵，16岁出家，接法于厦门妙释寺曹洞寿昌系第四十六代愿意耀先，曾在泉州紫帽山普照寺常住，因好拳术，于寺中悬吊十多个沙袋，每天挥拳打击，终于练成铁沙手。入主崇福寺后仍练功不辍，曾向泉郡武术名师林九如习武，并与瑞像岩仰华和尚一起苦心钻研拳术。妙月擅达摩拳，造诣极深。妙月又以武技而及医术，擅移轮接骨，举凡跌打损伤求治者，莫不应手回春，而于贫

妙月老和尚德相

苦尤深关怀，医药并施，活人无数。妙月为人纯朴，对施主不逢迎，对信徒不依赖，躬耕自给，以医谋生，常假崇福寺及安海古庙行医，平时出游，一禅杖、一药囊而已，了无长物。

妙月33岁起两次赴菲律宾行医化缘募资，回来后对崇福寺进行全面整修，增建钟鼓楼、祖堂、报恩堂等，庄严道场又见旧日规模。自妙月起，崇福寺武术、医术闻名一时，其“医武济世、禅农并重”的宗风也得到丛林认可。太虚《自传》云：“民国十八年（1929年）冬，到泉州小雪峰度岁，同行者：弘一、转逢、芝峰、苏慧纯等。正初，在泉州寓开元寺，参观转道和尚与叶青眼居士主办之开元孤儿院；游承天寺及铁罗汉的某寺。”所谓“铁罗汉的某寺”即崇福寺。此行，太虚为留题赠：“双拳铁罗汉，十亩老农禅”。“铁罗汉”名号不胫而走。

妙月门下弟子迄今已历四世。第一世弟子为福忍、福禅、福厚等。2012年6月，福厚长老舍报，2016年1月开缸，肉身不坏，现供奉在泉州普照寺。第二世弟子有元镇与元果等。元镇（1897—1977），受福忍衣钵，得师祖真传，行医遍及闽南诸地，活人无数。1945年任崇福寺方丈，后创崇福诊所。元果（1930—1999），1958年在香港北角创福慧精舍，当时是香港唯一的闽籍佛寺，1976年在菲律宾创崇福寺，后又创佛教南洋学校，与觉光、松泉创办《香港佛教》月刊，亲任主编。

第三世弟子有元镇所传新加坡佛教总会主席常凯（1916—1990）、台湾印顺长老衣钵传人、唯识家常觉（1928—2006）、新加坡普光寺住持晴晖、美国洛杉矶观音寺住持超定、台湾圆光寺住持兼佛学院院长如悟等长老。

第四世弟子则由超定传法演弘、圆定、天宏、天仰、法宗等；如悟传理任、美国心行，台湾明霭、惠谦、上慈，韩国摩超、解观、玄堂、宗明、道安、仙云、梵山、摩会等法师。

经过一个世纪的发展，崇福寺祖庭在海内外拥有几十处分支。如宗承所建的华盛顿州妙宗寺，超定任洛杉矶观音寺住持，元果在菲律宾马尼拉建有崇福寺，常凯在新加坡建有伽陀精舍等。

南安雪峰寺

南安雪峰寺，又称小雪峰，坐落于南安康美镇杨梅山，始建于唐乾宁元年（894年）。南宋淳祐三年（1243年），天锡法师慕真觉之道，依山筑庵。历代扩修，遂成丛林，名小雪峰寺。寺中代有名禅高僧，清末中兴者为佛化老和尚。民国初年，弘一、太虚、芝峰三大师曾在此会聚。南安雪峰寺近代以来为闽南佛教培育了众多僧才。

雪峰寺

闽南禅宗祖庭

雪峰寺源于义存禅师双亲墓地在此。据说，乾宁元年（894年），大师从吴越返闽途中，忆念父母生育之恩，即归杨梅山就父母坟墓处搭建庵舍奉香火而资冥福。

北宋宣和二年（1120年），泉州通判黄祖舜（后为南宋名相）上山在坟前竖石碑曰“雪峰开山父母墓”，并植罗汉松于墓旁，“雪峰”之名始在杨梅出现。南宋淳祐三年（1243年），泉州天竺院的讲主天锡仰慕大师，来山中坟旁创庵隐居，自号“樗拙三筑”，上奉诸佛菩萨、下列义存承前启后六位祖师法像，后募化扩建，人称“白马坟庵”。后数百年，寺庵经修葺扩建，蔚成规模，世称“小雪峰”，以与闽侯雪峰崇圣禅寺相区别。其后几度兴衰。元代泉州寺僧大圭住持，募缘重修一次。明代7次重修，清代11次重修。

清康熙四年（1665年），喝云派二世如幻超宏始来住持。超宏，惠安人，业儒为诸生，顺治初，为反抗清廷剃发令出家，到南山寺依亘信，执侍十载，尽得不传之秘，一时禅流争相推重，以为真能扬亘信之焰者。超宏住此13年，法席隆盛，被誉为闽南一方宗匠，著有《瘦松集》等。康熙十七年（1678年），超宏法嗣道余继任；四十三年（1704年），道余法嗣海印继任。

光绪十六年（1890年）秋，喝云派佛化率弟子喜敏等自漳州南山寺到杨梅入主法席。佛化（1834—1913），南安人，幼贫，年稍长以操舟为业。24岁时随本邑城南存真堂升虚居士修学，在县城东筑茅篷居之，日以念佛为业。移漳浦大帽山绝顶天湖庵修持11年；同治十年（1871年），移南靖宝树岩寺；光绪四年（1878年），寄居龙池岩，时48岁，乃聚徒讲学，积为《密契真源》。十二年（1886年）春，携弟子能辉到南山寺参谒佛乘。佛乘代先师有晴收徒，号佛化，属临济喝云法系。能辉依师剃度，号喜敏。同年，师徒赴福州鼓山受具足戒。十六年（1890年）秋，南安乡绅到南山寺礼请住持杨梅山。时雪峰殿宇倾颓，一片荒凉。佛化到后，与徒众惨淡经营。虽常住清苦，而求法问道者相望于途。二十年（1894年），得海内外善信捐助，殿堂始次第修复。于是宗风大振，全盛时期，常住逾千人。近代闽南宗门成法器者多受过老和尚钳锤。宣统三年（1911年），至厦门南普陀寺代喜参主法席三年。1912年，中华佛教总会之漳泉汀龙永分会成立，诸山公推为首届会长。1913年10月，圆寂于雪峰丈室。

1929年春，应性愿之邀，弘一与太虚、芝峰一起到雪峰度岁，期间太虚作词、弘一谱曲，共同创作完成《三宝歌》。1940年，弘一再度驻锡雪峰。

至此，雪峰寺形成以义存禅法为缘起和核心，以临济喝云法系为传承脉络的南安雪峰法脉，为雪峰寺崛起为闽南禅宗祖庭奠定了基础。

1982年，与雪峰寺有甚深法缘的新加坡广洽、广净、妙灯、宏船、陈爱礼居士（东南亚橡胶大王李光前夫人）与菲律宾瑞今等重修雪峰寺。1984年，广净、妙灯赠送祖庭一尊高2米、重2.75吨的释迦玉佛像。1988年，广净第三次重修雪峰寺；10月，新加坡、菲律宾和香港、台湾地区及省内雪峰法侣聚集一堂，举行重建落成典礼。

法脉传承

喝云派近现代字派传承为“佛喜转瑞广传道法”。佛化门下弟子有喜敏、喜松、喜静、喜宗等；再传弟子有转初、转道、转逢、转华、转尘、转解、转物、转岸等；再传有瑞等、瑞持、瑞进、瑞今等；另如会泉、会机、性愿等皆曾亲近承事。近世闽南本地佛教硕德、海外弘法大德，多半沐雪峰佛化禅师之教化恩泽。南安雪峰寺对近代闽南佛教的影响既深且远。

近代南安雪峰法脉在闽南及东南亚地区影响深远，先后分灯于泉州崇福寺、承天寺，厦门南普陀寺、虎溪岩寺，菲律宾大乘信愿寺、普济寺、华藏寺，新加坡光明山普觉寺、龙山寺，马来西亚观音寺，美国雪峰精舍等。

新加坡最大的汉传佛教道场——光明山普觉寺由转道初创于1920年

自清末以来，雪峰寺僧转初、转道、转逢、转能、转岸、转武、喜参、瑞今等相继赴南洋诸国弘法。转道在新加坡创办光明山普觉寺；受佛化和尚教化的性愿在菲律宾创信愿寺、华藏寺，被尊为菲岛佛教开山祖师；转物主持马来西亚观音寺；瑞今少时在雪峰寺出家，1937年任方丈，1948年到菲弘法，继性愿住持信愿寺，因道誉日隆，道俗景仰，1981年被推举为世界佛教僧伽会副会长及世界佛教华僧会荣誉主席；瑞今弟子、出家于雪峰寺的广范、广纯在菲律宾及东南亚各国僧俗两界也享有崇高名望。

从雪峰法脉的传播可以看出其作为闽南禅宗喝云分堂祖庭在闽南地区及东南亚佛教界的影响。

新时期，南安雪峰寺在住持法度法师带领下，继承雪峰寺禅修传统，开创符合时代特点的禅修体系、禅文化交流活动，在国内已为大家所认可。

2012年迄今，雪峰寺企业家禅修营已开展了20多期。

2016年7月，由雪峰寺发起的福建省禅文化交流促进会在福州成立。成立以来，促进会在福州、泉州、厦门、漳州等地开展了主题讲座、共修、艺术展览近百场，开启了以禅文化交流为载体的弘法新篇章。

安溪清水岩寺

安溪清水岩寺位于安溪县城西北蓬莱山，缘起于北宋元丰（1078—1086）年间普足禅师在此驻锡。禅师生前德高道深，多行善事，如为众祈雨、修桥、治病等；入寂后香火严奉，灵应兴盛。信众建清庙以答神庥，陈俎豆而行祭仪，清水岩寺遂成为传承逾千年的清水祖师道场。祖师信仰走出安溪、泉州、福建，走向台湾地区和东南亚等地，现在信徒逾亿。安溪清水岩寺作为世界清水祖师信仰的祖庭，为联络海外华人与祖国感情发挥了重要作用，并成为中国传统宗教、文化走向世界的一个切入点。

清水祖殿

历史脉络

普足，宋景祐四年（1037年）正月初六生于泉州永春县小岵乡一农家，俗姓陈。幼时在大云寺出家，稍长在高泰山结庵隐修，后至永春吾峰乡境内大静山随明禅师习禅。

清水祖师圣像

普足得法后曾蒙师嘱："尔营以种种方便赡足一切"，故归乡后十几年间以济世作檀施，祈雨造桥，祛疫驱灾，声名远播。普足47岁时来到张岩山，"剪拂顽石，成屋数架，名之曰清水岩"。在此居住19年。建中靖国元年（1101年）圆寂。

普足生前神异传说很多，寂后神异事迹更多。普足在宋代四次受到朝廷敕封，《宋会要辑稿》载，"安溪县清水岩昭应广惠慈济善利大师，嘉定三年（1210年）四月加封"。这是最后一次敕封的文献记载。

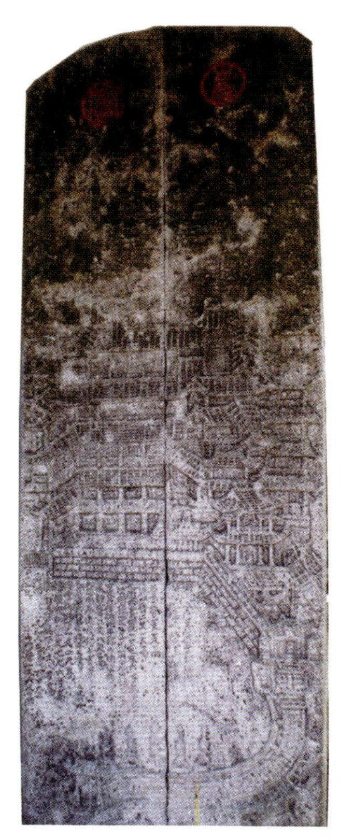

岩图碑

现在，清水岩寺主要祭祀仪式是祖师迎春巡境活动，有卜期、拈大旗、选春官、掘大旗、开香、落座、请三忠火、献茶花、换衫换轿、仪仗队、等敬、接头、供斋、做牙等，习俗历史悠久，盛况甲于泉南，影响及东南亚。另外还有请神（分炉）、请火（谒祖进香）、除夕守岁祈福法会和祖师寿诞祭典等活动。2011年该信俗被确定为第三批国家级非物质文化遗产。

清水岩寺依山而筑，面临深壑，作楼阁式，分三层，第一层昊天口，第二层祖师殿，第三层释迦楼；左右翼钟、鼓楼；檀越厅、观音厅、芳名厅分立于东西两边。崇楼曲阁，层叠回护，从远处看，外形犹如"帝"字。现存建筑为清乾隆二十六年（1761年）体式，基本保持元明建筑原貌。

南明县令周宗璧题匾“东土如来”

岩寺由祖师初建于宋元祐八年（1093年）。宝庆三年（1227年）至景定三年（1262年），僧惠清三次改建、扩建，岩寺初具规模。南宋末因兵燹被毁，僧一杲重建，崇远续修，历40年，至元延祐四年（1317年）完工。清水岩寺“帝”字形结构、99间房规模系此时奠定。有“岩图碑”记录了当时清水岩寺的建筑布局、规模和具体度数，现存。元末又受兵燹，至明初仅存佛殿1座、破屋3间。明嘉靖四十三年（1564年），开元寺僧正隆住持经营22载，“殿宇辉煌，超过旧观”。万历二十七年（1599年），邑令廖同春捐俸倡建觉亭、开觉路；清顺治二年（1645年），县令周宗璧倡建清水法门；邑绅李日煨、李梦植重修东西楼。清以降重修、增修不断。1975年侨胞李月等捐款修建，1978年以后逐渐修复。1985年10月，清水岩成为福建省人民政府公布的第二批文物保护单位，2013年4月列为第七批全国重点文物保护单位。

清水祖师信仰

普足由禅师而清水祖师，是佛教与中国传统文化相结合或曰佛教中国化的结果。禅师生前祈雨、修桥、治病，在佛门为六度之布施度，在儒家为“博施于民而能济众”。入寂后民众犹祈祷之。

清水祖师为安溪县主神，明代以后衍播为闽台及东南亚地区的保护神。经过千年香火传承，逐渐形成了具有闽南特色的清水祖师信仰文化。

清水祖师信仰在国内主要分布在福建厦漳泉、龙岩、南平，广东潮汕及浙江平阳等地区。福建全省现有近百座祖师庙，祖师分身别称“三代祖师”“蓬莱祖师”“显应祖师”等。

台湾最早清水祖师庙建于清顺治四年至十八年间（1647—1661）。目前台湾500多座祖师庙中，151座与安溪祖庙有密切联系。清水祖师是台湾最有影响的神祇之一，信众1000多万人。

东南亚最早的祖师庙是明万历二年（1574年）华侨在泰国北大年所建祖师公祠，后改名灵慈宫；曼谷、普吉等地有庙多座。

清同治十三年（1875年），华侨在缅甸仰光市郊6.44千米的高解建福山寺供奉清水祖师；1920年在仰光成立的缅甸华人团体“安溪会馆”一开始是以“清水祖师庙”名义申报立案，会馆第5层楼供奉祖师公。

马来西亚槟城清云岩建于1873年，供奉安溪清水岩分灵的祖师公。吉隆坡、马六甲、霹雳州、古晋等地另有祖师庙几十处。新加坡主祀清水祖师的寺庙10座，副祀21座。印尼在雅加达、亚齐、苏门答腊等地有清水祖师庙几十座。

现在，清水祖师信仰流布于闽粤浙、港澳台及新加坡、马来西亚等地，已形成了一个逾1亿人口的“清水祖师信仰”文化圈。

近些年来，清水岩风景区加快基建和景观改造，新建了弘法道场、海会院、文化长廊、张岩古道、祈雨台等，并通过组织各类活动来传播清水祖师文化内涵。1999年3月与2006年4月，清水岩寺两次组团入台访问，2012年又组团走访新加坡、马来西亚等地祖师庙。2010年12月至2011年1月，清水祖师金

清水祖师露天石雕像

台南龙山寺清水祖师庙

马来西亚云顶清水岩祖师殿

身赴台巡香，在台北、台中、彰化、台南、高雄等地共9座寺庙轮流驻跸，有300多座台湾清水祖师分炉分庙参与祖师巡香活动。2011年7月，祖师金身赴港参加“首届香港福建民间文化节”等活动。

千百年来，安溪清水祖师信仰以“善行天下”的理念广受世人尊崇。作为世界清水祖师信仰的祖庭所在，依托祖庙佛缘关系，清水祖师信仰在加强海峡两岸文化经济交流、联络海外华人与祖国感情方面发挥了重要作用。

泉州少林寺

泉州少林寺始建于唐代，又名镇国东禅寺，为中国南派少林武术的发祥地，从唐至清，三兴三废，禅拳宗风，绵延不绝，如今已成为宣传闽南璀璨文化的一张靓丽名片，展示泉州悠久历史的一个重要窗口。

泉州少林寺

历史沿革

泉州少林寺原名镇国东禅寺，又名东禅少林寺，在“郡之郊东，俯郊之翌，揖照湖湄，坐抵秀林”之处。据蔡永蒹《西山杂志》记载，唐初有嵩山少林寺十三棍僧之一的智空和尚入闽中，建寺于清源山麓，凡十三落，为闽僧武派之始。唐乾符（874—878）中，郡人郭皎、卓怿建寺于城东，有僧齐因居之。广明（880—881）年间，赐额镇国东禅寺，一直沿用至近代。据说有少林僧一清驻锡东禅寺中，传授少林武功。唐晋江人许稷《闽中记》、北宋南安人刘昌言《桑莲诗集》及《青阳诗集》、南宋晋江人施梦说《鲁东诗集》、明抄本《清源金氏族谱》附录《丽史》、近人唐豪《少林拳术秘诀考证》等著作中均提及泉州少林寺。

北宋康定元年（1040年），东禅寺住持继明“倡以鼎建”护安功德院，绩溪县尉杨拯为记。宋代的东禅寺僧道潜与时任泉州太守王十朋过往甚密，道潜从承天寺移锡东禅寺时，王十朋作《送潜老赴东禅》诗二首相赠。

南宋德祐（1275—1276）及元至正（1341—1368）年间，东禅寺两遭火毁，均不久即复建。明宣德十年（1435年），寺又重修，成为文人墨客游览胜地，庄一俊、陈琛、丁启浚、吴韩起等均有游东禅寺诗，赞云：“东禅草色碧絪缊”“曲循幽径入东禅”。清代以后，寺渐废置。

《西山杂志》中记载有泉州少林寺历史上“千僧习武”之盛况及“三兴三废”之事：“唐天祐四年（907年），少林寺反王审知之附梁，被毁。北宋太平兴国六年（981年）诏修也。宋末少林寺反蒲寿庚，千僧格斗元兵三万，元唆都（元帅）遣胡骑冲少林寺”，少林寺再次被毁。“明洪武十年（1377年）……州官黄立中疏奏朝廷，敕修少林寺。”“少林寺至善禅师一死，尚不能保少林梵宫；乾隆二十八年（1763年）秋，诏焚少林寺”，少林寺第三次被毁，“从兹无复敢修者”。

清咸丰元年（1851年），东禅村倪亦才、陈明泉、陈明捷等人募建庵堂，东禅寺始见复兴。咸丰六年（1856年），住持僧幻空撰“少林古迹”匾额。同治六年（1867年），寺再重修，后又有僧转然、瑞陀等来寺重兴。而后，东禅少林寺又再次湮没于风雨飘摇之中，民国时期仅余一小庙。

1992年10月，“泉州少林寺复建委员会”正式成立，重修照墙、大殿、

赵朴初题写的“少林禅寺”牌匾

弥勒殿和报恩堂等。同年，列为泉州市级文物保护单位。1995年3月，正式动工复建。1997年5月8日，礼请常定入住少林寺，全面主持重建工作，传承禅武传统。

经过20多年建设，泉州少林寺已颇具规模：中轴线上有山门、天王殿、大雄宝殿、观音阁、东西长廊、藏经阁、法堂；东序有“少林胜迹”石牌坊、僧寮、报恩堂、五观堂、延寿堂、春萌山房、演武场、放生池、禅亭；西序有方丈楼、香农小屋、尚云亭、清凉亭、晚风精舍、执事楼、演武堂等。从此，东亚文化之都泉州大地上又多了一处名胜伽蓝。

法脉沿袭

古印度僧人菩提达摩在河南嵩山少林寺首传佛教禅宗，为中国佛教禅宗初祖，少林寺被称为中国佛教禅宗祖庭。泉州少林寺法脉传承也以禅宗为主，青原、南岳两系禅师均有在泉州少林寺弘法。

唐五代时期，东禅少林寺名僧有齐因。宋元时期，东禅少林寺名僧有道潜、仰真、持心、欣达、用平、法助等，其中仪轨不仅通禅理、精拳术，还能正骨疗伤、悬壶济世；明代东禅少林寺有僧人法果，“遇清明，率其徒沿途拾露骸葬漏泽园。年九十后坐化，郡守熊尚初匾曰‘义僧’”；其他名僧还有棍僧定因及慧净、径露、悉照等。

泉州少林寺中兴第一代方丈常定法师，泉州人，13岁到泉州崇福寺礼元果出家。崇福寺清末民初中兴和尚妙月创“医武济世、禅农并重”之宗风，常定属门下第三代弟子。常定除跟元果学佛之外，还随南少林五祖拳传人周焜民习武。闽南佛学院毕业后回泉州，1997年入主参与重建少林寺工作，2006年晋方丈。从禅宗谱系上说，常定属曹洞寿昌系，按“耀古复腾今”字派，其传承为圆瑛耀性—明旸古通—圣辉复辉—常定腾定，为曹洞第四十九世；又嗣传建，传临济宗喝云派第五十一世。

常定剃度师元果，1949年赴香港弘法，挂锡于荃湾鹿野苑，1958年在北角创福慧精舍，后迁移美轮大厦。常定入主少林寺后，福慧精舍多次输资支持建设。双方经常互派团体参加各自举办的法会活动。

2012年5月，常定入主重庆江津四面山少林寺，至2018年已完成大部分基建工作，现由禅贤任监院。该寺始建于唐末，称双峰寺。明清毁于兵乱和火灾，康熙和光绪年间曾维修，嘉庆年间曾有少林寺僧游方来此。四面山少林寺现被称作“西少林”，是泉州少林寺的传法一脉。

南少林武术是泉州历史文化名城的重要内涵，与南音、南戏、南建筑、南派工艺构成泉州的“五南”文化。泉州少林寺现在主要传授五祖拳，该拳法由清代晋江人蔡玉明综合白鹤、行者、达尊、罗汉、太祖五种拳派技法而成，属外家功力型拳术，同时又含有内功修炼法，反映出中国武术特有的“内外合一、形神兼备”的民族风格，是国家级非物质文化遗产。

禅武合一

明清以降，南少林武术曾传播到台湾、香港、澳门地区和东南亚等地，乃至世界各个角落，也是中国海丝文化的一个组成部分。

泉州少林寺复建以来，十分重视与海内外宗教界、武术界的交流。1998年、1999年，香港警察武术团两度到访进行武术交流：2000年11月，参加南少林五祖拳联谊总会成立十周年庆典的海内外20多个国家和地区的代表，到访泉州少林寺，观看武僧团的武术表演，并交流切磋武艺。2000年，常定赴法国巴黎进行南少林武术文化交流，获得巴黎市政厅颁发的“巴黎青年和体育奖”金质奖章，后又前往欧洲等国拜访，进行武术表演。2001年，应菲律宾佛教普济学院邀请，武僧前往该院教授五祖拳及进行武术表演。2005年，三位武僧受邀前往中东、南非进行武术交流，理亮的“一指禅”绝技震惊观众。2006年，泉州少林寺武僧团应邀参加马来西亚国际龙狮节武术比赛，振法获全能冠军，理亮获“一指禅大师”金牌。

泉州少林寺武僧团已同几十个国家和地区进行过交流与交往。目前，泉州少林寺海内外弟子已达数万人，接待来自东南亚、欧美、非洲的国外弟子及武术爱好者总计数千人次。2017年9月，泉州少林寺组织成立“福建省南少林禅武文化促进会”，常定任会长，以此汇聚各界精英，给海内外禅武爱好者搭建一个较高的交流平台。

常定方丈会见台湾南禅宗俗派弟子一行

海外弟子到泉州少林寺拜师习武

福建南少林武术现已成为古代和现代文化共生互补、东方和西方文明包容交汇的一个载体。少林寺在海内外具有强大的影响力，少林文化能被不同种族、不同信仰、不同文化背景的人群所接受和认可，足见其“禅武合一”有着独具一格的特质。泉州少林寺倾心弘扬禅武文化，积极推动福建佛教及武术文化走向世界，顺应“一带一路”倡议，为世界和平、文明交流互鉴而不懈努力。

晋江庆莲寺

晋江庆莲寺是晋水名蓝。200多年前还只是晋江县通往泉州府官道旁一处供奉观音菩萨的茶亭——高山亭，“高山观音”遐迩闻名；100多年前，从新加坡探亲回来的素姑发愿建成了伽蓝。庆莲寺是广钦和宏船两位长老的佛法启蒙之地。

庆莲寺

源起山亭

庆莲寺原为“高山亭”，位于泉州晋江池店镇。该镇旧称“凤池”，因村镇附近有一大湖泊，相传有凤凰戏水其中。明宣德间，民众在湖边设店经贸，始名“池店”。境内有雁山隆起，山麓有从晋江县通往泉州府的官道。有善心人在雁山北麓建茶亭一座，夏日施茶，为来往官道的行人避暑休憩之用，因名“高山亭”。亭内偶然供奉有观音大士像一尊，时日渐久，周围人称“高山观音”。清嘉庆三年（1798年），有僧善庆改亭为寺，名“庆莲寺”。道光二十一年（1841年），僧行勤募化重修。当时的庆莲寺还只是一座小庙，且无人住持。据传，光绪年间，晋江县新店乡赖素姑从新加坡探亲归途遇大雨滂沱，入寺暂避，在“高山观音”像前发愿：“待子女婚嫁完毕，即在此常住，以供奉大士。”发愿甫毕，大雨骤停，素姑平安抵家。数年后，素姑来住庆莲寺。

光绪二十七年（1901年），素姑40岁时，重修成三开二进殿堂，又增建护厝等，庆莲寺始成一处庄严道场。又购置农田50余亩，收容孤寡妇女共住，时住众50余人，有晋水“女丛林”之称。1913年，素姑礼会泉为师，在承天寺受比丘尼戒，法名本实，正式成为“斋姑”。其弟子瑞通姑、再传莲藏姑先后住持，20世纪五六十年代，附近青莲寺、法莲寺、霞福宫等处寺众并入庆莲寺。

现在的庆莲寺大悲殿，供奉的是“高山观音”

1987年宏船复建的庆莲寺

1983年，曾在庆莲寺接受佛法启蒙的宏船长老回乡拜谒，见祖庭衰败，决心重修梵宇，委派弟子广平经理此事。1987年工程告竣，九月初三，宏船长老、广平法师、菲律宾瑞今法师回国与妙湛、妙莲法师主持开光仪式。莲藏姑重任住持。

1994年，莲藏姑去世。遵宏船长老遗愿，游学新马的向愿法师回国住持庆莲寺。经20余年苦心经营，终使庆莲寺成为一处闽南地区著名的佛教伽蓝。该寺现占地100多亩，坐南朝北，背靠雁山，近览晋水，远观紫帽，山川环抱，郁郁葱葱，寺院宏丽庄严，堪称一方佳胜。庆莲寺现为晋江市佛教协会的办公驻地所在。

法被海外

庆莲寺因官道山亭而兴，因观音大士而显，因启蒙高僧而著，可说是福建近现代佛教史上的一段奇特因缘。

广钦（1892—1986），生于惠安县，俗姓黄，名文来。4岁时，过继给晋江池店梧潭村李家为养子。该村离庆莲寺只有3里地。广钦自幼体弱多病，母亲带他到庆莲寺拜高山观音许愿，祈求保佑。7岁时，养母信佛茹素，时常到庆莲寺礼佛，广钦多随母前来；11岁时，父母先后因病去世，广钦深感世事无常，常到庆莲寺礼佛闻法，萌出家之念。庆莲寺香烟袅袅、梵乐声声之中，一代高僧的佛法信仰就此得以启蒙。

宏船（1907—1990），俗姓朱，名成基，出生于晋江。宏船是家中独

海内外门人云集庆莲寺拜谒祖师塔

子，外祖母就是庆莲寺的住持赖素姑。宏船10岁丧母，常随外祖母住庆莲寺内随众诵经拜佛，13岁时因在寺内观看傀儡剧“目连救母”坚定离俗之志。16岁时，到十几里地之外的承天寺从会泉长老剃度出家。

因广钦、宏船与庆莲寺的甚深渊源，庆莲寺成为两位长老海外弟子心目中的“祖庭”所在，故其对外交往主要集中在台湾地区与东南亚一带。近二三十年来，庆莲寺多次接待到访的台湾地区、新加坡等地的佛教界人士。

2017年10月22日，庆莲寺作为“弘扬广钦老和尚修持观座谈会暨广钦老和尚赴台弘法七十周年纪念活动”的主办单位之一，迎来菲律宾、台湾地区的高僧大德、护法居士莅临参观朝圣。

2017年12月19日，庆莲寺启建“悲愿无尽·和合共生　海丝佛教论坛——宏船老和尚赴新弘法八十周年暨全山落成圣像开光祈福法会”，有来自美国、新加坡、菲律宾、泰国、印度尼西亚、马来西亚、斯里兰卡，以及台港澳地区和大陆诸山长老、居士信众3000余人参与法会，盛况空前。

晋江南天禅寺

南天禅寺建于宋嘉定（1208—1225）年间，初以“石佛”为号。寺旁石坡刻郡守王十朋所书“泉南佛国”，为闽南著名古刹。寺院几经废兴，清康熙三十六年（1697年），吴英重建，取“泉南佛国”之意，更名为“南天禅寺”，至今保持原貌。2013年，南天禅寺石佛和摩崖石刻列为全国重点文物保护单位。

南天禅寺，初号石佛岩，亦名大石佛寺，位于晋江市东石镇许西坑村西岱峰山南麓，缘起于此处有石佛像三尊。《泉州府志》：“未岩时，石露夜光三道。宋嘉定中，僧守净镌弥陀、观音、势至三尊。”三尊石佛依崖壁雕造，均高6米，宽3米，结跏趺坐在2米高的莲花座上。居中为阿弥陀佛，头挽螺髻，两耳垂肩，双手交叠端放腿上；东为观音菩萨，头戴花冠，右手前屈，掌持净瓶；西为大势至菩萨，头戴花冠，手执经卷。佛像呈宋代石刻艺

自在佛殿

南宋摩崖石佛造像

术风格，其规模之大、雕刻之精，在福建无出其右。石佛雕成后，即依崖壁建殿堂，名石佛寺。

元明清初屡毁屡修。

清康熙三十六年（1697年），福建陆师提督吴英（1637—1721）重建，取“泉南佛国”之意，更名为“南天禅寺”，三十八年（1699年）完工，撰《南天禅寺碑记》。后多次重修。宣统二年（1910年）重葺观音亭，并修建石路。后屡有修建增制。1985年10月列为福建省第二批文物保护单位，2013年5月列为第七批全国重点文物保护单位。

南天禅寺大殿高十余米，重檐歇山顶，覆盖摩崖造像。殿前悬挂着清福建陆路提督马负书题“自在佛”、吴英题“南天禅寺”和“石上异光”匾，及众多名家撰写的楹联。寺西石坡镌刻南宋泉州知州王十朋书“泉南佛国”，高2米，宽1.5米，一旁是清光绪年间泉州知府李增蔚题刻“崧岳降神”，字径1.6米。寺左山岩有明代许应麟、蔡士绅临镌“宝藏”。寺右有清同治年间重修南天禅寺捐资崖刻碑；石佛造像旁有明弘治六年（1493年）刻的“心”字，“心”中一点放一旁，题云：“放下全无事，提起万般生。”

南天禅寺开山祖师守净（1131—1239），号懿庵（一庵），晋江人，9岁时礼晋江龙山寺第三十代住持智渊剃度，20岁时入泉州开元寺受具足戒，绍熙（1190—1195）间协助了性修复开元寺东西塔。《晋江县志》载：“守净，有道术，安平朝天门楼、兴化军安利桥、延平可渡桥、武荣金鸡桥，皆其所建。嘉定中又尝镌石佛于安平岱峰山，刻‘泉南佛国’四大字于旁。”

守净传戒尘，戒尘传方纯，相继住持石佛寺。据《重兴南天禅寺碑记》，元代崇会，明代迪庵、悉超等重修寺院。吴英重建石佛寺时，由实哲董理其事。

清末，清珠住持，年老时将寺务委弟子佛道。佛道（？—1943）俗姓柯，晋江人，性豪爽，自学成才，善拳艺，精严佛理。佛道弟子有禅提、禅宽。禅宽（1919—1957）俗姓郑，晋江人，12岁出家于南天禅寺，14岁到南安一片瓦寺管理寺务，18岁往福州涌泉寺受具足戒，受师命往泉州崇福寺依止“铁罗汉”妙月习武，并跟随叶亦东习文学、书法。1944年回南天禅寺主持寺务。

1957年，元仪姑（1921—2004）开始住持南天禅寺，法脉归属泉州崇福寺妙月曹洞寿昌系。元仪姑，俗姓蔡，晋江人，17岁出家，后到泉州崇福寺皈

摩崖石刻

2016年11月泉南佛国·佛教文化交流暨南天禅寺寺兴800周年活动

依妙月弟子福欣，1957年7月到寺住持，由缘姑（法号静稳）协助管理寺务。

南天禅寺现任住持理山（1974—），俗姓许，晋江人，1985年依元仪姑、缘姑出家，皈依新加坡常凯（1916—1990）。常凯是元振弟子，属崇福寺妙月下第三世。理山先后在泉州佛学苑、闽南佛学院学习。1996年回南天禅寺协助管理寺务。1998年9月剃度，次年9月受具足戒，法名法超。2009年1月接管晋江草庵。2015年9月，任泉州佛学苑副苑长。

明代，泉州晋江安海港与日本堺市海商贸易密切，来往商人将“泉南佛国”理念带到日本。堺市以南宗寺等为代表的诸多佛教寺院建筑群，亦称“泉南佛国”。2006年，日本学者森村健一与厦门大学庄景辉教授到南天禅寺参访，确认堺市与南天禅寺的“泉南佛国”文化一脉相承，日本花园大学福岛雅藏教授提出，日本堺市以南宗寺等为代表的“泉南佛国”是由晋江南天禅寺传至日本的。此后，中日佛教界曾多次来往参访。

民国以来，海外晋江同乡多次为寺捐资。

近年来，南天禅寺与东南亚及台湾地区佛教界密切交流。2009年至2017年，理山多次率团出访印度尼西亚、新加坡、印度、尼泊尔、日本、泰国等地，并随团赴金门参加世界华僧会举办的两岸共同祈祷世界和平大法会。

2016年，寺兴800周年庆典之际，日本、东南亚和台湾、香港地区高僧大德、国内外专家学者200多人莅临南天禅寺，进行“追根溯源、再续佛缘”泉南佛国佛教文化国际交流活动。

三明

三明地处福建省中部，位于武夷山与戴云山脉之间，竹海林涛，物产丰富，是福建腹地一颗璀璨的绿海明珠。这里既是闽江的发源地，又是闽学的发祥地，人文历史与地理环境于此交相辉映，三明佛教于南北朝时传入，始建于唐武德三年（620年）的将乐证觉寺是三明境内最早的寺院。佛教传入三明后发展迅速，代有名僧。三明著名寺院有沙县天湖净寺、沙县定光禅院、泰宁甘露寺、泰宁庆云寺、永安龟山寺、建宁报国寺、明溪聚龙寺等。

三明佛教地灵人杰、高僧辈出。唐代时有沙县籍僧人了拳，童贞入道，于沙县洋元崇圣庵、淘金山佛光洞等地修行，17岁离闽赴粤弘法，为梅州阴那山灵光寺的开山祖师，号称惭愧祖师。继之，有高僧定光到清流金莲寺主持佛事，扩建寺宇。惭愧、定光二僧后被客家人奉为保护神，香火分灵至闽台两岸，影响远及东南亚。至近代又有建宁籍僧人慈航，早年出家于泰宁庆云寺，后随太虚大师于海内外各地讲经说法，曾长居南洋各地十余载，演教弘宗，使南洋华侨普沾法雨，皈依三宝者日众；晚年驻锡于台湾，创办台湾佛学院，对台湾佛教影响深远，圆寂后成就台湾首尊肉身菩萨。此外，三明籍高僧还有宋代成就肉身菩萨的大田籍僧人普照、清代曾担任鼓山涌泉寺方丈的明溪籍僧人妙莲等。

近年来，三明市充分发挥佛教祖庭文化优势，积极开展对外交往活动。沙县天湖净寺以戒律为根本，广开净土、戒律教育培训，众多来自海内外的佛教界人士和信众来此结夏安居或短期出家。同时，天湖净寺还在传戒、僧才培养、梵呗唱颂等方面，与台湾、香港地区及新加坡佛教界进行诸多交流。泰宁庆云寺与建宁报国寺则是依托与近代高僧慈航的深厚渊源，先后举办慈航菩萨圣像回归祖庭暨海峡两岸和平与发展祈福大法会、海峡两岸慈航法师文化论坛等大型系列活动，均产生较大的影响。

泰宁庆云寺

人能弘道，非道弘人。

杉阳名蓝泰宁峨嵋峰庆云寺，虽然至今已有上千年的历史，但真正让其声名鹊起，成为一方宝刹，是由近代慈航禅师于此祝发出家而始。2007年，庆云寺举行隆重的慈航菩萨圣像回归祖庭仪式，同时也为这座身处群山的道场拉开全面重兴的序幕。

庆云寺

慈航祖庭

慈航菩萨肉身圣像分身

峨嵋峰庆云寺始建于五代后唐同光（923—926）时，初名庆云庵，为泰宁著名状元邹应龙祖先捐地而建，坐落于杉岭山脉峨嵋峰兜率岭间一平展开阔地。寺院历代不乏高僧出世，为近代慈航菩萨与优昙长老剃度出家之祖庭，名闻海峡两岸及东南亚。

慈航（1893—1954），俗姓艾，字彦才，号继荣，建宁人。17岁时在泰宁县峨嵋峰庆云寺礼自忠剃度出家，法名慈航。此后外出游方，遍访泉州开元寺、宁波天童寺、南京栖霞山、安徽九华山、常州天宁寺、苏州戒幢寺、天台山观宗寺、扬州高旻寺等梵刹。1927年入闽南佛学院，亲近近代佛教革新派领袖太虚，遂萌革新佛教之志，成为太虚坚定的追随者，与法舫、法尊、印顺并称为太虚门下四大法将；又亲近近代佛教传统派领袖圆瑛，并嗣其法为曹洞宗第四十五世传人。

1931年，慈航偕徒孙优昙赴印度参礼圣迹，后赴缅甸仰光弘法4年多，其间创办仰光中国佛教学会等机构。1940年后，多次赴东南亚各国弘法，在新马地区弘法足有7年之久。1948年，应台湾中坜圆光寺之请，赴台主持台湾佛学院，半年后移锡汐止秀峰山弥勒内院。此间，曾于台湾环岛布教，台湾佛教之复兴，以慈航、广钦二师功劳最大。1954年圆寂，坐缸于弥勒内院法华关中。1959年开缸后发现肉身不坏，乃成台湾第一尊肉身菩萨。有《慈航法师全集》行世。

2007年，本性应邀出任泰宁庆云寺住持，全面主持古刹的复兴工作。同年，由本性牵首，在两岸众多高僧大德襄助下，慈航菩萨分身圣像顺利回归祖庭，圆了叶落归根、魂归故里的夙愿。在本性的住持下，泰宁庆云寺陆续落成大雄宝殿、天王殿、慈航菩萨纪念堂、念佛堂、闭关房、僧寮、香积寮、观景台、澄心湖、慈航大道、弥勒大道等。现今，泰宁庆云寺已如一颗高山上的明珠，绽放着光芒。

法脉传承

慈航提出“教育、文化、慈善是佛教的三大救命圈”，尤其注重佛教教育，关心佛教青年，培养佛教弘法人才，是近代优秀的佛教教育家。慈航以泰宁庆云寺自忠为剃度恩师，依止太虚为亲教师，嗣法圆瑛为曹洞宗法脉传人。究此剃派、学脉、法脉，经慈航传承不绝，弟子多能化导一方，弘法利生。

剃派而言，慈航传承自泰宁庆云寺自忠，其剃度弟子有宗教、宗净（即律航法师）。宗教为慈航中年时在大陆所收弟子，于民国时期担任泰宁庆云寺住持，开堂说法，道誉日隆。宗教剃徒，即慈航禅师徒孙，为著名的优昙长老，在中国香港及新加坡、印度尼西亚等地广有影响。宗净为慈航晚年在台湾时所收弟子，专弘净土，为台湾近代备受敬仰的高僧。

优昙（1908—1993），安徽怀宁人，俗姓杨。1929年依泰宁庆云寺宗教出家，翌年赴鼓山涌泉寺虚云座下受戒，旋奉慈航命随师赴仰光、中国香港、新加坡等地弘法，先后出任香港佛教僧伽联合会首届会长、新加坡佛教总会第22届主席等。嗣法于新加坡毗卢寺雪山，后继任新加坡毗卢寺住持，将毗卢寺建设为在新加坡颇具影响力的大道场。新加坡毗卢寺现任方丈慧雄，为优昙法嗣弟子。

律航（1887—1960），安徽亳县人，俗姓黄。早年参加辛亥革命，后以国民政府陆军中将身份参与抗战。1948年赴台，后依慈航剃度出家，法名宗净，字律航。1952年于台南大仙寺受戒，同年入汐止弥勒内院依慈航受教。1953年应请出任台中慈善寺住持，专修净土。晚年在台中，与教莲社导师李炳南居士等时有往来。台中慈善寺前住持宏灿为律航徒孙。

法脉而言，慈航传承自圆瑛，为曹洞正宗第四十七世传人。1954年，慈航在弥勒内院示寂，遗嘱请法兄白圣代他传法给自立、印海、严持、妙峰、常证、会性、真性7个弟子，为曹洞正宗第四十八世法嗣。日后，这些法子不仅对台湾地区佛教影响甚大，并且远弘菲律宾、美国等地。

慈航菩萨圣像回归祖庭奉安开光法会

自立（1927—2010），江苏泰州人，俗姓李。礼泰州光孝寺沛霖出家，于南京宝华山受具足戒，后入台就学于台湾佛学院，依慈航受教，深受器重。1954年，嗣法曹洞宗第四十八世，为慈航首席嗣法弟子。1958年，应邀至菲律宾任教，为马尼拉隐秀寺导师，后接任住持，为早期到菲律宾弘法的代表性高僧。

印海（1927—2017），江苏如皋人，俗姓刘。礼如皋法华庵智明出家，至南京宝华山受具足戒，后入台就学于台湾佛学院，依慈航受教，嗣法为曹洞宗第四十八世。1977年赴美建立洛杉矶法印寺，为继宣化、文珠之后，第三位在美国洛杉矶地区设立寺院的法师。如今法印寺已成为美国颇具影响力的大寺院。洛杉矶法印寺现任方丈宏正，为印海嗣法徒孙。

此外，现任泰宁庆云寺住持本性因迎请慈航禅师圣像回归祖庭之机缘，在台湾汐止弥勒内院宽裕的促成下，慈航禅师上首法嗣弟子自立于2009年1月31日在马尼拉隐秀寺方便传法，代为传授慈航禅师法脉予本性，台湾汐止弥勒内院法成、菲律宾马尼拉普陀寺光智、菲律宾马尼拉隐秀寺法净、法莲及众居士为见证。此为慈航法脉在中国大陆的传承。

学脉而言，慈航多年跟随太虚，就学于闽南佛学院，为太虚座下四大法将之一。慈航来台后，倡办佛学院，兴佛教教育，为台湾佛教教育先驱，可谓太虚思想之传承，故此处姑且称之为学脉。当时在台接受过慈航恩惠的僧青年，除了前面提及的7位法嗣外，尚有宽裕、星云、幻生、唯慈、了中、浩霖、真华、莲航、净良、宏慈、以德、清霖、净海等，对台湾佛教界影响深远。

宽裕（1925—2016），江苏盐城人，俗姓胡。1949年与20多位大陆僧青年同赴台湾，进入台湾佛学院依慈航修学。1952 年，再入汐止弥勒内院依慈航受教。宽裕亲近慈航多年，为报答师恩，立志重兴弥勒内院，于1974年膺任为汐止弥勒内院住持，使慈航生前道场得以重光，对慈航圣像回归祖庭一事给予极大支持。

净良，福建福安人。1946年礼福安福庆寺清亮出家，同年赴鼓山涌泉寺受具足戒。1949年赴台，入台湾佛学院亲近慈航研习佛典。1953年创台北弥陀寺。后出任台湾“中国佛教会”理事长，两岸开放往来后多次走访大陆，致力于建立联络两岸佛教徒法谊。

慈航归来

慈航生前，曾遗愿回故土、光大祖庭。为圆满慈航的遗愿，本性于2006年倡议发起恢复重建慈航菩萨出家祖庭泰宁庆云寺，并得到泰宁众弟子与有关部门的大力支持。台湾佛教界尤其是台湾汐止慈航菩萨纪念堂、弥勒内院、静修院，对此事积极响应。

2007年9月14日，以台湾净良为总团长的台湾佛教界慈航菩萨圣像回归祖庭护送团一行268名诸山长老、四众弟子护送慈航菩萨圣像回归福建祖庭。先后于厦门南普陀寺、福州开元寺举行慈航菩萨圣像奉迎仪式。9月15日，举行慈航菩萨圣像回归祖庭暨海峡两岸和平与发展祈福大法会开幕式，并召开以“文化、教育、慈善——佛教三大救命圈”为主题的“慈航菩萨学术研讨会”，海内外诸山长老及两岸数十位学者出席。

9月17日，慈航菩萨圣像安座仪式在泰宁峨嵋峰庆云寺举行。来自闽西北各县的四众弟子1000余人在山门外列队恭迎贵宾。慈航学生净良、真华、法子印海、徒孙慧雄、净耀、慈航生前常驻寺院之静修院住持慧融，以及绍根、健钊等应邀讲话，庆云寺住持本性致谢词。

2010年11月13日，泰宁庆云寺再次举行大雄宝殿兴建落成佛像开光法会暨慈航菩萨纪念堂奠基仪式，来自中国台湾地区以及马来西亚、新加坡佛教界的祝贺团100多人和福建省各地佛教信众近千人参加了法会。

2017年7月8日，本性领泰宁庆云寺四众弟子300余人，在泰宁县峨嵋峰庆云寺举办慈航菩萨回归祖庭10周年拜山法会。如今庆云寺所在的峨嵋峰，山高林密、溪流纵横，且气候湿润，空气清新，是绝佳的静心之地，已成为福建省重要的森林道场，是僧俗闭关静修的好去处。

沙县天湖净寺

天湖净寺位于三明市沙县夏茂镇南十里许的曹坑山上，始建于明天顺八年（1464年），原名“天湖古刹”，俗称曹坑庵。此地群山环抱，岩壑流泉，云遮雾绕，是建寺安僧的胜地。如今，天湖净寺已成为福建省著名的女众丛林。

天湖净寺

概　　况

天湖净寺的开山祖师俗名曹仕柏，觉世事无常，了却尘缘，在此结庐参禅修道。现寺中有古钟一口，便是祖师遗留之物。

600余年来，天湖净寺几经兴废，追寻寺院过往历史终不可得。1978年，有护法居士洪心禅，偕信众上山，修葺简陋院舍及大殿，恢复佛教古迹。1992年，雪峰首座海灯游天湖，赞曰：“三门直入如来地，天湖透至宝莲池”，认为这里应是专修净土的道场，便改寺名为天湖净寺。是年，将乐观音庵心亮应请莅寺住持。

心亮住持后，便开始筹划天湖寺的重修工程。其间得圣一与其徒属护持有加，鼎力资助，加之政府大力支持及十方檀越乐施，自1993年先建关房一座，取名净莲兰若，作为静修用功场所。1996年建净念堂藏经楼一座。1997年建东厢楼，内设五观堂、客堂、般若堂等。1999年建西厢楼，内设丈室、教室、僧寮，2000年建钟鼓楼、天王殿。同年建大雄宝殿，至2002年竣工，并塑造菩萨像，是岁又建寿林居一座。2003年建三门护坡围墙。

十载艰辛，整体建筑群工程告竣。2003年8月，天湖净寺落成及佛像开光，丛林规模初成。2010年至2016年，又建四座僧寮100多间及教室4间。现常住的尼僧达100多位。 如今寺院清净庄严，殿堂错落有致。青山绿水间，暮鼓晨钟，梵音远播，同归三宝，趋向菩提。

法脉传承

天湖净寺在近代得以重光，归功于现任住持心亮。心亮，俗姓洪，沙县人，自幼随家人茹素。19岁皈依开华，取名心亮。后由雪峰盛慧介绍到白沙

天湖胜境

南坑崇福寺出家。1980年住雪峰狮子岩，受学于海灯，奠定佛学基础。

1982年春，心亮在福州鼓山涌泉寺普雨座下受具足戒。1982年至1986年就读于福建佛学院，受教于会静、梦参、杨贡南等诸位前辈。1989年春于西安吉祥精舍亲近通愿学习戒律，为后来广传戒法奠定基础。1984年在福州崇福寺举办的二部僧传戒中，心亮第一次担任亚部开堂，从此于戒场结深厚之缘，一直传戒至今。

1996年，心亮承蒙广东云门寺方丈佛源慈令，前往小西天传戒，在云门寺接了云门宗法脉，正式成为虚云法脉传人。2007年又蒙河北柏林寺方丈净慧慈悲，在江西曹山宝积寺接曹洞宗第四十九代之法脉。

心亮以传戒开堂及梵呗闻名于海内外，是以天湖净寺以学戒、唱诵见称于佛门中。天湖以丛林方式管理寺院，在全寺上下的共同努力下，寺院大小事务井然有序。

天湖净寺还教授尼众梵呗。梵呗是以微妙的音声歌颂佛德。心亮自1983年在佛学院时就开始兼教梵呗。

多年来，天湖净寺注重培养僧才，树立了“天台为宗，戒律为行，净土为归”的修学宗旨，开设有初级班、高级班、专修等学习班。

法缘交流

天湖净寺自重兴以来，除举办多种法会、佛学座谈会、佛学研讨会等，还针对传戒、僧众教育、寺院管理等课题与诸多寺院切磋交流，增进法谊；帮助各大寺院重建安僧，使正法久住，慧灯永续；与海外交流日益密切，促进不同国家和地区间的文化交流。

天湖净寺连续十多年来，每年举办一次斋僧法会，让信众广种福田。特别是2017年，全国各地1000多位僧尼光临沙县淘金山应供，规模盛大。

2004年，天湖净寺承办“第二届比丘尼研讨会”，有来自大陆各地及香港、台湾等地的40多位比丘尼参加，对当代各尼众寺院的僧团管理、办学育僧、丛林发展起到重要的指导作用。

天湖净寺近年来还加强海外弘法，阐扬宗风。其中，在中佛协接洽的香港与新加坡传戒法会上，由天湖净寺住持心亮任开堂大师父。其间，天湖净寺与两地佛教界人士密切交流，让他们了解天湖净寺传统的丛林风范。

天湖净寺举办佛教比丘尼教育交流座谈会

天湖净寺与台湾佛教界参学交流密切，分别与台北承天禅寺、台中正觉精舍、高雄佛光山、台北法鼓山、南投中台禅寺、高雄文殊讲堂等道场，在国学、戒律、公益慈善、寺院管理、僧才培养、文化出版、弘法利生、唱颂梵呗等方面研讨交流，增进了两岸佛教界的法谊。

永安龟山寺

绿拥禅林秀，宗传法眼贤。

龟山寺像一块玲珑的玉雕，嵌在绿荫树影婆娑、鸽哨鸟语缤纷、江声湖韵飘荡的永安市区燕北街道辖区龟山公园内，是息心修行、弘法习禅的佳境胜地。寺因地利，名自远扬。

龟山寺

佳境溯昔

龟山原为永安燕江中一小岛，四面环水。岛上旧有龟山庙，又名英烈庙，始建于明代中叶，明万历（1573—1619）年间和清代先后两次重修，至20世纪30年代，龟山庙祀像被毁，建筑移作他用。1994年10月，在龟山庙旧

建寺初期配殿厢房

龟山寺大雄宝殿

址上修建龟山寺，由莆田广化寺僧觉华等募款重建，陆续建起大雄宝殿、祖师殿、伽蓝殿、玉佛殿（观音阁）、钟鼓楼、客堂、斋堂、僧寮等，寺宇初具规模。

2002年，聘请龙岩天宫山圆通寺光胜任住持，照玄为监院，龟山寺管理日臻规范，设施日益完善。2003年起，陆续新建天王殿，重建大雄宝殿，增建两翼庑殿等。

如今的龟山寺整体呈长方形，坐北朝南，按寺院传统建筑格局，在中轴线上立天王殿、大雄宝殿、观音阁，两翼为配殿，显现出庄严肃正、壮观美丽的景象。

承宗普利

龟山寺僧众传承法眼宗法脉，严持戒律，精勤修学。立足于佛陀慈悲济世的本怀，发扬佛教优良传统，践行契理契机的弘法原则。

法眼宗是中国佛教禅宗五家之一，由五代时文益所创。北宋以后，该宗日益衰落。至近现代，著名高僧、禅宗泰斗虚云兼承法眼宗，传灯续焰，并将法脉传授予青持本湛，本湛传慧瑛，慧瑛传光胜。

龟山寺现任住持照玄，是法眼宗十二世传人，俗名乐建军，大田人。1995年依觉华出家，赐名照玄，法号量心。2002年起任永安龟山寺住持。

照玄秉承中国佛教“慈悲、圆融、宏博”的精神主旨，以社会主义核心价值观为引领，开展弘法利生活动。契合时代，契应人心，广结福缘，发愿民生晋福，服务时代，并以信仰文化架桥，联谊海内外信众。坚持正信正见，精进修学，端正道风，以戒为师，以法为依，把“兴教度众”的大愿落实到亲切笃实的行动中。

进入新时代，龟山寺僧众以“爱国爱教”为宗旨，以禅心广化善缘，普利众生，服务社会。

建宁报国寺

报国禅寺位于三明市建宁县濉溪镇金铙山麓，原名金铙寺。

金铙寺在五代后梁龙德二年（922年）建寺，寺有白莲池、红芍圃、虎溪桥、蟾窟井、龙鳞松、铁线梅、翠蒲涧、白玉峰“金铙八景”。据1919年版《建宁县志》载，康熙时期金铙寺规模尚宏大，邑人李杜有诗赞曰：“金铙古寺何崔巍，琼宫宝阙悬苍崖。石泉一泓目清浅，四时门外常萦回。古松阅世不知老，凛凛肯受风霜摧。玄鹤飞来白兔走，月明空照生公台。我来登临增感慨，残碑字没生苍苔。归时西山日已暮，但觉习习清风来。”清末民初时寺或已式微，八景仅存白莲池而已。

报国寺

报国寺

2008年至2012年，报国寺新建山门、广场、莲花池、大雄宝殿、居士楼回廊等工程。

近现代从建宁报国寺走出去的高僧有慈航和广贤。

慈航最早在建宁报国寺受到佛法启蒙与熏陶。13岁随舅学习裁缝手艺，常送僧衣到报国寺，渐生出家之意，于是在报国寺带发修行三年。1948年，慈航曾兼任建宁县佛教会理事长。

广贤，俗姓潘，原籍漳州，抗战时期，随父母迁移建宁。1947年在报国寺出家，后到崇安天心岩受戒，由定慧授法名广贤。1955年赴高旻寺参学，1956年回建宁，同年到福州林阳寺修行。1980年远渡重洋到美国，后任纽约福寿寺方丈，北美佛教协会会长，1987年1月回国，重返阔别30年的祖庭。

1980年代以后，报国寺先后由心亮、演新、耀峰担任住持。

建宁报国寺因为是慈航的佛法启蒙与熏陶之地，故与台湾佛教渊源较深。2008年12月，慈航第二代嫡传弟子、台湾明空专程率团到建宁报国寺参访拜谒，寻根问祖，并将曹洞宗法脉传给报国寺住持演新。慈航从圆瑛处接曹洞法脉，传给在北美弘法的妙峰，妙峰传明空，明空再传演新。

赵朴初居士书：报国禅寺

2009年6月21日和2011年6月21日，报国寺举办两届海峡两岸慈航文化研讨活动。2012年，“福建对台慈航文化交流基地（建宁报国禅寺）”被列为省政府重点建设项目。建宁报国寺已成为福建省对台佛教文化交流的重要基地，“海峡两岸（慈航故里—福建建宁）慈航文化论坛”已成为福建省对台民间文化交流的重要平台。

莆田

莆田旧称兴化府，又称莆仙、莆阳，其地介于福泉之间，南揖壶公，北枕陈岩，东薄宁海，西萦石室，山川之秀、科名之盛甲于闽中，一向被誉为“海滨邹鲁”“文献名邦”，有东周齐鲁遗风。佛教历史悠久，唐代以来，有20多位具有全国影响力的祖师出自莆田。

莆田最早的佛寺是建于南朝陈永定二年（558年）的金仙庵（今广化寺）。唐代莆田佛教兴盛，所建寺庙有名可稽者有凤山寺、华岩寺、上生寺、石梯寺等40余座。五代王延钧时，福建一次度僧2万余人，莆田佛寺增至500多座；宋代有寺院495所。莆田四大丛林之南山广化寺、龟山福清寺、囊山慈寿寺、梅峰光孝寺，仙游县四大丛林之龙华寺、三会寺、九座寺、会元寺，皆建于唐宋时期。元代莆田地方兵祸不断，明代莆田时遭倭乱，寺庙多被毁；清代莆田佛寺有所恢复，尤其是清末民初，为修复破毁寺庙，莆田僧众多到东南亚募化。20世纪80年代以后，身处印度尼西亚、马来西亚等地的莆田籍侨僧积极捐助祖庭修复。莆田境内现有寺庵1128座。

莆田佛教多名僧。如唐代律僧志彦奉诏入宫讲解《四分律》；“龟洋二菩萨僧”无了、慧忠在闽中传南宗禅；华严宗名僧行标驻锡玉涧寺，智广精研少林宗旨，建凤顶九座寺。黄涅槃祖师以出言成谶且精通堪舆著称于世，其胞弟即曹山本寂禅师。宋代有杨岐派禅匠孤峰德秀主法囊山；元初北溪智延领旨弘法囊山，越浦募捐建宁海桥；清初超元东渡日本传盘圭禅等。

莆田佛教建筑富有地域特色。佛塔、经幢、塑像、碑刻等有重要的文物艺术价值。如广化寺内有宋代石经幢和释迦文佛塔。仙游枫亭天中万寿塔建造于五代；九座寺西面无尘塔创建于唐咸通六年（865年），是福建省内罕见的唐代石塔。莆田市有国家级佛教文保单位4处：仙游县天中万寿塔、无尘塔、龙华双塔，城厢区释迦文佛塔；省级文保单位8处：仙游三会寺、龙纪寺，荔城区东岩山报恩塔、云门寺、凤山寺大殿，黄石重兴寺，城厢区石室岩砖塔，秀屿区东吴石塔。

清末民初以来，莆田僧众下南洋弘化，其所住持、创建的海外廨院一直与祖庭关系密切。据统计，莆田几大丛林在海外建有48座廨院。囊山慈寿寺：源智、慧贤驻锡马来西亚雪兰莪州巴生观音亭，化光住持印度尼西亚廖内妈祖宫；寂晃在马来西亚森美兰创芙蓉妙应寺，后任大马佛总主席、大马僧伽总会长。龟山福清寺：平章受请住持马六甲青云亭，将之改造为龟山廨院，住持由龟山僧承传，金明在马六甲创香林觉苑，定光在柔佛州创麻城净业寺。梅峰光孝寺：微嘉老和尚在海外分派多支，尤以清心长老门下弟子众多。南山广化寺：以善和为近代中兴祖师，法传印度尼西亚，本清、本如两支法脉传衍为最盛。

壶华南北海西东，选佛场开气象雄。具有近1500年历史的莆田佛教，在新的历史时代，将充分发挥祖庭文化优势，积极开展对中国台港澳地区、东南亚以及“一带一路”沿线国家的宗教文化的交往、交流。

南山广化寺

莆田南山广化寺始建于南朝陈永定二年（558年）。千余年间，历经天灾人祸，繁兴衰废，清末几近湮没，由清末僧人善和重建。善和同时开创南山法脉，民国时远播印度尼西亚，于两国枝开叶散，代代相沿。在南山法脉后辈们的努力下，20世纪80年代起，广化寺再树法幢，纵横应化，以“全国佛教三大模范丛林之一”之誉名扬海内外。

广化寺

历史脉络

广化寺位于莆田市城南凤凰山麓，寺依山势而起，挺拔俊秀。《八闽通志》载："灵岩广化寺，在凤凰山下，梁陈间邑儒郑露家焉。俄有神人鹤发麻衣，夕见于堂，请易为佛刹，露拜而诺之。永定二年（558年）为金仙院。隋开皇九年（581年）升为寺。"唐景云二年（711年），金仙寺僧志彦蒙召进宫，为睿宗讲《四分律》，上奏"（本寺）复有僧无际持《妙法莲华经》，感石上涌白泉"，遂赐额"灵岩寺"。北宋太平兴国元年（976年），赐额"广化寺"，沿用至今。

宋代，广化寺辖10院、120庵，檐楹相摩，轩宇层出。南宋末，寺院圮毁。后于元明清历台风兵燹等难，祖师相继营建；至清末善和禅师重建广化寺，奠定今日建筑格局。

1979年以后，在政府支持、海外侨僧资助及圆拙长老等艰苦奋斗下，广化寺僧众抢工复寺。1983年，被定为全国汉族地区佛教重点寺院。复建后，广化寺创办福建佛学院，培养律学人才，创立佛经流通处，加强与海外道场交流合作。

释迦文佛塔

1990年10月25日，时任中国佛教协会会长赵朴初莅寺视察，作诗云："一入山门长道心，南山风范见传承。威仪秩秩斋堂里，粒米当思大众恩。"同年，广化寺被中国佛教协会定为"全国三大模范丛林"之一。

如今的广化寺建筑雄伟

1984年广化寺开光照片（左三圆拙，左四妙湛）

古朴，格局气势磅礴。山门北侧现存南宋乾道元年（1165年）前的释迦文佛塔，为传统仿木结构楼阁式石建筑，塔身遍布浮雕、题刻，柱头、补间辅作形式极为罕见，1988年列为第三批全国重点文物保护单位。广化寺天王殿前还存有两座建于北宋治平二年（1065年）的陀罗尼石经幢，其中一座刻有《佛顶尊胜陀罗尼咒》。

法脉衍化

广化寺自南朝开山，历经唐宋元明，代有高僧驻锡修行。清代善和禅师开创南山法脉，流传至今。

唐代自僧无际、志彦后，“复有玄悟、玄准、慧全、省文、灵敞、无了，悉间生祇园，坚持密行。或临坛表德，或降虎示真；厥众如云，厥施若市。”北宋云门宗其辩禅师在广化寺驻锡，有语录传世。明代有慧广、归宗、笑庭、存明、安叟、至安、绝瑕、源彻、清潭、智潜、云章、圆材、法果、真一等祖师在此驻锡并营造寺宇。明末清初，临济宗二胜诠修禅师受邀至广化寺时，“宫殿为闽最也，山林为莆最也；兵燹以来，危矣。”禅师到

广化寺南山法派（部分）

融文善和和尚
元庆
元诠
元甲
元忍
元觉
通荣
通加
通怡
本道
体勇
圆恒
体如
圆恢
定寂
本利
通能
通庆
本如
体顺
圆禅
定海
学良
学航
体磬
圆拙
定净
圆明
体才
圆达
定妙
体阮
圆参
体证
圆镜
定在
体阬
通湛
本清
体谦
体廉
体正
圆净
定空
定广
圆宝
圆贵
圆财
圆教
定聪
定林
定心
圆法
定盛
定信
圆炎
定兴
圆通
定基
图例
中国赴南洋弘法的法师
南洋本地出家的法师

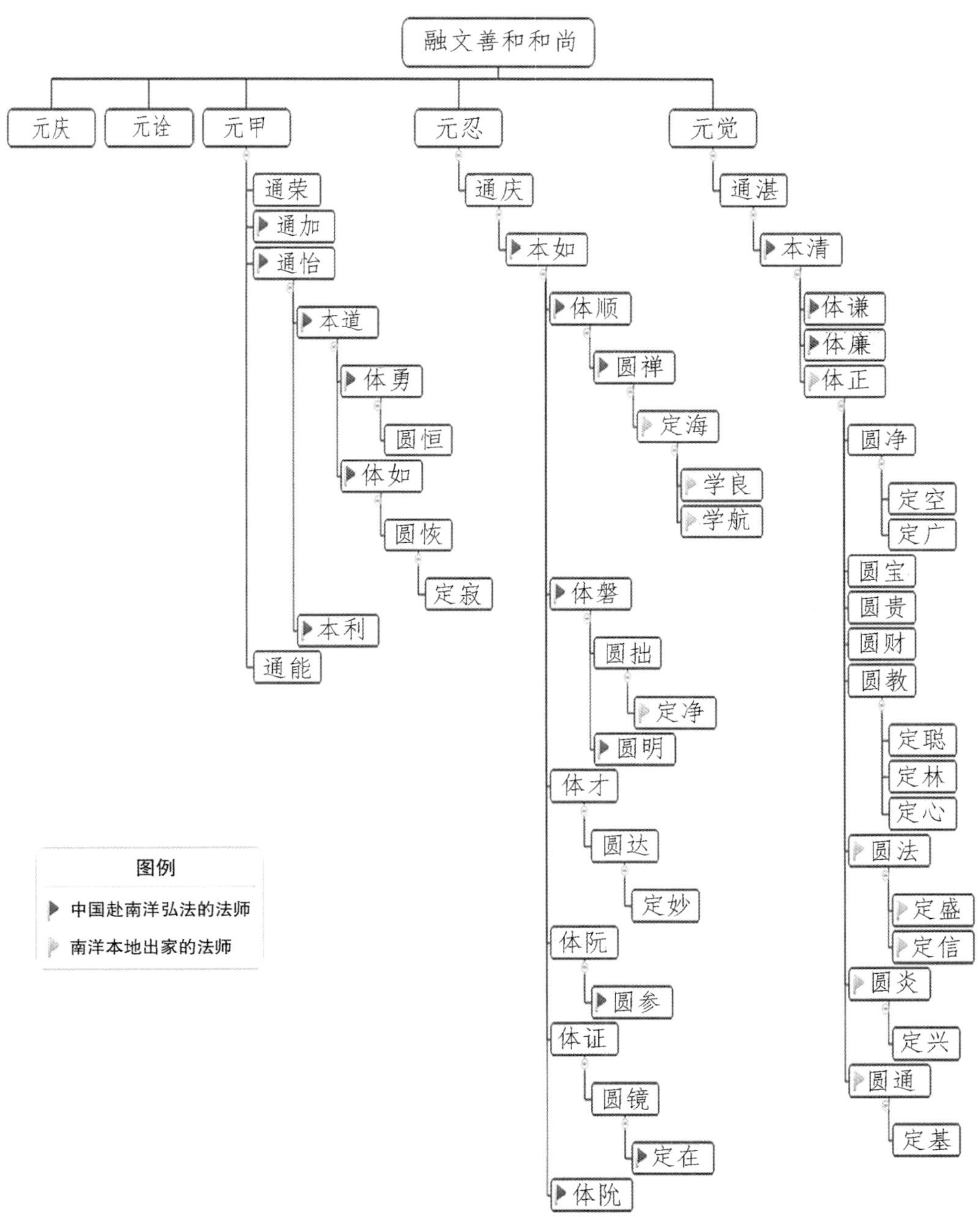

寺后躬负土木，开垦田园，增建法堂，讲法传禅，受到普遍赞叹与景仰，人“遥指闽峤而叹曰‘古佛在彼’”。

清末，善和禅师携本如重建广化寺。圆拙曾云：“祖庭几代老前辈对广化寺确是惨淡经营，不遗余力。曾闻善和老和尚初到广化，是在荒烟蔓草丛中搭草篷居住，多方联系，几经曲折，才能感召善信拥护。”善和为临济正宗第三十三代，在广化寺创南山法派，以“善元通本体，圆定学贤能，真觉仁如信，禅灯福德燃”为法号源流偈，以“融智明今古，慧光彩法云，义宗惟理性，祖道起华文”为法名字派。1907年，善和往北京请《龙藏》，途中圆寂。

本如继任方丈后，赴京请藏经7000余卷，并获赐九龙衣等。本如戒律精严，为人慈悲，门徒众多。1923年，宏船曾于本如座下受具足戒。本如一生17次往返中国与印度尼西亚之间，所募化道粮除修复寺院建筑外，均用于购置寺产。

本如圆寂后，由南山法派第三代通怡接任方丈。1921年，通怡赴印度尼西亚，9月到万隆协天宫接任宫务，后陆续接管各廨院。他一方面统理印度尼西亚廨院寺务，为祖庭募化道粮，另一方面协调广化寺内外事务，不断从南洋选派人员回山料理。

广化寺后由体知、体证、圆仁等相继住持。改革开放后，在圆禅的大力支持下，圆拙重建祖庭。广化寺复建尚未竣工，即依南山律恢复了传戒制度，大力培养律学人才，推动规范传戒。1983年，广化寺经书流通处成立。1983年，福建佛学院正式成立。成为改革开放以来兴建的第一所省级佛教院校；1999年，佛学院升格为大专院校；2013年，升格为本科高等佛教院校。

1986年，毅然升座，为广化寺复建后第一代方丈。广化寺为建立汉传佛教修学体系做了一系列探索与尝试。1996年广化寺举办108天规范传戒法会；2003年传戒圆满后恢复佛制结夏安居制度。

弘法南洋

1908年，本如、通莲、体心南渡印度尼西亚，是广化寺现存赴南洋弘法的最早记录。此后广化寺远赴印度尼西亚的法师见于记载的有50多位，而以本清、本如两支法脉传衍最盛。

南山法派法师在印度尼西亚接管或创建的寺院（部分）

寺　院	时　间	地　点	建寺、住僧	接管/创建	备注
三宝垄大觉寺	1911 年	三宝垄	本利、本如、体磐	接管	现由寺董事代管
万隆协天宫	1909 年	万隆	本清、本如、通怡、圆光、体勇、圆禅、定海、学航	接管	——
苏门答腊楠榜大兴后	光绪末年	楠榜省	本利、体心、通莲、本如、通怡、体知、圆仁、体勇	接管	——
三宝垄善和堂	——	三宝垄	体磐、定海、学航	创建	
井里汶巴杞潮觉寺	1920 年	井里汶	本如、通怡、学瑞、定莲、定隆、本虚	接管	
苏门答腊巴东西兴宫	——	楠榜省	体斌、体顺	接管	——
雅加达广化禅寺	1951 年	雅加达	本清、学经、体正、学良	创建	现由福莆仙基金会管理
释迦林寺	1968 年	西爪哇	体正、定信	创建	——
本清寺	1976 年	西爪哇	体正、定禅	创建	——
茂物普门寺	1977 年	茂物	圆禅、定海	创建	——
棉兰颂牙金陵寺	1980 年	棉兰	定盛、贤根、贤净	——	——
法孝寺	1983 年	雅加达	学信	——	——
邦加广化极乐寺	1985 年左右	邦加岛	定海、学安	创建	——
占碑广化甘露寺	1994 年	占碑	定海	创建	——
雅加达广化一乘禅寺	1995 年	雅加达	定盛、定净、学荣	创建	——
棉兰日月禅寺	1995 年底	棉兰	学源	——	——
雅加达广化法海寺	1997 年	雅加达	定海、学良	创建	——
广化法海寺	1997 年	万隆	定海、学良	创建	——
灵山寺	——	万隆	圆禅、定海、学航	——	——
广化万佛寺	——	雅加达	定盛、学悟	——	——

本清一支。1907年，本清（1878—1962）前往印度尼西亚，先后在三宝垄大觉寺、万隆协天宫、井里汶潮觉寺、加拉横关帝庙落脚。1926年起，驻锡雅加达玉莲堂，1948年，筹款购得土地并重修，1953年易名广化寺。印度尼西亚战乱时，法师“常将禅房借与人暂住。又有救济之心，救困扶危”。本清弟子有体廉、体正、体谦等。体正是满者伯夷王朝毁灭后第一批本土出家人，为推动印度尼西亚佛教复兴贡献卓著。

福建佛学院

1957年2月，本清弟子体正（1923—2002）创印度尼西亚佛教会，1970年，该会合并为印度尼西亚佛教协会。1959年，成立印度尼西亚佛乘僧伽会，体正任总会长，后任印度尼西亚佛乘僧伽联合会主席。1965年，新政府规定建国五项原则，第一条即“信仰神道”，佛教面临生存危机，体正以佛法与印度尼西亚传统文化相结合对佛教作出新诠释，使佛教在印度尼西亚得以合法化并蓬勃发展。1971年，体正在西爪哇巴则乡创释迦林寺，1976年，在西爪哇嘉都乡创本清寺。1995年，体正徒孙定盛在雅加达创广化一乘禅寺。禅寺开有诊所，低价为贫苦百姓看病，定期举行义诊活动。定盛及其弟子还住持雅加达的广化万佛寺、法孝寺、体正教育中心，西爪哇嘉都观音寺，巨港普贤寺，峇眼佛光寺，棉兰的颂牙金陵寺、日月禅寺、菩提学校等众多寺院机构。

本如一支。1950年，本如弟子体磐在印度尼西亚三宝垄建善和堂以纪念老和尚，弟子圆明续任。20世纪50年代，本如徒孙圆禅驻锡万隆协天宫。1972年，圆禅创海会堂，1979年创灵山寺，并创办万隆第一所佛教学校——观音学校，还组织开展各种丰富多彩的文化、教育及慈善活动，逐渐改变信众旧俗。圆禅还不断筹款，为修复祖寺捐钱捐物。

圆禅圆寂后，弟子定海继续保持与祖寺联系。定海从宏船接法，为临济正宗第四十九世、南山法派第七世，创建邦加广化极乐寺、占碑广化甘露寺、雅加达菩提达摩精舍、大菩提学校等。1979年，定海与法禅共同创办印度尼西亚大乘佛教僧伽会，任会长，并与诸山长老多年呼吁，2000年，卫塞节终于成为印度尼西亚法定假日。定海在南洋还有很多弟子如学良、学航等，两位法师现任广化寺监院。定海多次往返印度尼西亚与中国，邀请广化寺僧众赴印度尼西亚参访，广化寺也每年都会组织僧众前往。

广结因缘

自1984年起，广化寺积极推进两岸佛教文化交流。1999年，接待以开证长老为团长的中国台湾参访团一行180余人；2002年，接待台湾法鼓山圣严率领的“大陆圣迹巡礼团”一行500余人；2005年，接待佛光山慧伦一行；翌年，接待台湾世界佛教华僧会会长净心长老一行；2012年，接待台湾“中国佛教会”理事长圆宗长老一行。福建佛学院男众部也与包括台湾圆光佛学

1952年雅加达广化寺开光照片

院、法鼓山佛学院、法鼓山中华佛学研究所、福严佛学院等在内的台湾佛教教育界开展交流，就现代僧伽培养等问题进行研讨。

广化寺还与韩国、日本佛教界积极交往。在赵朴初居士、韩国徐义玄及日本中村康隆长老的共同努力下，自1995年5月起，三国佛教界轮流主办“中韩日佛教友好交流会议”，加强中韩日佛教“黄金纽带”关系，促进三国友好，维护东亚和平。作为“中韩日佛教友好交流会议”的组成部分，1998年、2000年、2004年，韩国中央僧大学、佛教宗团协议会及修行体验团等赴广化寺及福建佛学院参学，体验修行生活，并就寺院管理、人才培养、道风建设等问题进行座谈。2004年6月，应日本佛教界邀请，广化寺贤文、净悟、贤兴、菩提、振宇等5位法师前往日本体验日本禅宗僧堂的修行生活，并参访比睿山等道场。

2002年以来，广化寺与英国、荷兰等国积极开展宗教对话，加深彼此了解与相互尊重。

梅峰光孝寺

莆田梅峰光孝寺号“梅林佛国”。寺藉李氏开基，北宋政和时为祝寿道场，南宋绍兴中改名光孝寺。梵寺掩映于百亩梅林之中，史上为莆阳四大丛林之一。近代微嘉老和尚入住梅峰，兴衰继绝，海外得人之盛、弟子建寺之多为莆仙所罕见，子孙至今称美之。

梅峰光孝寺

历史脉络

梅峰光孝寺肇始于唐。莆邑时有山地名梅子岗，遍植梅花，岗上有一观音亭供奉大士。北宋元丰八年（1085年），李唐皇室后裔邑人李泮与妻黄氏于观音亭内祈生贵子，后果诞一男婴，取名李富。夫妻感念菩萨赐子，舍梅子岗山地100多亩，扩亭为寺，延僧人居之，是为梅峰寺建寺之始。《福建通志》载："李富，字子诚，莆田人。尝于郡境内造桥梁三十四所……前后捐金钱累钜万以祈母寿，母年九十八而终。建炎初，防警至，富率义兵隶韩世忠麾下，授承信郎、宣抚使，张渊闻富材略，辟充殿前统制司干。"

北宋崇宁二年（1103年），宋徽宗钦赐手书"梅林佛国"匾额；次年赐额"崇宁禅寺"。寺僧惠深等感李泮之德，建李公祠于法堂左侧。政和元年（1111年），敕改寺名为"天宁万寿寺"，作为兴化军为国焚修、祝延圣寿之地，每岁天宁节（十月初十，徽宗生日），郡僚在此集会，为皇帝祝寿。宋室南渡后，绍兴十二年（1142年）改"光孝寺"，作为朝廷特定的每州（军）一座专为追荐祭祀徽宗皇帝道场。寺名沿用至今。因山上多梅树，当地称"梅峰光孝寺"。绍兴年间，李富回乡后，在寺西侧建卧云轩，大殿后建梅峰书院，舍田入寺，聚徒讲学，弟子满闽南，人呼梅峰为讲寺。元代设官讲于寺内。

梅花掩映下的光孝寺大悲殿

宋徽宗钦赐的"梅林佛国"匾额，由书法家罗丹补书

明永乐六年（1408年），住持规永重修。嘉靖四十一年（1562年），倭寇入侵兴化城，全寺被烧，仅存大雄宝殿和钟楼。万历六年（1578年），住持月珍募捐重修正殿；三十一年

（1603年），肖文志捐建法堂、大士阁；次年建两廊、山门，重修大雄宝殿和瞻拜亭，亭内悬13岁童黄辙所书“登峰礼相”匾额。明代梅峰光孝寺最鼎盛时有千僧共住。

旧门顶石额题字“梅峰”

清顺治十一年（1654年）秋，台风袭击，钟楼倾圮，康熙七年（1668年）重建；四十年（1701年），莆人提督吴英捐修大雄宝殿；四十九年（1710年）重修头门，门顶石额题字“梅峰”，其“梅”字中之“母”雅妙非常，时人有“凤山好‘鸟’、小西湖好‘小’、梅峰好‘母’”之赞。雍正五年（1727年），居士沈廉明礼请囊山寺道正、上生寺云从二师来寺，重修中殿、法堂、禅堂、山门等。光绪元年（1875年），莆人总督林扬祖出资重修瞻拜亭、伽蓝祠、香积厨等；十三年（1887年），失火，寺院由盛转衰，日益败落；二十五年（1899年），微嘉由南洋回国任住持，整顿寺纲，规建道场，于枫亭会元寺招僧徒24人进驻梅峰光孝寺，充实僧团，以期恢复丛林宗风；同年又南渡吉隆坡，带回净财用于兴建大雄宝殿、方丈、客堂。三十二年（1906年），重建鼓楼、钟楼，新铸铜钟。宣统三年（1911年）修韦陀殿、禅堂。

1920年，圆瑛应微嘉之邀到寺讲经传戒。1930年，梅峰光孝寺永静再开戒场，传授三坛大戒；1947年，达明自新加坡回国，重修祖庭。1949年观音圣诞日，梅峰光孝寺传授三坛大戒，戒子遍布美国、南洋、日本及中国香港等国家和地区。1950年代，马来西亚吉隆坡福泽堂僧贤崇、沙捞越友圣公宫僧宗宏捐资修建祖庭、祖塔；1962年，侨僧忠心、宗鉴、贤崇等8人捐资修建禅堂和祖堂。1979年，梅峰光孝寺重新开放为佛教活动场所；1983年被列为全国汉族地区佛教重点寺院。由梅峰光孝寺出去的僧人如宗义、宗圣、贤崇、贤悟、妙清、性悟、达贤等在新加坡成立“梅峰寺海外筹备重建基金委员会”，国内亦成立“梅峰光孝寺修建委员会”，规划全面重建工程。此后十余年中，先后重建法堂、藏经阁、望海楼、卧云轩、大悲殿、大雄宝殿、天王殿等。1991年，迎请明旸出任梅峰寺方丈。2013年，戒舟出任方丈。

“梅寺晨钟”是“莆田二十四景”之一，如今风景依旧。

现今的梅峰光孝寺，中轴线以天王殿、大雄宝殿、法堂、香堂、伽蓝祠和大悲殿为主，两旁宽敞的长廊和僧房傍山而起，错落有致，雄伟壮观。大悲殿凌空高耸，四周建有走马回廊，登廊赏景，荔城风光尽收眼底。

法脉传承

梅峰光孝寺从宋朝建寺至今，出过惠泽、觉明、规永、月珍等高僧。清末微嘉重振宗风。现今全寺僧众大多为微嘉一支。

微嘉，俗姓吕，莆田仙游人，清光绪十四年（1888年）南下吉隆坡谋生，在广福岩偶遇同乡僧人常来，两相投契。十六年（1890年），于常来座下剃度出家，法名微嘉。二十年（1894年），应妙莲招请，在福州鼓山涌泉寺常住并被妙莲续为曹洞法子。后应太平侨商之请，再下南洋，住持新刹凤山寺，开辟广福岩，收徒清心等人。二十三年（1897年）回国，住莆田青螺山会元寺。两年后受增西、增灿殷勤礼请，任梅峰光孝寺住持，着手重修，寺得以重兴，微嘉被尊为梅峰“重兴初祖”。

圆瑛（1878—1953），在增西座下出家，梅峰派下剃系子孙，曾担任梅峰光孝寺住持。53、59岁时两次受邀在梅峰光孝寺大开讲席，并与达明助成“三心晋院”。“三心”即应心、忠心、恩心三位法师，前两位远在海外，恩心在祖寺。恩心提出三人同时为方丈，得到圆瑛支持，是为“三心晋院”。

梅峰云板，上有“开山祖微嘉和尚”字样

1991年，梅峰光孝寺重建完成，礼请梅峰派下明旸（1916—2002）为方丈。明旸，圆瑛嫡传弟子，为临济宗第四十一世，曹洞宗第四十七世。1993年正月十五，梅峰光孝寺从子孙庙正式转为十方丛林。2013年，曾任南普陀知客的戒舟晋座为方丈。

奕叶相承

梅峰光孝寺子孙派系甚多，海外廨院分布广泛。

微嘉收有“心”字辈弟子共53人，奕叶相承海内外，今新加坡、马来西亚、印度尼西亚三地的僧尼后辈众多。由于微嘉住持过会元寺，其前后所收徒子多为仙游人，重兴梅峰光孝寺期间又有会元24僧进驻，至今梅峰光孝寺与仙游、会元之间子孙派系依然关联紧密。

当年微嘉在海外一边广行募化，一边收剃徒子。故由微嘉所传梅峰光孝寺海外廨院分布之广，徒属为数之巨，居莆仙各大寺之冠。即以清心（1882—1963）

梅峰寺廨院（1996年整理）

国别	寺院名称	创建或接管年间	住持	职务	由祖寺出国时间	经济来源	备考
新加坡	仙祖宫	创建年代不详 1930 年接管	性觉	当家		香金	
新加坡	圆通寺	1934 年忠心创建	忠心 达明 贤贵 性明 贤航	住持 上座 清众 清众 当家	1936 年 1910 年 1946 年 1948 年 1955 年	胶园商业经营 香金	
新加坡宜律	自度庵	创建年代不详 1930 年接管	宗绕 贤祥 达贤	当家		香金	贤祥尼
新加坡	普光寺		崇圣	住持			负责海外修建梅峰寺委员会财政
新加坡	正觉寺		贤悟				
印度尼西亚廖内观音内	梅峰寺	1996 年宗圣创建	宗圣	住持			创建梅峰寺大悲殿
印度尼西亚苏门答腊	感应亭又名福莲寺	1947 年应心创建	应心 宗义	当家 当家	1946 年	胶园 香金	1962 年圆寂，附属古迹紫云堂 1950 年应心接管
马来西亚吉隆坡	祈园精舍	创建年代不详 1928 年接管	能心	当家		香金 佛事	
马来西亚吉隆坡	祈园精舍	创建年代不详 1930 年接管	妙典	当家		香金	
马来西亚	友圣公官	创建年代不详 1938 年接管	宗宏	当家		香金	

续表

国别	寺院名称	创建或接管年间	住持	职务	由祖寺出国时间	经济来源	备考
马来西友沙叻太平古打律	凤山寺	创建年代不详 1930 年接管	妙荣	当家		香金佛事	
马来西亚吉隆坡	福顺宫	创建年代不详 1946 年接管	性海	当家		香金佛事	1962 年圆寂
马来西亚雪兰莪义巴生	凤山寺	创建年代不详 1946 年接管	达恭	当家		香金佛事	
马来西亚沙叻	三宝洞	50 年代前清心创建	清心宗鉴	当家		香金佛事	
马来西亚吉隆坡巴生	观音亭	创建年代不详 1951 年接管	妙清	当家	1946 年	香金佛事	
马来西亚槟城	慈山寺	创建年代不详 1952 年接管	宗乘	当家	1946 年	香金佛事	
马来西亚吉隆坡	福泽堂	创建年代不详 1952 年接管	宗崇		1948 年	香金果树种植	
马来西亚吉隆坡	梅峰林	1960 年妙珍创建	妙珍		1930 年	香金	
马来西亚吉隆坡	观音阁		性悟			香金	

为例，法师俗姓黎，广西桂平人，年长后在槟榔屿谋生。1916年投怡保广福岩微嘉出家，法名清心，字号腾廉。两年后奉师命回国，1918年在梅峰受具足戒，留山研习三藏数年。后返吉隆坡，寓灵山寺，协建大觉华寺，又在新加坡芽笼建天济寺。1922年应达明之请任玉皇殿住持，广收弟子，信众云集。后奉师命返怡保继任广福岩住持，重修怡保金刚洞。1927年，携弟子宗道、宗乘、宗绕等经近十年艰辛开发怡保天然石窟为三宝洞。1935年秋，清心在三宝洞传授三皈五戒，戒子数以千计。1963年清心圆寂，弟子宗鉴继任三宝洞住持。

据不完全统计，梅峰光孝寺仅新加坡、马来西亚、印度尼西亚就有36座廨院。梅峰光孝寺自清末起，直至20世纪70年代，全部经济来源均仰给于海外廨院的资助。

近十几年来，梅峰光孝寺继承祖庭宗风，积极参与海外联谊，与马来西亚、新加坡、印度尼西亚等地的梅峰廨院进行了广泛的友好交流。

龟 山 寺

莆田龟山寺，源于唐末无了、慧忠二菩萨僧在此庵居隐修。传衍至近代，成慧开龟山重兴一脉，弟子辈飞锡南洋之青云，如香林、定光、金星、金明、禅道等创寺建院，开辟大马佛教新局面，维系祖庭宗风于不坠。龟山寺现存殿堂30多座，有“奇峰绕峙”“列岫争耸”“松林叠翠”“泉声如弦”四大景观。

龟山寺

历 史 脉 络

龟山寺，位于莆郡旧文赋里，现在莆田西15千米的华亭镇境内龟山与三紫（紫云、紫微、紫帽）山夹峙的平洋上。之所以称为龟山，是因为群山丛叠中一片平坡如龟壳状，南倚紫帽山昂耸如龟首。唐代由二菩萨僧在

龟洋积雾

此开山。

无了（770—867），莆田人，俗姓沈，18岁在本郡灵岩寺（今广化寺）剃度、受具足戒，后参马祖开悟，回灵岩寺。一日进山樵采，路绝之际，遇六眸巨龟，足蹑四龟，俯仰其首，如作礼者再三，斯须而失。无了在此驻锡卓庵，名其地曰“龟洋”。

本郡有9岁陈姓小儿跟随无了，15岁落发，名慧忠（817—882）。师徒二人常采野生苦盖菜为卯斋，时谓之“二菩萨僧”。会昌灭佛，僧徒还俗，无了易妆藏于民家，慧忠伏处岩穴。宣宗复寺，无了主灵岩寺，慧忠独守龟洋。后西游，唐大中十二年（858年），在庐陵草庵和尚处得法，回龟洋建寺。咸通三年（862年），迎无了返龟洋，八年（867年）十月坐亡，肉身不坏，瘗于正堂。十三年（872年），慧忠在寺南五步里独居一庵。广明元年（880年），弟子迎回龟洋，中和二年（882年）三月初十圆寂，塔于东岗，称“广济禅师”。光启（885—888）年间，无了塔为山泉淹没，门人打开，见全身浮在水中。闽王闻之，遣使抬入府中供养。忽臭气远闻，闽王焚香祝之曰：“可还龟洋旧址建塔。”塔曰“灵觉”，薛承裕撰塔铭，黄滔为慧忠撰塔铭。龟洋从此有二菩萨真身存焉。

龟山寺，长庆二年（822年）始建庵，号“龟洋山”；咸通十三年（872年）建院；贞明（915—921）中，王审知改“龟山福清”额。寺中有六眸龟池、莼菜池、沈禅塔、陈禅塔等。

宋宝元二年（1039年），觉空到龟山为院主。宋末，僧刹中衰，住僧十余人，寺宇仅存中刹。元泰定、天历年间（1324—1330），住持越浦十方化缘，历时5年，全面修复。

明洪武间，禅院始升为寺。景泰五年（1454年）火毁。天顺三年（1459年）重建后又圮坏。万历十四年（1586年），北京正觉寺僧胜权（1553—1634），号月中，来闽参谒龟山，发愿重兴，承蒙致仕在家的礼部尚书陈经邦资助，先建法堂，又经陈推荐，获大学士叶向高、李廷机帮助，三十九年（1611年）完成重建，一度住僧500多人。

清康熙十八年（1679年）住持良忠再修。至光绪元年（1875年），龟山仅存一座法堂，供奉无了真身。二十八年（1902年），常泰乡长基雨花院僧成慧（1852—1924）、妙性偕徒众18人来龟山立志重兴。历时4年，修复大殿等。现存建筑物即为当时重建规制。

1914年，寺僧平章南渡马来亚，住持青云亭。龟山僧不断南渡，寄回侨汇修建祖庭，至1941年12月停止。1950—1958年，龟山寺宇建筑渐次修复放生池、地藏殿等。1983年收回后，又得马六甲侨汇续修。1986年，为祖庭恢复尽心尽力的定光长老带病回国察勘祖寺，返麻坡净业寺不久，欢喜示寂，弟子真经等于龟山兴建定光塔，以长老毗荼舍利安于塔刹。

龟山盛产名茶。宋绍熙《莆阳志》曰："莆诸山产茶，龟山第一"。《八闽通志》曰："龟洋山产茶为莆田之最。"明代月中禅师引种"月中

龟山寺

定光塔

香”，列为贡品。礼部尚书陈经邦题寺联云：“山半楼台天半寺，云中钟鼓月中僧。”

龟山寺前正中一排七座七宝塔。天王殿后放生池为宋代六眸池遗迹；天王殿前后各一对青石陀罗尼经幢；大殿右后侧角有无了祖师挖掘的“龟泉井”，世称“唐井”，当地有“大旱十年，唐井不干”“洪水为殃，唐井不涨”的谚语。

法脉演迁

开山无了，嗣法马祖道一，属禅宗南岳系，曾随师兄百丈怀海参学，故得传农禅并重之禅风，寂后留下真身，迄今犹存，为国内现存千年以上三位祖师真身之一尊。无了来龟山开山，辟茶园18处，后莆仙禅寺亦多效法举行“普茶”。现龟山寺保存一块北宋道存禅师的塔铭残石，上有“岁行茶汤为会”字样。近代龟山由妙慈、鸿源、满德等发心在古院山等处垦殖茶园数十亩。

慧忠嗣法华州草庵法义禅师，法义是曹山本寂禅师法嗣，故慧忠是福建最早传曹洞宗的禅师。

越浦，元时龟山住持，首建木兰溪下游入海口的宁海大桥。月中，明代龟洋道场中兴祖师，制“月中香”名茶，其塔在寺西坡地。

1902年，成慧带弟子入住龟山，始传承重兴法系。成慧，莆田人，龟洋近代重兴法系第二代，创“龟山法派”。妙性（1855—1926），成慧胞弟，追随成慧共襄龟山重兴大业，属龟洋近代重兴法系第四代。

香林（1886—1937），仙游人，龟洋第五代，曾任龟山古刹和马六甲青云亭住持，为龟山古刹重兴提供了重要的经济保障。定光（1906—1986），莆田人，妙性法嗣，为龟洋第五代，在大马创麻坡净业寺和观音亭。金星（1911—1979）、金明（1914—1999），香林弟子，都在马来西亚弘法。

真经（1927—），17岁披剃于定光座下，为龟洋第六代，任龟洋古刹和马来西亚麻坡净业寺住持。禅道（1917—1987），华亭人，真经弟子，为龟洋第七代。禅亮，1968年出生于马六甲，1990年礼真经剃度，任净业寺监院，现为马来西亚佛总柔佛州主席、世界佛教华僧会秘书长。禅严，1952年出生于枫亭，1981年礼真经剃度；1988年起任龟山监院、住持直至现在。理行，1952年出生于马来西亚霹雳州，1977年由金星剃度于青云亭，现为青云亭监院。

法缘广播

龟山寺历史隆盛时期在莆田等地有众多廨院，近现代随着法缘远播又发展了不少海外廨院。

国内廨院。西塔寺，坐落于南山广化寺西墙外原西塔旁，相传为无了所创。近期已由海外筹款，龟山祖寺派僧启动修复工作。

西岩广福寺，坐落于城厢雷山西麓。“西岩晚眺”是“莆田二十四景”之一。园头观音亭，坐落于华亭镇园头村，由普珠（真经和尚祖母）创普山堂，1984年，真经重建，前观音亭，后定光楼。2013年百年庆典时，马来西亚参访团100多人在禅亮带领下前来参礼。四乡福兴精舍，位于秀屿区笏石镇四新村，20世纪40年代定光重建，1987年禅道、真经募资再修。龟山寺在国内廨院另有华亭南湖仰天寺、黄石华中楞伽寺、灵川柱山万福寺、仙游郊尾天门寺、江口桥尾福源堂、湄洲岛文坑圆光寺等100多处。

龟山寺海外廨院以平章应邀住青云亭为始。平章，仙游人，20多岁时投龟山依文瑞出家。为修复祖寺，于清末多次前往新马募化。1914年受请住持青云亭，将之改造成龟山廨院。从此，青云亭住持由龟山僧承传。平章去世，香林自1929年至1937年住持。香林时被马六甲誉为“万家生佛”，1937年圆寂。1937—1945年，上弘住持；1945年，香林弟子金星接任，建香林寺；1945年，另一弟子金明在榴梿老温建香林觉苑。1955年，金星、金明筹建“马来亚佛教总会”，1959年成立后，金星为首任总务。几十年来，龟山寺出洋住青云亭弘法僧众约20多人，如金戒、金贤、慎悦、慎喜、慎行、满临、如兴、福智、正顺、宽霖、广如、智航等。

香林寺在青云亭斜对面，起初是一座浮脚楼。金星圆寂后，弟子禅道改

麻坡净业寺竣工合影

建为庙宇，1985年10月建成，前后两座楼，前楼大雄宝殿，有横匾镌“龟山衍派”；后座祖堂，供有香林、金星等法像。金明所创香林觉苑是马六甲佛教弘法中心，金明圆寂后，女弟子理德接任住持。

定光创麻坡净业寺。该寺是柔佛州最大佛寺，号“北马极乐寺，南马净业寺”。定光，1918年龟山落发，1926年南渡青云亭，任监院，1945年在麻坡购下一浮脚木屋及一英亩园地，改为净业寺作龟山廨院。1969年改建。1986年，定光圆寂，其徒真经继任。净业寺殿前圆柱有联曰:“净教溯竺乾，绍继瞿昙规范；业师传华夏，缵承无了宗风。”

1955年，定光在峇株马辖惹兰花蒂玛创观音亭，1964年扩建，专供女众梵修，由女弟子真敏住持。观音亭祖堂供奉有龟山历祖先师神主牌，后有定光纪念堂。

马六甲九莲精舍，坐落于武吉峇汝当章母，亦属龟山海外廨院，为金星弟子理宗所创。近年来，理宗曾朝拜龟山祖庭，为龟山公路和祖寺修建奉献净资。

囊山慈寿寺

囊山慈寿寺，背靠囊山，坐落于莆田市涵江区江口镇囊山村。寺庙创建于唐代，名延福院，由黄涅槃祖师开山。佛寺峰顶山峦重叠，累列如莲瓣，有“古囊列山献”之称，为“莆田二十四景”之一。囊山慈寿寺在东南亚佛教界有一定的影响。1983年，慈寿寺被国务院列为全国汉族地区佛教重点寺院。

慈寿寺

历史脉络

黄涅槃，《灯录》中又称“慧日”“文矩”等，宋时赐号“妙应禅师”。祖师家在莆田涵江延福山下，俗姓黄，胞弟黄崇精，即曹山本寂禅师。祖师生而有异。及长，为县狱卒，不喜当差，常去佛寺。在万岁塔寺落发，不披袈裟，不受具戒，自取法号“涅槃”，很长时间都在囊山隐修。唐乾宁二年（895年），义存回乡途中经过囊山，与黄涅槃相见，“至止囊山憩数日，（黄涅）槃供侍随行徒众，一无所缺。”义存赞曰“师三界外人”。

唐光启二年（886年）得赐名“慈寿禅寺”。

五代时期，悟真住持寺院，法运尤盛。悟真，祖师上首弟子，任囊山都寺，协助扩建慈寿寺。祖师寂后，继任住持，接受闽王布施太平、霞塘、南隐等数十顷田产；北宋乾德二年（964年），又获陈洪进拨给金坛庄良田20顷，此时慈寿寺有僧600多人。北宋之末，三经于火，而皆修复。

有宋一代，莆田文教发达，囊山又为驿道宿站，来往者多借宿慈寿，名僧事迹赖莆田名士如蔡襄、刘克庄等文集以传世。如有本道禅师，大中祥符元年（1008年）因祖塔裂开，曾主迁塔之事；蔡襄两度到囊山拜访“宏师”；祖贤、立坚乐住辟支岩修禅，有道场请主法席，皆推辞不就，刘克庄《辟支岩》诗云，“谁人肯伴黄师伯，何不旁边著两禅”，两禅即“谓祖贤、立坚”；汝明（1204—1259）主囊山，道行高洁，刘克庄为撰塔铭；觉初（1169—1258）日诵《法华》，夜修禅定，常持“乐道歌”，寂后刘克庄书《哭囊山觉初长老》二首；宗超（1200—1252）主囊山多年。端平、淳祐间（1234—1252），杨岐派禅匠孤峰德秀主法囊山，宗风丕振，受业弟子极盛，晚年传法正凝，后住持福州鼓山涌泉寺。

慈寿寺一角

元初，北溪智延领旨弘法囊山，弟子慧粲、东溟前后继席。延祐至治间（1314—1322）重建法堂与藏经阁。元末，佛寺倾圮，禅师“深公”于至正二十六年（1366年）募化重建，因战乱中断，山门衰败如前，深公犹独自卓锡辟支岩，野菜为食，坐地修禅，始终不肯下山。明洪武十年（1377年）后，道杰任住持，经湘江、永清、一行、连成、师钝等数代经营，囊山又现古时兴盛气象，僧众辐辏近千人。一行住持期间，曾在囊山植树万株，广种龙眼树，以售卖所得养寺。

嘉靖年间（1522—1566）寺院连遭三次浩劫。十五年（1536年），暴风袭莆，有传言说皆因囊山辟支佛作怪，民众聚集毁寺；三十三年（1554年），流言在福清再起，数万人涌向囊山，寺庙被夷为平地；嘉靖四十一年（1562年），倭寇洗劫莆田，囊山新修殿堂被焚毁殆尽。万历年间（1573—1619），主持常列得陈经邦支持重建，明末又毁。清康熙二十九年（1690年），悟明重修海会塔；雍正七年（1729年），永陵重修寺宇。

摩崖石刻

逮至清末，囊山殿堂、住僧皆衰颓至极，更有僧人“将寺产典当，寺宇荒废，满目凄凉”。通源和尚住囊山后，整饬道风，严肃清规，为重修寺庙，常手敲木鱼，众僧同称佛号，随缘募化，涓滴归公，撙节动用，今慈寿大殿石柱犹有联曰:“伏虎初兴慈寿寺，敲鱼重振古囊山。”至20世纪30年代，源智、证明、慧贤、明隆、妙义前后继席，囊山有恢复古时兴盛之迹象。1915年和1933年，囊山两度传戒，广钦曾来受戒。1949—1956年，印度尼西亚寥内妈祖宫化光和尚回国任住持，续修殿宇、祖塔等。20世纪80年代后有海外捐资重建。1983年列入全国汉族地区佛教重点寺院名单。

慈寿寺现保留宋明石碑摩崖数处及唐井、宋代石槽、明代铁鼎等。郑良士、黄滔、蔡襄、黄公度、郭祥正、余越游、朱熹、刘克庄、柯潜等名人游览囊山寺时，都曾乘兴题诗。

法脉衍化

黄涅槃祖师为西禅寺大安弟子，为百丈怀海再传，属南岳怀让系。

有宋一代，囊山属临济宗道场，临济杨岐派第八世孤峰德秀于宋嘉熙年间在囊山传禅5年以上，为该派第八世在闽传法禅师。宋以后，囊山历代住持均嗣承临济法系，丛林钟板敲法及有关修行法则皆按临济规制。元初，临济宗海云印简一系北溪智延住持，弟子慧粲、东溟前后继之。

莆田东渡传禅第一人超元（1598—1662）也属临济宗。超元早年出家涵江国欢寺，曾在囊山学禅，后至漳州南山寺参谒亘信行弥，随侍多年，得喝云派法印。清顺治六年（1649年），超元东渡日本，出任九州长崎崇福寺住持。四五年后移锡九州平户普门庵、集云庵，为开山祖师。超元在日本“名声之噪，不亚唐僧”，弟子成为著名禅师有30多位。超元东渡比隐元还早了5年。顺治十五年（1658年）回国，时囊山寺破僧弱，超元只好回国欢寺栖身。

观音亭

清末，鼓山曹洞寿昌系支派嗣法弟子源智接任古囊住持，源智为鼓山曹洞宗第四十七代古月圆朗（1843—1919）嗣法弟子。慈寿寺从此实行临济曹洞二宗并存的“两全”宗风规制，响板依临济造型，大钟按曹洞宗扣法，合二宗钟板规制法则于古囊一寺，实行至今已百年有余，堪称独树一帜的禅门宗派仪轨。

现住持常昊今明师承云居山真如禅寺海音，法接临济、曹洞两宗。寺院已恢复了冬参夏学的禅门传统。

19世纪60年代开始，福建地区大量劳工到南洋打工，不少僧众也随之南下，一方面为远离故土的乡人提供宗教服务，另一方面随缘募化以汇款回乡养庙。其中不少僧人都出自莆田地区寺庙。这些僧人来到海外，一般先暂居华人寺庙，以诵经度亡、操办法会等换取香资，或暂代住持。所积攒经费，维持本寺庙宇之余多寄回大陆祖庭，也有在当地购地建寺以作为祖庭廨院。像马来西亚的雪兰莪巴生观音亭、柔佛昔加末县慈光亭，印度尼西亚廖内市妈祖宫、雅加达金德院、茂物福德庙等，清末民初时都曾有慈寿寺僧人住持；马来西亚森美兰芙蓉紫竹亭、妙应寺则分别由信实、寂晃法师创建。

清末，慈寿寺僧源智飞锡马来西亚雪兰莪州巴生观音亭梵修募化，后返回囊山接任方丈，重建殿堂。民国时期，慧贤也是在观音亭行持多年，而后回国接任囊山方丈。巴生是东南亚最早出现华人聚居的地方之一，20世纪20年代，已有近万福建人，大部分在橡胶园或码头做事，观音亭是巴生华人社团唯一一间公众庙宇。

印度尼西亚廖内省府廖内市独立街的妈祖宫建于1857年之前。1913年，慈寿寺僧人广成赴印度尼西亚主持庙务，其弟子化光续任。化光（1891—1973），莆田人，17岁在囊山礼广成披剃；19岁受师命南来，在印度尼西亚生鉴压胶园襄理胶树业务，后随师移锡廖岛妈祖宫。广成圆寂后，继任住持，振兴宫务，常年接济慈寿寺。1949年回国任慈寿寺方丈，1956年回廖内妈祖宫。

森美兰芙蓉妙应寺则为慈寿寺僧寂晃（1916—2011）所创。寂晃，莆田人，12岁礼慈寿寺妙喜为师出家，翌年受具足戒，16岁被公推为副寺，代理监院，号“少年当家”。1952年扬帆南洋，住马六甲青云亭行医，所得净资多寄回祖庭。1963年在马华医药学院全科及针灸毕业，返青云亭自开诊所，由于病人越来越多，1968年，长老在芙蓉拉杭购地兴建妙应寺，自创佛济诊所。1979 年，长老出面向政府要回囊山慈寿寺并出资重建。1995年接任大马佛总主席、大马僧伽总会长。

莆田南少林寺

莆田南少林寺是我国佛教禅宗代表性寺院、少林南拳发源地之一，至今已有1000多年的历史。近十年来，莆田南少林寺坚持从禅、武、茶、医四个方面弘扬南少林文化，吸引了海内外人士纷纷前往参访交流，国内外的许多地方也都留下了南少林寺禅武团的勃勃英姿。

莆田南少林寺全景

寺院概况

莆田南少林寺，原名林泉院，坐落于莆田市荔城区西天尾镇北部的九莲山麓。据说，唐朝初年，少林寺十三棍僧中的道广、僧满、僧丰三人奉旨带500名少林僧兵到福建平定海盗，经数年征战获胜后，当地居民得以安居乐业，并纷纷深情挽留。道广等人遍选闽中山水，最终择定山川地貌酷似河南嵩山九顶莲花山处创寺，每日礼佛练武，后成为少林南拳发源地及我国东南武术活动的重要中心，后世称之为“南少林寺”。

南少林寺

清代以后，该寺废置。但当地林山村村民中仍世代流传着“五百僧造反”的民间故事。同时，传说南少林寺在反清复明中与天地会（洪门）有着千丝万缕的联系，现今莆田南少林寺旁仍有天地会的地道入口，名“红花亭”。

1986年文物普查中，普查人员在林山村发现刻有“当院僧兵”“诸罗汉浴煎茶散”等字样的石槽。随后的考古工作又取得突破性的进展，在出土大量陶瓷器和建筑材料中，有“真觉大师难提王塔”“林泉院”“□泉院藏”等碑刻，以及“林泉”“常住”“库司供用”等墨书瓷器残片，可以判定此为林泉院遗址。显然，林泉院至迟在唐末已经存在，宋元明时已有相当规模。

1992年8月，福建省政府正式批准莆田市政府在遗址上重建少林寺。至1998年12月，正式向海内外开放。2006年，南少林寺恢复宗教活动。现任方丈为福建省佛教协会副会长、莆田市佛教协会会长空性。

空性，1995年4月在莆田广化寺剃度出家，1999年毕业于福建佛学院，同年9月于香港宝莲寺受具足戒，近年来分别于印度尼西亚茂物普门寺、尼泊尔中华寺暨深圳弘法寺、泉州承天寺、莆田广化寺、陕西法门寺传授三坛大戒，受聘为开堂大师父，主持传戒期间的教学、仪轨、管理等工作。2012年12月荣膺莆田南少林寺重兴后第二任方丈。

在全寺僧众的齐心努力下，原先“万般皆欠缺，唯佛是具足”的佛教遗址，如今已建成三宝具足的武林胜地。重建后的南少林寺景色宜人，三面环山，山间小溪与卧佛山相望，地形地貌酷似嵩山少林寺。

重塑辉煌

近十年来，莆田南少林寺秉承“以教育净化心灵，以武术增强体质，以慈善普济社会，以养老关爱终极”的发展理念，坚持从禅、武、茶、医四个方面弘扬南少林文化。

“禅”与“武”的结合，是莆田南少林建设的核心。自莆田南少林寺恢复开放的那一刻起，即着手于禅武队伍的建设。武僧团的武术表演始终是来南少林寺参访宾客最喜欢的节目。南少林寺举办的很多营队活动，都将禅武列为重要活动内容，深受参加者喜爱。

2017年6月，由莆田南少林寺发起的“福建省南少林武术促进会”在莆田成立，其旨为海内外武术界人士搭建一个相互交流互鉴的平台，以武会友，促进禅武文化的交流和发展，对散落在民间的南拳文化进行抢救并发展壮大，促进海内外南拳文化的交流发展。同时，南少林寺开设有禅武学校，秉承“崇文尚武，正德厚生”的办学宗旨，修习南少林武术，辅以传统文化

南少林寺夏令营传灯晚会

经典教育，传承南少林禅武文化。

除此以外，莆田南少林寺每年还定期举办“禅文化体验营”“青年佛法进修营”等各种营队活动，“南少林爱心义工团”“中医药传统文化研习营”等教育实践活动，弘扬“人间佛教”的理念，将寺院的建设与社会发展需要相结合。

南少林寺还不定期举办禅修营、冬令营等，参加者多为中高级知识分子和企业高级管理人员，除禅修外，还通过参加早晚课诵、农田劳作体验寺院生活，让营员放松身心，自开办以来颇受好评。

弘法交流

近年来，莆田南少林寺禅武团多次随同省市文化旅游部门赴全国各地宣传福建地方文化。莆田南少林寺今已成为“莆田新二十四景”之一，每年吸引众多海内外人士纷纷前往参访交流。同时，莆田南少林寺禅武团广泛开展对外交流活动，主动“走出去”，在东南亚、南亚、澳洲及欧美的许多地方留下了南少林寺禅武团的身影。

自恢复开放以来，莆田南少林寺至今已配合莆田市政府共举办了五届南少林武术文化节。每年均吸引海内外众多高僧大德、知名学者、武学爱好者云集于此，以武会友，共同弘扬南少林禅武精神，传承中华传统优秀文化。尤其是2015年11月举办的第五届中国（莆田）南少林武术文化节期间，莆田南少林寺还举办了主题为“丝路愿行，和合利生”的丝绸之路佛教文化高峰论坛，共同探讨在“一带一路”建议中，佛教如何发挥丝绸之路文化交流与文明共鉴作用。

莆田南少林寺同中国台港澳地区及许多国家有着浓厚的人缘、地缘、教缘联系，南少林寺每年多次应侨居于海外的高僧大德及护法居士的盛情邀请，参与其文化交流，展示中国禅武精神、传统禅医、禅茶、书法等。同时，每年也有众多海内外政府、民间、各类文化团体等到寺参访。2016年3月，南少林寺禅武团赴印度新德里参加世界文化节。数万名印度及世界各国的艺术家在占地约3万平方米的舞台上进行规模空前的歌舞表演，南少林寺禅武团进行精彩演出。空性还在闭幕式上致辞，号召世界各国的友好人士共同弘扬和平、慈悲、利他的精神，为人类社会的幸福安定与自然生态和谐奉

莆田南少林寺禅武团在印度新德里参加世界文化节的精彩演出

献爱心与力量。

2017年4月18日，“全球洪门联盟”刘会进总会长率领来自世界各地的洪门代表70余人到南少林寺举行隆重而庄严的祭祖活动，共同促进南少林和洪门的发展，努力将南少林文化打造成国际名片。2017年5月，南少林寺禅武文化交流团首访澳大利亚，尤其是第一次受邀走进澳洲新南威尔士州警察总局进行禅武表演等多元文化交流，得到当地警察的热烈喝彩。

2018年3月，莆田南少林寺禅武文化交流团赴印度尼西亚访问，充分展示了精彩的中国功夫和文枕琴、古筝等中国传统乐器之魅力。

十余年来，莆田南少林寺在各级政府的大力支持下，秉持佛教慈悲济世、利乐有情的普世情怀，依托自身的禅武特色文化，以大众喜闻乐见的方式，增强了社会大众对中华文化的认同感和文化凝聚力，让社会大众善心复苏、善行广布。

南平

南平，古称剑州、建州，明清时境内设延平、建宁、邵武三府。清末为延建邵道，领以上三府。南平位于闽浙赣三省交界处，地处闽北。其地碧水丹山，清明伟丽，为东南最。人文荟萃，民朴俗淳，礼教灿然，为理学名邦，号禅学渊薮。

南平之有佛寺，据传是在三国末期，嘉靖《邵武府志》载，三国魏太和二年（220年）在建安郡邵武县仁泽乡（今屯上乡）建东林寺；晋太康（280—289）年间，在建州云际山麓创林泉寺；元康（291—299）年间在建阳创童游灵耀院和城东水陆寺，永和（345—356）年间在邵阳县（今光泽县）三都建回龙寺。南北朝时，在浦城建崇云寺。普通元年（520年），在南平西山岭建普通院。陈至德三年（585年），在南平水东象山建法云寺及普同塔，这是南平历代佛教祖师的舍利塔，现仍存。武德元年（618年），在武夷山建石堂寺；五代初，在南平西芹镇建开平寺。

南平佛寺许多开建于晋唐，如嘉靖《建阳县志》载，该县佛寺有131座建于两晋至唐代。宋初，闽北佛寺发展至1000多座，如杨亿《谈苑》云，“建州多佛刹”，“建安佛寺351，建阳257，浦城178，崇安85，松溪41，关隶52”。明中叶是闽北佛教的鼎盛时期，寺庙多达3000多座。明末较多废毁。清初很多佛寺得以重建，如顺昌县重建22座，松溪重建36座等。清末至民国，闽北佛教陷入低谷，1933年，武夷山仅剩寺院6座，僧20人；1945年，松溪县有寺18座。至20世纪50年代，崇安县佛寺4座，僧27人，建阳佛寺28座，僧58人，建瓯佛寺44座，僧54人、尼84人，邵武寺庙102座，僧尼200人。2002年，南平僧尼约千人，依法登记的寺庙约400座。南平现知名寺庙有建瓯光孝寺，建阳大觉寺、圣迹寺、如是寺，南平开平寺、鸣翠阁、圆通寺、法云寺、林重寺，武夷山天心永乐寺、瑞岩寺，邵武华严寺、南源寺等。

南平高僧、名士辈出。僧人历代受锡封号者十余人，列名《五灯会元》者10人，《建州弘释录》4卷，列“产于建州者或开法显化于建州者”共77人，如马祖、慧海、志贤、行儒（伏虎禅师）、道谦、藻先（扣冰古佛）、无垢、祖鉴、慧通等，及杨亿、胡安国、游酢、胡寅、刘子羽、刘子翚、朱熹、真德秀等皆赫然在列。元贤《建州弘释录序》中云：“余阅传灯诸书，知建州为禅学渊薮。”另如唐隐峰禅师，邵武人，“出淮西阻兵，乃掷锡空中，飞身而过，后倒立而化”；普闻，传说为唐僖宗第二子，黄巢乱中出家，从石霜庆诸参禅，后住邵武龙湖寺；北宋建阳僧惠崇“绘事精妙，诗句亦清远”，与寇准、欧阳修、苏轼等皆有交往。明末元贤是建阳人，曾在荷山隐修十余年；道霈，建瓯人，14岁时在本地白云寺出家，后到荷山拜元贤为师。清末民初有莲茂和尚，南平人，在开平寺出家，后在鼓山从妙莲得戒，律仪清洁，处事忠勤，为鼓山监院，虚云曾为之写赞云，“冲破世网，独占青莲。持涌泉戒，续开平焰。心源湛湛，珠耀海渊。”

唐贞元二十年（804年），日僧空海随遣唐使团赴唐，因遭遇暴风雨，漂流至福建霞浦，后经福州、南平、建瓯、浦城至西安。1984年，日本真言宗在纪念宗祖空海入定1150周年之际，派遣了以静慈圆为团长的“空海至长安之路”访华团一行8人，来华巡礼空海当年入唐求法从福建到长安所经过的道路，造访南平、建瓯、浦城，到天心胜果禅寺、光孝寺、开平寺参拜，并留下墨宝。1986年和1987年再次前来参拜。历史上，开平寺在福建临济宗智祖剃度系法脉传承史上有着举足轻重的地位，建瓯光孝寺曾是闽北乃至闽浙赣交界地区僧众受戒的重镇，曾在此受戒而后定居美国、南洋、日本及中国台湾、香港地区传法者大有人在。20世纪90年代，闽北佛寺陆续恢复重建，有大量捐款来自港台地区。1993年、1994年，台湾龙发堂开丰、心贤法师到南平、建瓯考察佛教医学；1995年，港澳佛教护生会一行128人到武夷山天心永乐禅寺礼佛，即日成立武夷山港澳佛教护生基金会，捐款保护武夷山野生动物。

南平为浙赣、八闽佛教交往之咽喉，传统悠久，历史积淀深厚。处在新时期的闽北佛教必将古路重扬，宗风再振，为南平社会经济发展乃至对港澳台的宗教文化交流作出新贡献。

开 平 寺

开平寺始建于五代之初，向为闽北著名禅刹。明清以来曹洞、临济两宗并存，有“曹洞皮，临济骨”之称。开平寺在福建临济宗智祖剃度系法脉传承史上有着举足轻重的地位。

开平寺

历史脉络

开平寺在南平市西芹镇凤凰山麓，坐西北朝东南，三面环山，后山古木苍郁，景色清邃秀雅，山形犹如一把金交椅，寺前地势平坦，视野开阔。《八闽通志》载："佛智开平寺在开平里。五代梁开平四年（910年）建，旧名'报国显亲院'，元改为寺。国朝洪武三十年（1397年）毁，寻复建。"

1943年《南平县志》载："开平寺，明洪武三十年毁，三十四年重建。寺后有泉曰'佛智'，旧有风篁亭、自在轩。光绪间，寺僧信元建金刚殿门楼，僧莲茂重修佛殿，复建旁楼。"开平寺最为著名的是"佛智泉"，《八闽通志》载："佛智泉，开平寺方丈之后，极清洌，遇旱不涸。"《南平县志》载："万历四十年（1612年），南平县刘兆元查发开平寺隐匿田租银七两，俱为月课起送科举等用。"由此可见当时寺僧活动之一斑。

道光年间敕赐"开平禅寺"匾

清康熙年间，佛殿重修。道光年间，获赐"敕赐开平禅寺"匾额。道光后屡遭战火，开平寺一度衰落。清光绪后至民国时期，开平寺较为兴盛。

1980年以后，开平寺陆续修复了圆通宝殿（法堂）、大雄宝殿，重建了天王殿和钟鼓楼等。部分建筑保留五代风格。

普同塔

法脉传承

开平寺保留有相对完整的临济、曹洞传承谱系，素有“曹洞皮、临济骨”之称。开平寺山后现残存两块清代僧人碑，其一刻有“曹洞正宗传凤山堂上第四世应修公觉如和尚之墓嘉庆六年五月”字样；又一断碑曰 “凤山堂临济正宗……大清同治。”可见清中叶到末期，开平寺一直有临济、曹洞法脉传承。

《增校鼓山列祖联芳集》附《虚云传》云：“（虚云）年十九，潜至鼓山，依建（剑）津开平寺常开老人披剃，圆具本山妙莲和尚”。虚云《校正星灯集》序：“又开平先辈于名派外未有字派，后人取字不询来历，致使古今德号首尾颠倒、圣凡溷杂。”

虚云到鼓山礼“建（剑）津开平寺常开”为师披剃出家。虚云之所以依“开平寺常开”剃度，是因鼓山是十方丛林，为避免方丈与执事选举过于倚重剃度关系，规定弟子只能在鼓山以外的子孙庙剃度。

按临济法脉，从临济义玄传至碧峰性金为第十九世，再六传至突空智板为第二十五世，智板演派16字，后由五台、峨眉、普陀山前寺再从“通”字下续演32字。从“智”字下六传至“圆”字，高庵圆清为第三十一世。此为临济宗智板祖师剃度法脉，即在收徒弟的时候按此字派传承。传言圆清曾主南平开平寺、延平天宁寺等处，故后世以圆清为开平寺初祖。以“圆”字为首，下二十一世为“圣”字，即圣华妙莲，二十二世为“果”字，即果成鼎峰，二十三世为“常”字，即常开善慈，二十四世为“演”字，即虚云演彻。虚云言“开平先辈于名派外未有字派”者，是说此临济宗智祖剃度法脉从开平寺高庵圆清以下传承，只有名

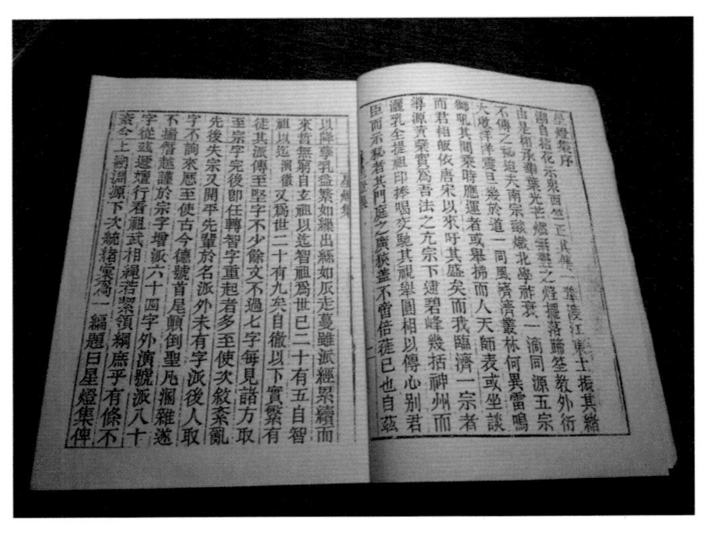
星燈集序
溯自拈花示衆西竺正其傳一葦渡江東土振其緒
由是相承華葉光芒燈燄[illegible]之燈提落蹄筌教外衍
不傳之秘迨夫南宗盛熾北學祚衰一滴同源五宗
大敞洋洋[illegible][illegible]幾於道一同風濟濟叢林何異雷鳴
響吼其間乘時應運者或舉拂而人天師表或坐談
而君相皈依唐宋以來吁其盛矣而我臨濟一宗者
導源黃檗實爲吾法之元宗下逮碧峰幾括神州而
灑乳全提祖印棒喝交馳其覩舉圓相以傳心別君
臣而示秘者其門庭之廣狹蓋不啻倍蓰已也自茲
以降孳乳益繁如繅出絲如瓜走蔓雖派經累續而
來者無窮自玄祖以迄智祖爲世已二十有五自智
祖以迄演徹又爲世二十有九矣自徹以下實繁有
徒其派傳至堅字不少餘文不過七字每見諸方取
至宗字完後即任轉智字重起者多至使次敘紊亂
先後失宗又開平先輩於名派外未有字派後人取
字不詢來歷至使古今德號首尾顛倒聖凡溷雜遂
不揣僭越謹於宗字增派六十四字外演號派八十
字從茲遷壇行看祖武相繩若絜領綱庶乎有條不
紊今上溯淵源下次統緒寔爲一編題曰星燈集俾

虚云《星灯集》

派，未有字派，如虚云剃度师常开善慈，“常开”即名派，“善慈”却是自己所取字派。虚云以自己的字号“古”为始，演字派80字：“古佛灵知见，星灯总一同”云云。故虚云下传智祖系剃派第五十五世为宽印佛慧、宽佛佛果、宽照佛光、宽心佛慧、宽鉴佛渊、宽法佛忍等，“宽”字即为名派，“佛”字则为字派。

由此可见，开平寺在福建临济宗智祖法脉传承史上应有举足轻重的地位。

20世纪80年代以后，开平寺历经三代方丈，分别是崇道、惟荣和传雄，其中惟荣知宝为临济开平寺圆祖系第二十七世，按智祖剃派则是第五十七世；传雄见伟为开平寺圆祖系第二十八世，按智祖剃派则是第五十八世。

对台和对外交流

唐贞元二十八年（804年），日本空海大师由福建霞浦县登岸，途经南平、建瓯等地，到长安求法。1984年，日本高野山真言宗空海入唐求法足迹参拜团信众到达开平寺参拜，日僧孟春空海向开平寺赠送《慈眼观众生，福聚海无量》书法、《达摩渡江图》画作和木鱼法器。高野山信众其后多次前往参拜。1993年，日本空海参拜团到南平举行了第二届空海学术讨论会。

1990年正月，美国北美加利福尼亚州佛教总会董事长宽净法师到访开平寺并赠送佛经多部。1997年10月，宽净法师从韩国带了20人参加“开平寺大雄宝殿、圆通殿、天王殿三堂佛像剪彩开光法会”。

2012年10月，台湾圆玲法师一行五人到开平寺礼祖。另外，美国、日本、韩国、新加坡、泰国，以及中国台湾、香港等地都有僧众、信徒到寺观光、参拜，并为祖庙修缮捐款。

1995年2月，开平寺惟荣、见明、惟慧3位法师应邀赴香港进行为期3个月的佛法交流活动。在港期间，除了参加佛像开光仪式外，他们还应邀随机说法，畅谈两地佛教发展情况，交流弘法活动经验。

开平寺僧福荣曾渡海至印度参学14年，回国时带《贝叶经》等多本英文经书和诸样法器；开平寺僧福源曾任浙江杭州白云寺方丈和杭州市佛教协会会长；心本、慧源、莲馨、信源等4位法师早年在开平寺出家，后在外省任过寺庙方丈，颇有影响力，其中心本法师担任过广东云门寺方丈。

开平寺秉承优良传统，乐善好施，济贫扶困。2016年12月，开平寺荣获中央统战部与国家宗教局颁发的“创建和谐寺观教堂先进集体”荣誉称号。

武夷山天心永乐禅寺

千载儒释道，万古山水茶。

天心永乐禅寺位于世界文化与自然双遗产地武夷山之中心藏地，犹天之极枢，故得“天心”之名，有“五象朝圣”“千叶莲心”“北斗七星”“九龙戏珠”等胜境。天心永乐禅寺有着深厚的禅茶文化底蕴。寺院以茶缘结善缘，促进了闽台及东南亚佛教文化、茶文化的友好交往。

天心永乐禅寺

历史脉络

武夷山天心永乐禅寺始建于唐代，初名“山心庵”，因武夷山方圆百余里，庵居山之中心地带，故得“山心”之名。明正德嘉靖时人傅汝舟有诗《宿山心永乐》，是知此时仍名“山心永乐”。清郑方坤《全闽诗话》根据明万历何乔远《闽书》云：“武夷天心峰在火焰峰，右象鼻岩，左三峰屈曲毗连如‘心’字之形。又此地深隐，为洞天中心。嘉靖七年（1528年）徽人韩洞虚凿荒构屋，张真人彦頨扁曰‘天心’。”《武夷山志》曰：“以全山百二十里度之，是峰居其中央，犹天之枢极也，故曰天心。”张彦頨（1490—1551），天师道第四十八代天师。清康熙年间，果因法师重建寺庵，正式改名为“天心永乐禅寺”。

清代天心寺是鼓山涌泉寺廨院。光绪二十五年（1899年），涌泉寺德容法师主持重建，广增庙宇，僧众100多人。光绪帝御赐五爪龙青花画筒一个，陈宝琛题写“福德因缘”匾额，至今珍藏。清末至民国期间，道明、悟提、妙常、悟澄相继住持禅寺，农禅并重，保持较长时期的繁盛，多次传戒，普度众生，成为闽北一处重要道场。悟澄还是古琴界“武夷派”的一代宗师。

“福德因缘”匾额

1989年，天心寺正式对外开放。1990年，从佛学院毕业的泽道等僧人入住，得到政府和善信支持，迅速恢复重建。1990年底，时任中国佛教协会会长赵朴初莅临武夷山，为天心永乐禅寺题写寺名。作为武夷山世界自然和文化遗产的重要组成部分，禅寺重建现已初具规模，四周古木参天，殿宇雾列，曲径通幽，蔚为大观。

大红袍祖庭

天心永乐禅寺被公认为武夷岩茶四大名丛之首的大红袍的祖庭，该茶为寺僧所种、制，并推广。之所以得名“大红袍”，有“状元报恩”“胡潆上贡”“县丞祭茶”“猴子采摘”“县长命名”等多种传说。最为流行的是前两种说法。

据说，福建建阳人丁显在赶考路上中暑，山心庵僧以茶入药治疗。丁显中状元后，为表谢恩，以红袍披茶树，始有“大红袍”之名。另有一说云，丁显中状元后，用锡罐装取山心庵所产之茶进京。皇后得病，丁显献茶，皇后饮后神清气爽，病好大半，皇上大喜，赐红袍一件，命状元亲往披在山心庵附近茶树上。

《明史·胡濙传》载：“惠帝之崩于火，或言遁去，诸旧臣多从者，帝疑之。五年，遣濙颁御制诸书，并访仙人张邋遢，遍行天下州郡乡邑，隐察建文帝安在。”寻访途中，胡濙因仰慕当时天心寺住持祖庭和尚德行，前往拜访，走时将寺院所产之茶带回进贡。明成祖品饮后，诏封之为“大红袍”，降旨“精耕勤灌，嫩摘细制，世代相传，岁贡入京”。《瑞岩实录》中载有胡濙《夜宿天心》诗云：“云浮山际掩禅院，月涌天心透客居。幽境不寒森影下，红袍味里夜可无？”

大红袍祖庭

道光年间郑光祖《一斑录》卷四载：“若闽地产‘红袍’建旗，五十年来盛行于世。”“建”即指武夷山当时所隶属之建宁府，“旗”，古人指代茶叶。按此推算，“大红袍”在清初已名扬天下。

大红袍真正名噪天下，应在清末民国时期。如晚清陈衍《石遗室诗话》：“旧醅人日初开瓮，佳茗天心试入唇”，自注云：“余方得天心岩奇种。”民国郭白阳《竹间续话》：“武夷九十九岩，皆产名茶。奇种以天心岩之‘大红袍’、慧苑岩之‘铁罗汉’……为著，而大红袍尤为特品。产于天心岩永乐寺三里许之九龙窠石壁上，石壁仅方丈之地，植茶三丛。外向较高者，传为真红袍。旁二丛为副车，叶不甚大，芽端带淡红色，年仅六七两。价值数百金，盖罕而见珍也。每岁，住持僧以少许分馈当道士绅，余则悉售厦商。”

1942年，寺僧在产茶山崖凿刻“大红袍”石刻。1944年陈舜年著《武夷山的茶与风景》：“大红袍声誉简直是太大了，它生长在离天心岩三四里地的九龙窠，属永乐禅寺所有，寺僧因游人任意采摘，不肯以真品示人。据调查，真正的大红袍在九龙窠最后较高的一个岩旁边，岩壁中有一个小孔，常有泉水从岩孔中流出，旁有茶树数株，靠岩壁者为正大红袍，相邻者为副大红袍。”当时僧人为保护“正大红袍”茶树，在“副大红袍”茶树附近刻上“大红袍”三字，以转移游人视线。

20世纪50年代以后，天心永乐禅寺名丛茶园划归国家农场管理，由县综合农场制茶。其后随着无性系繁殖，大红袍茶丛种植面积不断扩大。

2006年，武夷岩茶（大红袍）制作工艺被列入国家首批非物质文化遗产名录。2007年，在首届武夷山国际禅茶（大红袍）文化节上，天心永乐禅寺获立“大红袍祖庭”石碑。

茶和天下

清咸丰年间，台湾举人林凤池在天心寺请得36株茶苗回台湾，种在南投鹿谷乡冻顶山上，建成一片茶园，所制茶清香可口。因是在台湾冻顶山采制，故名“冻顶茶”。台湾乌龙茶从此也叫“冻顶乌龙茶”。福建武夷山天心永乐禅寺也就成了台湾冻顶乌龙的祖庭。林凤池后人又把冻顶乌龙茶苗回种天心寺。

近30年来，大批海外游客与佛教徒到武夷山天心永乐禅寺观光朝圣。如日本东密真言宗高野山派宿老清凉院住持静慈圆《访天心永乐禅寺》诗云：“奇峰崛起更奇峰，峭壁烟云万万重。如幻仙姿游客醉，天心积翠露花

海峡两岸高僧共同举行法事活动

浓。”此诗勒于摩崖石刻。荷兰女王贝娅特丽克丝莅临禅寺，赠送石雕“阿育王柱”给寺院；泰国上议院议长米猜雷初攀参观寺院，对天心寺禅茶赞不绝口。

马来西亚、斯里兰卡、俄罗斯、美国、加拿大等爱好茶文化的友人也在天心永乐禅寺修习佛法，品饮禅茶。马来西亚著名茶人林平祥自20世纪90年代初便与寺院结下了不解的茶缘。美国茶人伍德，因为林平祥的推介，每年一到茶季就到天心寺。斯里兰卡佩雷拉博士和家人一起在天心寺求授皈依；俄罗斯人伊利亚在莫斯科开了一家中国茶吧，销售天心寺所产大红袍，一批俄罗斯及白俄罗斯茶客因此与天心寺结缘。

自20世纪90年代以来，中国台湾僧人不断来到武夷山天心永乐禅寺朝圣，著名的有净良、圆宗、净耀、明光、海涛、开证、首愚、传孝等。

2007年以来，天心寺大力推动禅茶文化，举办了十届“大红袍国际禅茶文化节”，组织“海峡两岸四地高僧大德祭茶祈福大典”，台湾净良、圆宗长老等参加活动，其中一届还邀请了中国国民党荣誉主席吴伯雄参加，共同祈祷两岸和平统一。2009年禅茶文化节上，一诚法师、任法融道长和北京大学汤一介教授“三教泰斗，武夷论茶”。禅茶文化节期间，还举办“禅和人生”等文化论坛。

天心永乐禅寺以禅茶为纽带，促进了海峡两岸及东南亚的佛教文化和茶文化的交流。

顺昌合掌岩西安寺

合掌岩西安寺始建于元至正二十六年（1366年），寺内有佛字岩、心字石、万佛崖等30余处人文和自然景观，其中，2003年开凿、目前已基本完工的第一期“万佛石窟”和正在设计论证的第二期“大佛石窟”比较全面地传承了古代中国石窟寺的建筑文化传统，填补了当代东南沿海地区开凿建造石窟寺的空白，享有“江南第一万佛石窟”之美誉。

顺昌合掌岩位于顺昌县城西郊，武夷山脉南麓，因山形如双手合掌而得名。明正德《顺昌邑志》载：“合掌岩，一名仙掌，两石如掌相合，岩侧有泉，极甘美。”1994年《顺昌县志》载：“合掌岩，位于双西镇西大砻，距城约2.5千米。山中的西安寺建于元至正二十六年（1366年），清代至民国时期多次整修。”

合掌岩西安寺

明末永安进士罗明祖《合掌岩记》云：“有寺与岩并崇”，岩以下弥漫白雾，“俄而雾散，渐而水道源流历历然”，因合掌岩是将、邵二水之分界。

1988年，西安寺重建；次年，大雄宝殿在原址落成。1995年，正坚任西安寺住持。1996年，正坚弟子本圆接任。1997年，顺昌县政府正式登记发证，同年建僧舍、安养院、化身窑，次年建幽冥钟楼，内装达2吨多重铁钟，2003年，开凿“万佛石窟”。2005年，建综合楼一座。1999年起改建、扩宽上山公路，2016年，又在原有上山公路的基础上，修建上山景观公路。

本圆，俗姓尤，永春县人，1988年在顺昌龙头岩云峰寺礼了缘和尚为师出家，先后依止正坚、圆拙、定妙等法师参学。

2003年，本圆率众开凿石窟。石窟工程分为两期，第一期是山顶“合掌岩万佛石窟”，目前已初具规模；第二期是位于合掌岩东麓大断崖的“东三大佛”，目前正在设计论证。

第一期“合掌岩万佛石窟”历时五载挖通山体，2005年开始刻佛像。万佛石窟总体布局呈“同”字形，石窟后通道、卧佛通道、北通道和西通道总长约400米，连接各个洞窟。石窟前后共四个门，前窟有兜率天（正门）、般若门（东门）、自在门（西门），石窟后门是解脱门。石窟主体由前厅、大厅、大悲咒洞、祖师洞、斗战圣佛洞、千手观音洞、千佛洞、念佛堂、禅堂、卧佛洞及闭关洞等组成。祖师洞雕刻的是清末顺昌本地肉身和尚圣杰祖师；斗战圣佛洞雕刻的是孙悟空，因为闽北山区流行齐天大圣信仰，顺昌宝山被认为是大圣信仰祖地。石窟雕刻各类大小佛像5000余尊；石窟中心柱为一个8米见方、19米高的四方毗卢佛雕像；窟内佛像最高达8米，最小仅2厘米，可同时容纳3000人集体诵经、礼佛祈福。石窟的北通道、西通道、卧佛窟以及通道、禅堂、前山兜率天、自在门、般若门和解脱门尚在设计施工中。

合掌岩“东三大佛”石窟规划以建造百米巨型佛像为主体，一窟三佛，以横三世佛为格局。除此大像窟外，另规划建造大型佛堂、僧房窟、禅窟、仓储窟和瘗窟等。目前东三大佛石窟正在进行方案设计、地质勘查、地质稳定性论证、设计参数优化阶段。

如今，合掌岩石窟的影响已远被海内外。全国各地总计有数百名画家、书法家纷纷为合掌岩西安寺题字题咏。本圆“造窟就是修行，造窟就是弘法”的理念逐渐为佛教界乃至国内、国际社会所接受。

万佛石窟中的“斗战圣佛洞”

合掌岩石窟的资金来源、信息传播、新闻效应、技术协作、传播交流不仅限于国内，在中国台港澳地区及海外都有较大影响力。美国、加拿大、以色列、澳大利亚、新西兰、英国及东南亚国家都有居士、学者捐资、宣传以及研究合掌岩石窟。例如英国伦敦艺术学院齐煌教授以合掌岩石窟为视觉艺术研究课题；新西兰访问学者王丹丹将合掌岩石窟造像艺术与闽南石雕工艺作为非物质文化遗产的创新发展作为研究课题；以色列商人阿诺以合掌岩石窟的石窟肌理为素材，策划东方素食商业模式。

合掌岩西安寺万佛石窟中心柱窟大厅

龙岩

龙岩

龙岩位于福建西部，地处武夷山脉南麓和博平岭山脉之间，境内岭谷相间，丘陵、河谷、平地交错分布。闽南文化与客家文化在这里相互融合，佛教也随着唐代龙岩先民的开拓而扎根于这片沃土，始建于唐开元（713—741）年间的汀州开元寺，为龙岩境内最早的寺院。龙岩佛教初盛于唐宋，发展于明清，再振于民国，今已成为法眼宗在近现代复兴的重镇。龙岩著名寺院有龙岩的圆通寺、莲山寺，长汀的南禅寺、南廨寺、峻峰寺、宝珠楼、佛光寺、金沙寺，连城的性海寺、净土寺等。

龙岩佛教与早期中原移民对龙岩的开发息息相关。唐宋时期，龙岩辟地设郡，分属汀漳二府，许多有德高僧与中原移民一同筚路蓝缕，诛茅剪棘，开发山野，教化一方，为民所敬。唐代时，有僧了拳、义中分别于梅漳二州开法，护佑一方，后分衍入闽西，人称“惭愧祖师”“三平祖师”。五代时，汀州开元寺僧人惠宽遍游四方，住持长汀普护庵，为民除虎患，人称“伏虎禅师”。北宋初，又有僧定光在武平、长汀等地结庵修行，开山移石，祈雨引水，人称“定光古佛”。上述四僧渐发展为惭愧祖师、三平祖师、伏虎禅师、定光古佛信仰，被龙岩的客家人、闽南人奉为保护神，香火分灵至闽台两岸，影响远及东南亚。

由于特殊的历史机缘，龙岩又成为法眼宗近现代复兴的策源地。法眼宗是中国佛教禅宗五家之一，五代至宋初极盛，后渐衰落。民国时期长汀籍僧人本湛励精苦修，发愿力挽当地佛教发展之颓势，礼请禅门尊宿虚云遥继中断数百年的法眼宗，开八宝山法眼宗一脉。继之有慧观、慧瑛继承本湛之志，分别于汀、连开法，将法眼宗在龙岩发扬光大。此后，龙岩成为法眼宗延续之地，灯灯相续，世系分明，八宝山徒嗣法派以“慧光普照，谛理融通”为字辈，法眼宗法脉以“良虚本寂体无量，法界通融广含藏”为字派。龙岩僧尼多属该支传承，子嗣绵延，遍布闽西各区县。而今，法眼宗在日本、韩国、东南亚等地颇具影响，美国、加拿大也有专家学者对法眼宗开展研究。近年来，福建省法眼宗佛教文化交流促进会在龙岩成立，也为龙岩佛教的发展开启了新篇章。

连城中华山性海寺

连城中华山性海寺俗称观音庵，是明洪武（1368—1399）年间僧圆亿所创建，当代法眼宗中兴祖师慧瑛在此重兴梵刹，驻锡弘化。寺名取《华严经》中“毗卢性海”（即心包太虚，量周法界）之义。性海寺倡导农禅合一的传统丛林修行方法，彰显禅宗的山林风气与法眼宗的禅风特质。

性海寺山门牌坊

寺院概况

自20世纪80年代以来，在慧瑛的率领下，性海寺四众弟子遵循“农禅并重”传统，发扬“一日不作，一日不食”的百丈遗风，披荆斩棘，先后建成大雄宝殿、天王殿、法堂、卧佛殿、佛光阁、地藏殿、大悲楼、钟鼓楼、斋堂、方丈室，并在后山修建虚云和尚舍利塔、五方佛塔、普同塔等，当时常住僧众近百人。经多年修建，1995年初寺院举行全山殿宇佛像开光庆典，慧瑛法子光良继任为住持，继续完善寺院建设，现为闽西一大丛林。

性海寺

法眼中兴

法眼宗是中国佛教禅宗五家之一，五代时期由文益创立，经由天台德韶、永明延寿、灵隐文胜、智者嗣如、宝林文慧、祥符良庆、虚云古岩、本湛青持、寂照慧瑛传承。其中虚云一人肩挑禅宗五家法脉——接传曹洞宗，兼嗣临济宗、中兴云门宗、扶持法眼宗、延续沩仰宗，虚云之所以遥继法眼宗，其因缘与福建长汀有密切的关系。虚云是应长汀本湛发愿要弘扬法眼宗一脉之请而承嗣法眼法脉。

本湛是长汀八宝山峻峰寺的开山祖师，于1943年4月在南华寺方丈室为虚云所印可而得法眼宗的传承。本湛青持的法嗣中最值得一提的是寂照慧瑛。

性海寺五方佛塔

慧瑛（1925—1996），俗姓杨，名景富，字恒明，又称寂照，福建连城新泉人。13岁在中华山性海寺皈依佛门，16岁在八宝山峻峰寺投师本湛青持门下剃度出家，17岁赴广东韶关南华寺向虚云求受具足戒，19岁返回连城灵芝庵住庙修学，20岁时进驻中华山，并主持修复古寺观音庵，后一度离开，四处求学。3年后再返中华山，并常住中华山，组织徒众在中华山开荒垦植，发动信众修建庙宇。

1981年7月1日，经连城县人民政府批准，中华山3080余亩果茶林场无偿划归性海寺经营管理，慧瑛亲自率僧尼接管中华山果茶林场，生产粮食，创办砖瓦厂，振兴性海寺。1987年，创办了闽西佛学培训班，对僧人因材施教，培养了大批僧才。慧瑛为法眼宗第十代传人。其门下法嗣弟子众多，性海寺现任方丈光良、龙岩天宫山圆通禅寺方丈光胜等都是其嗣法弟子。

宗风传扬

慧瑛继承禅门传统，提出“农禅并重”的修学方法，带领性海寺众弟子在中华山修复古寺和耕作，实行集体劳动，自力更生，农禅并举。中国佛教协会原会长赵朴初题词：“举起锄头开净土。无尽庄严，顿现人间。宝树琪花山后前。

如来家业须弥重。都在双肩，高唱农禅。普与恒沙结圣缘。”

大雄宝殿

性海寺不仅提倡农禅合一，还坚持教禅不二，禅净双修，在弘法的实践中，坚持白天劳动，晚上念佛，走农禅并重、自食其力的道路。这些无不体现了农禅并重与禅净合一的宗风，是“中土传心开顿教，华严弹指悟无生”的真实写照。

1995年，慧瑛亲自举荐光良接任性海寺住持。光良就读于福建佛学院，学习期间曾任莆田广化寺堂主、维那。1985年起，在莆田梅峰寺、漳州南山寺、福州西禅寺、福州雪峰山崇圣寺等处担任传戒开堂大师父。光良继任住持之后，始终秉承着慧瑛农禅合一和禅净双修的理念，不仅完善性海寺建设，同时在龙岩市新罗区重兴天马山净慈寺和雁石海印寺。

随着性海寺寺院规模的不断扩大，其影响力也不断增强，逐步成为闽西一大佛教丛林。

天宫山圆通寺

天宫山又名天公山。唐初即已建刹，名观音庵，清中叶易名圆通寺。当代普光比丘尼重兴寺宇，光胜法师继之。光胜法接慧瑛，属禅门法眼宗第十一世传人，德高望重，因此圆通寺也被誉为“龙岩灵秀胜境，法眼中兴圣地”。圆通寺重视僧伽教育，培植青年僧才，注重文化传承与对外交流，在闽粤赣部分地区以及海内外具有一定影响，无愧于“闽西佛教胜地”之称。

圆通寺

寺院概况

天宫山历来以神奇雄峻、清净庄严被列为闽西地区的“八景”之一，是闽西著名的宗教旅游胜地。唐初即已建刹，名观音庵。清中叶，南海普陀山法师到此改为圆通寺。1949年后，因香火旺盛，信徒渐多，住持普光集资修建了大悲殿和慈云楼。20世纪80年代，在地方政府和佛教界及信众的支持以及继任住持光胜的努力下，历经30多年，寺宇焕然一新。

今圆通寺主体建筑有牌坊、山门、天王殿、大雄宝殿、钟楼、鼓楼、藏经阁、方丈室、禅堂、罗汉堂、大悲殿、齐堂、僧寮、玉佛殿、客房、居士楼、地藏殿、海会塔、弥勒佛像、万佛塔等。另外新建一条整个寺院四面相通的“日月回廊”，全长850多米，这也是圆通寺的一个特色，这种建筑风格为省内外寺院所罕见。与此同时，全寺各个殿堂装塑了精美的佛像，购置了各种法器。因此，圆通寺已真正成为一座布局合理整齐、设施完备、规模宏大的佛教寺院。

圆通寺

法脉源流

圆通寺现任方丈光胜，俗姓陈，名庆贤，1931年生，漳平人。1979年依慧瑛剃度出家，赐名光胜，法号体心。1980年于福州鼓山涌泉寺佛学班深造。1982年在涌泉寺受具足戒。1982年在福建省佛教协会工作，同年底回天宫山住持。在光胜的率领下，天宫山圆通寺陆续完成重建工作，在举行佛像开光、方丈升座庆典时，中国佛教协会咨议委员会副主席本焕亲自登山为光胜接法第十一代法眼宗、荣膺圆通禅寺方丈传法送座。

天宫山圆通寺重视戒律传承，以绍隆佛种为己任。2015年11月至12月，福建省佛教协会第二十四届传授三坛大戒法会在天宫山圆通寺举行。来自全国各地300多名新戒子在此受戒学法，为闽西佛教界有史以来的首次大型传戒法会活动。

圆通寺也是闽西佛教法眼宗的中兴圣地，光胜是禅门法眼宗第十一世正宗传人。众所周知，禅宗曹洞宗、临济宗、沩仰宗、云门宗、法眼宗五宗之中，后三宗宋以后即告中断，唯有临济、曹洞衍脉至今。民国时期，虚云一身肩挑五宗法脉，由他续起了久已断绝的法眼、云门、沩仰三宗法脉，闽西法眼宗即属这其中一脉。

为更好地弘扬和挖掘佛教文化特别是法眼宗佛教文化对当代社会及文化建设的积极作用，天宫山圆通寺积极组织或参与许多法眼宗文化活动。2015年11月28日，由中共龙岩市委统战部与中国社会科学院世界宗教研究所联合主办、新罗区人民政府承办的“法眼宗思想传承与当代文化建设”学术研讨

中国佛教协会福建省分会第二十四届传授三坛大戒法会合影

会在龙岩举行，来自全国各地的高僧大德和研究佛学的专家学者汇聚一堂，对法眼宗的创立、传承、思想精髓及其对促进当代文化建设的意义等方面作了深入研究和探讨，堪称中国佛教界的一大盛事。

此外，在天宫山圆通寺住持光胜及省内诸山长老倡议发起下，福建省法眼宗佛教文化交流促进会于2016年12月21日在龙岩市成立。天宫山圆通寺住持、法眼宗第十一代传人光胜当选为会长。天宫山圆通寺乃至龙岩市佛教界以此为契机，更好地推动法眼宗禅法的修持与实践，打造法眼宗实修胜地。

文脉流芳

圆通寺历来重视文化传承，注重收藏、保管各种历史文物。藏经阁收藏有北京版和香港版《大藏经》200多册，其他的经书、典籍18000多卷（套），阁中佛龛供一尊从缅甸迎回的玉卧佛。大雄宝殿里三尊三世大佛像分别高5米和4.6米，神态庄严，造型宏伟。罗汉堂里供奉着500尊栩栩如生、工艺精湛、形象各异的贴金罗汉像，这些佛像都有较高的艺术价值和收藏价值。大悲殿里的藻井，仿明朝旧制，全部用木结构，雕龙画凤的图案以小方块木头接榫而成，不用一枚铁钉，还有大雄宝殿大门的红木雕刻制作等均为闽西地区仿古建筑之最。此外还收藏有著名佛学家、作家、书画家的一批珍贵佛籍经卷和墨宝。

自20世纪80年代以来，圆通寺每年组织僧众参加对外交流参访活动，先后到江苏、云南、广东、浙江、江西、四川、安徽、河南、山西、中国台湾、香港、澳门，以及日本、韩国、缅甸、泰国、马来西亚、新加坡、印度等国家和地区参观、交流、弘法，以弘扬佛教文化和中华传统文化，促进社会和平。

长汀南禅寺

南禅寺肇建于五代后周显德（954—959）年间，为古汀州“八寺”之一，历史悠久，禅僧辈出，名闻遐迩。1950年长汀佛教支会邀请全国著名高僧慈舟弟子慧果来汀住南禅寺宣讲比丘、比丘尼戒律。后因旧址失修，迁移至“汀州八景”之一的宝珠峰山峦，得住持普利重光刹宇，是当前闽西规模最大、规格最高的丛林和闽西最大的女众道场。南禅寺既是闽西法眼宗重要道场，也是国内开办最早的禅修中心，享誉海内外。

南禅寺

寺院概况

南禅寺由著名高僧惠臻开创。原寺位于汀州南寨，初名南山同庆禅院。宋绍兴、乾道（1131—1173）年间不慎焚毁，明万历（1573—1619）时重建，遂易名南禅寺。清光绪十四年（1888年）重修。1936年重修。

改革开放、全面落实宗教政策后，由于旧南禅寺庙宇不堪使用，遂在“汀州八景”之一的宝珠峰山峦重建，恢复其名胜古刹之风貌。宝珠峰位于汀城南面，与东岳庙、朝斗岩和滴水岩风景区连成一片。新南禅寺背靠宝珠峰，前临汀江河，视野开阔，交通方便。

新建的南禅寺殿宇仿照宋式建筑风格，高大宽阔，体现出宏伟壮阔的古建气势。现已建成山门、天王殿、大雄宝殿、法堂、藏经阁、钟鼓楼、讲经堂、禅堂、客堂、僧寮、聚贤楼、云水楼、禅修堂、接待楼、五观堂、大寮、僧寮、放生池等。佛殿两边是顺峰而上的长廊，通过迂回廊道将各殿堂连成一体，古朴中又含新意，成为赏心悦目、修身养性的胜景佳境。

天王殿

弘法利生诸高僧

南禅寺历代高僧辈出。南宋时长汀县内僧尼多属佛教禅宗中的曹洞、临济、法眼三派。惠臻自开创南禅寺，其后续接任分别为从密、智孜、自鉴、慧观、常醒等禅门硕德，在这些高僧的住持下，当时一些社会名流纷纷来此游览，并参与相应的文化活动，其影响远播闽赣粤台等省，以及海外多地。

南禅寺的第二任住持从密除在本地传教外，还到福州等地讲经说法，住持丛林，创塔建寺，影响颇大。从密，俗姓郑，字世疏，汀州人。相传从密幼颖悟多技能，且工吟咏。初住石霜山，临米书逼真。自号未理翁，在崇安瑞岩院期间，参汾潭干公得旨。以草圣为世所珍。从密之后，有僧智孜，俗姓萧，号禅鉴，汀州人，为北宋诗僧。智孜之后，接任者为自鉴。

1946年，慧观、常醒从湖南衡山佛学讲习所和南岳佛学研究所学习返汀，住持南禅寺，弘扬佛法，发展佛教。

慧观（1901—1978），长汀人，俗姓陈，字维山，36岁出家，赴江苏宝华山受具足戒，先后朝普陀山、九华山、庐山等佛教胜地。受见镛开示，坚持戒律刻苦修行。42岁赴南岳祝融寺，45岁返汀，终年穿百衲衣，打赤脚。常采多种中草药，炼制膏药。他擅长针灸，施医施药，治愈患者众多，深受佛教界崇敬。

常醒（1926—1961），俗姓彭，名友文，长汀人，18岁赴南华寺受戒，后赴南岳学习，21岁返汀。

1950年，长汀佛教支会邀请全国著名高僧慈舟弟子慧果来汀，住南禅寺宣讲比丘、比丘尼戒律。20世纪90年代，法眼宗法脉传人普利主持南禅寺重建工程。现任住持为量周。

南禅寺既是闽西法眼宗法脉传承的重要道场，也是国内开办最早的禅修中心，时至今日已发展成为海内外重要的禅修场所之一。

宁德

宁德地居福建东北翼，界闽浙之交，依山面海，素有“山海奥区”之誉。早在东晋时就有释僧群于霍童山一带结庵修行，始建于南朝齐永明元年（483年）的建善寺是宁德最早的寺院。之后的漫长历史中，宁德始终是中国东南沿海的一个佛教重镇。宁德市现有依法登记的佛教寺院767座，经认定备案的教职人员2249人。宁德支提山华藏寺为全国汉族地区佛教重点寺院，其他著名寺院还有霞浦的建善寺，福鼎的平兴寺、资国寺、昭明寺、瑞云寺，古田的极乐寺、天王寺，福安的种德寺、狮峰寺，寿宁的三峰寺，周宁的灵峰寺等。

宁德佛教历史悠久，寺院林立，高僧辈出，影响广泛。霞浦建善寺为福建省最早有开设戒坛记载的寺院，同时也是沩仰宗祖师灵祐的出家寺院，有“八闽第一古寺”之誉。宁德支提山华藏寺为《华严经》中所注的天冠菩萨道场，显赫江南，有“不到支提枉为僧”之说。福鼎太姥山平兴寺致力于僧伽教育和南山律学的弘传，为当今中国汉传佛教男众学律最大的一所道场，堪称当代律学首范。福鼎莲峰山资国寺为福鼎六大寺之一，传承不息，道风整肃，弘禅茶一味，现为世界禅茶文化论坛永久会址。古田极乐寺位于中国佛教协会首届会长圆瑛故里，以《楞严》为旨，弘法利生。福安狮峰寺为国家级重点文物保护单位，建筑精巧，布于茂林修竹间，大雄宝殿有24根方形石柱巍然兀立，为福安一座保持原风貌最完善的古建筑物。从古至今，宁德诸名刹立派传衍、祖师辈出，为闽东佛教事业弘扬光大作出杰出的贡献。

闽东佛教与东亚、东南亚、南亚、欧美各国以及台港澳地区交流频繁。隋初有犍陀罗高僧阇那崛来华弘法，在霞浦松山附近创建清潭寺。唐代有高丽僧人元表负《华严经》80卷，至霍童支提山礼天冠菩萨道场，支提山华藏寺遂成为韩国僧人朝圣之处。唐中叶有日本真言宗开山祖师空海随遣唐使来华求学，在霞浦赤岸登陆，今霞浦建善寺成为日本真言宗信徒寻访祖师足迹必到之处，30年来共接待140多批日本访问团，累计5000多人次。近代，古田僧人达本、圆瑛，福安僧人盛慧、伯圆，福鼎僧人青凯等先后远渡南洋等地弘法，对国内外佛教界都产生很大影响。近年来，福鼎资国寺与泰国“动中禅”祖庭南来寺建立友好往来寺院关系，开启中国传统祖师禅和泰国南传禅的对话。宁德佛教正迈着新时代的步伐，长久传承延续佛教法脉，树立规范提升佛教戒学，培养僧才走向海外弘法，倡导融合推进佛教交流，引领表率积极服务社会。

支提山华藏寺

支提山华藏寺，坐落于福建省宁德市蕉城区西北的支提山麓，为天冠菩萨道场。唐代有高丽元表法师负《华严经》来此寻访圣迹，北宋初年法眼宗僧了悟始建其刹。寺经三度兴隆，屡经敕建，五次赐额，龙藏重颁，明代达到极盛，下属寺院有30多处，僧众达千余人，一度显赫江南。永乐、万历两朝受赐诸多御宝，今尚存明代千圣天冠菩萨像、毗卢遮那佛鎏金铜像、万历赐《永乐北藏》、五爪金龙紫衣袈裟。现今的华藏寺宗风依旧，有着“不到支提枉为僧”之说。

明永乐帝敕赐的“天下第一山”匾

概　　况

华藏寺原名华严寺，其所在的支提山原名霍童山，又名霍山，早在华严寺建立之前就已有佛教活动，是佛教最早传入福建的地区之一。东晋僧人僧群，曾居霍山构立茅室，结庵修行，后寂于山中，为福建有记载最早的僧人活动之一。

寺因山显，历史上习称华严寺为支提寺。“支提”为梵语音译，意为“世尊无量之福德积集于此”。《华严经》载：“东南方有处名支提山。从昔已来，诸菩萨众于中止住，现有天冠菩萨，与其眷属诸菩萨众一千人俱，常在其中而演说法。”唐代时，有高丽僧元表赴西域瞻礼圣迹而返，负《华严经》80卷，寻访霍童，礼天冠菩萨胜迹，至支提山那罗延窟，居石室中持诵《华严经》。

五代末，吴越王钱俶命法眼宗高僧清耸了悟禅师入闽，上支提山再度寻访天冠菩萨说法处。北宋开宝四年（971年），由了悟开山，敕建支提道场，赐额华严寺。雍熙二年（985年），朝廷又赐额雍熙寺，并分太平寺金字经一藏赐之。政和五年（1115年），寺由律寺改为禅寺。政和六年（1116年），赐额支提政和万寿寺。元至元二十年（1283年），政和人黄华举兵反元，该寺毁于兵燹之中。次年，朝廷命临济宗僧澄鉴入山重建寺宇，前后历时15年告竣。

华藏寺

永乐皇帝御赐匾额华藏寺

明永乐五年（1407年），朝廷命僧无碍住山，赐额华藏寺、匾“天下第一山”，并命钦差中使周觉成重建大殿，仁孝皇后特赐铁铸天冠菩萨造像千尊，并在寺中建阁安奉。此后，华藏寺于正德十五年（1520年）与嘉靖六年（1527年）两遭兵毁，致使僧散寺废。嘉靖三十二年（1553年），高罗峰僧一元进山结茅，立志兴复，乃苦守20年，山场得以保存。万历元年（1573年），明肃皇太后因感梦兆，遣北京吉祥寺僧大迁入闽，重建废寺，赐额万寿禅寺，太后赐大迁金冠一顶、紫衣一袭。大迁在山中大兴土木，历七载而工始竣，其殿阁、寮舍备极雄丽。万历十八年（1590年），太后遣慈寿寺僧万安奉送《永乐北藏》678函至支提山，并四大部经《华严经》《宝积经》《般若经》《涅槃经》各12部，后又谕以金铜合金铸造一尊重500多千克之毗卢遮那佛像送寺中供奉。由于得到明王朝的重视和优待，支提寺空前兴盛，寺僧多达千人。支提山梵呗缭绕，法音宣流，成为东南沿海的菩提胜境。

清顺治十三年（1656年），临济宗名僧亘信行弥到寺开法，随后，其同门昆仲隐元隆琦弟子无得到此卓锡。清康熙（1662—1722）和同治（1862—1874）两朝，该寺先后两次进行了较大规模的修建。清末，该寺再度衰微。1947年后，僧兼辉及其徒心严自海外归来住持该寺期间，重建了大雄宝殿，支提复现生机，下属钟山寺、灵峰寺、辟支寺等也得以复兴。

中华人民共和国成立后，该寺僧众参加土地改革，坚持农禅并重古训。从1978年起，华藏寺开始陆续修复。1983年被国务院列为全国汉族地区佛教重点寺院。该寺几经轮回，重获新生，现有山门、天王殿、大雄宝殿、伽蓝殿和祖师堂等，基本上保持了明代建筑风格。

华藏寺历代文物甚富。寺内现存明正统四年（1439年）内府刊本《永乐北藏》6780卷、明铸千圣天冠菩萨像947尊、五爪金龙紫衣1袭。另有万历二十五年（1597年）御赐铜铸鎏金毗卢遮那佛像1尊，佛像高2.5米，莲座周围浮雕1000尊半身小佛像，如莲瓣层叠，现供于华藏寺大殿正中。寺外还有该寺第三代澄鉴、第九代复庵、第十二代隐庵诸禅师塔及明中兴大迁国师塔等。1980年，该寺被列为宁德县级文物保护单位，1985年被列为福建省第二批省级文物保护单位。

万历颁赐《永乐北藏》

千圣天冠菩萨像

万历五爪金龙紫衣袈裟

毗卢遮那佛鎏金铜像

华藏寺镇寺四宝

法脉源流

华藏寺建寺以来，法嗣代兴，绵延千年。其间虽屡经兴废，然屡废屡兴，香灯无改，法脉不绝，历代诸高僧为古刹的重光鞠躬尽瘁。历史上，华藏寺与东南沿海各大丛林间法谊交往频繁，在宋初、明万历与清康乾间三个时期的发展尤为突出。

华藏寺开山始祖了悟清耸，俗姓郑，福建福清人。18岁出家于福州怡山长庆寺，礼慧稜披剃，受具足戒，旋居杭州灵隐寺。阅《华严经》开悟，嗣清凉文益为法眼宗第二代祖师，此后在宁波、杭州两处说法。宋开宝四年（971年），曾奉吴越王钱俶之命，由浙入闽，觅知宁德支提山为天冠菩萨说法之地，吴越王乃命有司前来建寺，清耸于此弘传法眼宗，为宁德支提寺开山祖师。后了悟禅师回灵隐寺，遣弟子辩隆为华藏寺主。淳化元年（990年），宋太宗召见辩隆，因称旨而赏赐有加，赐号祐国记室禅师，并紫衣一袭。其后住持中有玄本、文翰、启祷、天衣义怀、寒岩道升、小庵德最、田法薰、平楚光耸等名僧，分属法眼、云门、临济宗。

元至元二十一年（1284年），元世祖敕命澄鉴上山重建被毁的华藏寺。华藏寺重兴祖师愚叟澄鉴（1230—1311），福建宁德人，俗姓张。14岁依政和龙山栖云披剃，得法于荐福灿，属临济宗径山派，前后住持支提山14载，有嗣法弟子7人，均称重于世。明代初年，又有无碍住持于此，亦称重兴祖师，曾获赐紫衣一袭。

至明中叶，大迁复兴支提，乃是华藏寺历史上浓墨重彩的一笔。支提寺中兴祖师圆慧大迁（1509—1594），俗姓杨，北京大兴人。幼慕禅宗，19岁依北京吉祥寺翠峰披剃受具。万历元年（1573年），时年65岁的大迁应诏入宫，太后事以师礼，敕命重兴支提道场。经多年创业，寺宇初成。一时缁素云集，支提道上人流络绎不绝，天冠菩萨道场应运中兴。于时，迁师座下常有逾千众参请问学。迁师一生度众甚多，师从中选择功行卓著者16人，分成“福、寿、康、宁、祖”五房住山，余各遣一方弘法，支提寺达鼎盛时期。大迁圆寂后，弟子大安明启继席。明启住山50年，戒律精严，所建功德甚多，时人称为“古佛”。传徒众多，《宗谱》留名者有真玉、真顺、真幢、真义。至清代，住持悟波矢志承先，振兴道场，于咸丰五年（1855年）编成《支提山华藏万寿寺法派宗谱》，收入明万历至清后期300年间本山上千僧众的名号宗派、里籍姓氏、生卒品行等宝贵资料，续接支提慧命。

除上述历代住持支提寺诸师外，还有以佛法修行著称于世的天恩法师、樵云等。樵云真常（1556—1639），漳州人，俗姓周。幼年出家，受具足戒后，清苦自律，过午不食。曾谒漳州僧闲寂。时支提真灿奉朝命住福州芝山开元寺，樵云因慕支提禅风由漳州抵芝山谒灿，偕游终南山。明万历二十七年（1599年），樵云上支提山，结茅于王家地，后于辟支岩依崖缚屋而居，前后十余载。后返漳州，住石室岩万松岭，施茶三载。因应郡绅、善信之请住漳州开元寺，四方云衲争依之，遂为四众广授木叉大戒。万历四十年（1612年），回辟支岩扩充寺宇，并构南峰精舍。樵云精于律藏，是明代有名的律宗僧人。

近代以来，华藏寺几经灾劫，幸有寿明、心华、心良、心严、妙果等相继护持。妙果（1926—2011），俗姓郑，1948年诣闽侯雪峰崇圣寺礼明香披剃出家，于云居山虚云老和尚处参诣禅理，后赴南京宝华山隆昌寺受具足戒。1956年入中国佛教学院学习一年后住持该寺。宗教政策落实后，妙果率先领众农禅并举，重建殿堂，再造金身，还培养了一批中青年僧人，现多在国内名山大寺任职，或赴海外弘法。

作为天冠菩萨道场的华藏寺，在历代祖师传扬《华严》妙法的因缘中，也与诸多寺院结下了珍贵的法谊。

华藏寺与福州开元寺的法谊始于宋太宗移赐开元太平寺泥金藏经于华藏寺。明万历十八年（1590年）因福建巡抚留李太后所赐《大藏经》于开元，此后大迁、真灿师徒成为开元寺护藏兼住持。大迁先后在开元、升山诸寺开讲，真灿之徒如容为开元寺住持，如腾为开元寺西堂。大迁徒孙真受也曾在开元寺开讲经，皈依座下者千余众。

华藏寺与鼓山涌泉寺的法谊颇为深厚。宋代启祷、寒岩道升、小庵德最、月庭至华与元代光耸等均先住持该寺，再入主涌泉。明末清初，涌泉寺第94代住持永觉元贤力倡真参实悟，成为当时独特的“鼓山禅”，真灿徒孙性宗游方鼓山，深得永觉元贤器重，荐为知客，不久又选为监院。大迁徒孙四无寂颢，也圆大戒于鼓山永觉，住持永泰高盖山定光寺，名重禅林。据

《宗谱》资料统计，华藏寺先后有50多位僧人曾受戒于鼓山，包括第96代住持为霖道霈、第97代惟静道安、第98代恒涛大心和第102代常敏。

华确切性寺与福州怡山西禅寺的渊源则更为悠久，开山始祖了悟早年礼慧稜为师，在怡山西禅寺出家。清中期以后，不少寺僧分别受戒于西禅寺镜妙、元霖、注庆、继云诸和尚。

华藏寺与福清黄檗山也曾结下法缘，清初寺僧无得海宁和玄生海珠均嗣法隐元隆琦，无得曾为黄檗山万福寺西堂，玄生得隆琦法衣和黄檗山法脉源流，两人同编了《隐元禅师语录》17卷行世。

法缘交流

支提山华藏寺历史上与海外法缘深厚，改革开放以来，千年古刹焕发蓬勃生机，每年都会吸引海内外众多僧俗大众到支提山朝山礼拜。

从20世纪90年代至今，华藏寺以法缘为纽带，加强了与国内外佛教界的交流活动，尤其是与中国台港澳地区以及东南亚、韩国等法门同道互动频繁，成绩斐然。

1991年，澳门彭淑慈居士经僧持德引领来山护持支提天冠道场。

2001年，妙果受新加坡双林寺邀请，主持开光水陆法会。

2003年，香港举办万人祈福法会，邀请妙果主持。

第十四届中韩禅茶文化交流会

台湾圆明禅院广钦率70余僧众参访支提山华藏寺

2015年，韩国智迦山宝林寺住持及韩国世界禅 茶协会会长崔锡焕率30多人到支提山寻根礼祖元表，并于2012年至2017年，连续到华藏寺举办5届中国支提山中韩禅茶文化交流会。2018年6月，崔锡焕率十多位韩国僧众及会员与蕉城区佛教协会在支提山举办第十四届世界禅茶雅会暨中韩禅茶文化交流会。

2018年4月，台湾苗栗县圆明禅院广钦法师率70余人团队到支提山开展“寻根溯源朝圣之旅”，旨在增进两岸佛教交流，祈愿祖国和平统一。

这些活动促进了闽台之间的佛教文化交流，密切与港澳地区及东南亚国家和地区法缘一家的感情联系，发展了中韩两国的友好关系。

福鼎太姥山平兴寺

平兴寺位于福鼎太姥山南麓，1966年由青藏率众创建，初名坪岗佛教徒茶场。1977年中兴住持世行易茶场为道场，定名平兴寺。1991年界诠回山创办普隐学堂，农禅并举。随后学子来集，依界诠研习南山律学。近30年来，平兴寺致力于僧伽教育和对南山律学的弘传。常住僧众400多人，为当今中国汉传佛教男众学律最大的一所道场。

平兴寺

概　况

平兴寺坐落于福建省福鼎市太姥山之坪岗山麓，临海靠山，占地面积526亩，建筑面积4万多平方米。

1966年，青藏组织福鼎全县僧众，创办坪岗佛教徒茶场。十余名僧众于此结茅而住，垦荒种茶，苦心经营，以茶自养，以禅安心，早晚课诵，从未间断。一片茶叶如菩提，默经风雨，却是一座清净伽蓝的源起。

1977年，茶场礼请世行移锡于此，住持改建本山道场，改茅篷而筑石墙瓦舍，安僧办道。因取“平地而起，兴作伽蓝”之意，故名平兴寺。世行一生持戒精严，清淡自守，创建平兴寺并复兴瑞云寺、灵峰寺、庆云寺等道场，依临济宗瑞云寺祖庭为传承法脉，绍隆僧种，广度有情，法子遍布闽、粤、江、浙、沪等地，影响遍及海内外。

1991年，界诠奉世行之命回山，接任平兴寺住持。同年，台湾清凉寺法藏到访平兴寺，与界诠一见如故，叙及办僧教育之设想：以教通诸宗、行依律仪、修归净土为宗旨。后在界诠倡导之下，设立普隐学堂，取“普愿严正、隐忍世誉”之意，教导大家要勤学、吃苦、耐劳。1994年，福建佛学院延道、普空、本通等到寺学戒，成学戒之起因。此后常有比丘慕名远来学戒共修，平兴寺专研律藏，弘扬律学之风渐有人闻。

普隐学堂从最初培养小沙弥普及佛学知识、文化知识之职能，至今日已成全国出家众学习戒律、研修佛法、培育法门龙象的参学宝地。常住僧众由原来的十余人发展到现在的400多人。大众依止界诠研习戒定慧三学，以戒为师，提高僧伽自身素养，共筑正法城。

自界诠回山住持后，深山小庙住众渐多，遂陆续扩建了山门、大雄宝殿、普隐戒坛、尊客堂、教学楼、卧佛殿、学戒堂、五观堂、敬老院、闭关房、愿成楼、指归楼、律学苑、千秋苑等。其中普隐戒坛始建于1998年，1999年首次传授三坛大戒，至2018年已成功举办了11次三坛大戒法会，数千名学子在这里纳受了戒体，完成了僧格。

现任住持界诠，为福鼎人，俗姓李，1978年出家于太姥山平兴寺，礼世行为师。1982年依北京广济寺静严座下受具足戒。1984年毕业于中国佛学院，1984年至1991年担任福建佛学院教务长兼莆田广化寺监院，依止弘一弟子圆拙学习戒律。1991年，回平兴寺创办普隐学堂，以弘扬南山律学为己任，传授律宗三大部，培养了一大批优秀僧才。

传　　戒

1998年，界诠率领宗定、本通、道明、慧灯等，依道宣律师《戒坛图经》，精心绘制图纸，精确搭建戒坛模型，在普法等法师资助下，于1999年4月在寺南松林幽胜处，启建戒坛。坛身三重，连周围护栏，并108尊护坛神王尊像，悉皆精雕细琢，如法安奉。坛上建八角重檐亭阁。戒坛前庭间，建立七佛宝塔，高可及丈，排列有序。同年6月首次传授三坛大戒。2000年正月，重修戒坛，加盖屋顶，使其更加完善庄严。

平兴寺严把“出家受戒关”，对出家沙弥的审核考察、择师、剃度皆尊律制。如法传戒，受戒者才能纳受戒体。在传戒运作上，概依南山律宗旨授受；仪轨方面遵照读体大师所传的《三坛传戒正范》，三坛中每坛分授前忏悔和正授仪则。除请戒开导、露罪忏悔外，重点讲说得戒因缘、戒相行持，以及说戒法、安居法、自恣法、受戒法等作持行事。演说受戒意义、戒相以及受后行持等义理。

1999年4月，平兴寺第一次传授三坛大戒法会，礼请中国佛学院传印为得戒和尚，支提山妙果为羯磨阿阇梨，界诠为教授阿阇梨。时有98位沙弥圆具，如法如律，庄严殊胜，创闽东佛教传三坛大戒之始。此后多次传授三坛大戒，每次新戒300

普隐学堂初成立

余人。

2006年7月，平兴寺首次举办内部传授比丘具足戒，共有78人登坛受具。

平兴寺还应各地之邀，派法师们前往传戒，近年来协助传戒的寺院包括福州西禅寺、福州涌泉寺、福州雪峰山崇圣禅寺、漳州南山寺、泉州开元寺、泉州承天寺、莆田广化寺、龙岩圆通禅寺、南岳南台寺、深圳弘法寺、河北柏林禅寺、河北水岩寺、河南大相国寺、河南南海禅寺、陕西法门寺、杭州上天竺寺、宁波阿育王寺、湖州寿圣寺等，并多次赴海外传授三坛大戒。

平兴寺还非常注重规范尼众二部僧的受戒加法以及尼众出罪等诸多羯磨行法，严格按照南山律明文去行持，力争行为规范如法如律。其中仙游龙华寺、秦屿慈兴寺、沙县天湖净寺、温州太平寺等各女众寺院，曾在平兴寺规范地进行过二部僧加法授戒。2010年4月初，平兴寺应邀委派常住法师至福建仙游龙华寺为尼众举行忏二篇罪，恢复了律典作法，此举在国内教界由大陆僧众举行尚属首次。

平兴寺综合唐初南山道宣律师、明末宝华山见月读体律师的授戒仪则，行之有据，传之如法，不断加强信仰、道风、组织、人才、教制五项建设，大

普隐戒坛

力创办教育，培育僧才，半月说戒，如法安居，进一步完善了寺院各项管理制度，为21世纪中国佛教在探索授戒方法上谱写出住持正法、续佛命脉的新篇章。

常住授学

平兴寺恪守百丈家风，承袭丛林传统，依六和共住，发扬佛教优良传统，融合丛林律制清规，制立本寺规约。日常行事细分为营事组、教务组、羯磨组、法仪组、咨询解答组、资料编辑组、教诫沙弥组等诸多部门。各安其分，各尽其心，有条不紊，和合共住。合寺上下，衣食住行，和合同均，在学修上，本着“奉行毗尼，定慧等持”的宗旨，以学戒为根本，兼学经论，以净土念佛为修行之归宿。关于毗尼止作，诸如朔望布萨、结夏安居、自恣受岁、忏悔出罪等行事，力求如法如律，并皆躬行实践。

平兴寺制定了严谨的教学方案，分初级、中级、研究三个阶段；开设沙弥班、选修班、戒本班、安居班等多个班级。常住分别讲授《沙弥律仪》《净心诫观法》《比丘戒本》《得戒教育》《行事钞》《忏悔法门》等，悉心详考南山律典，精进研习。

净人、沙弥养正教育，着重于培养正知见及启发道心，通过律仪策约身口，为受持具足戒打下基础。授课内容主要有《佛学基础》《劝发菩提心文》《南山律在家备览》《沙弥律仪要略》《净心诫观法》《释门归敬仪》《佛遗教三经》等，以提高初学者对佛学的闻思水平和僧团生活的能力。

新戒比丘及未学戒者，分阶段学习，从易至难，渐次详研，熟诵戒本，通达戒条不遮因缘。学以《四分律》为根本，以《南山三大部》为主要教材，随学律藏中诸部律论；目标为提升僧格，熟悉律典，通达止作，能当未来弘戒重任。同时，于每年结夏安居（农历四月十六日至七月十五日）时期，为来自全国各地比丘僧，教授律学课程，使外来安居僧在短暂的3~4个月之内，与大众一起熏修日常戒律中的止作行持仪轨，稳固戒体守持。

除日常学戒之外，平兴寺也注重经论的闻思。寺开设经论课，系统讲授各宗派理论，深入学习，内容涉及中观、天台、净土、唯识等，以培养全面的弘法僧才，为未来学子弘化一方打下基础。

平兴寺

平兴寺常规共修除朝暮课诵外，分“春季坐禅、夏季诵经、秋冬念佛禅七”三时举行法会共修。每年固定时间传授三皈五戒、在家菩萨戒，并于佛诞良辰举行浴佛法会，解夏之际举行大蒙山施食法会。春节期间为信众开示佛法，确立正信，导归正行。

每期结业的法师们还系统地对所学内容进行编辑，目前出版的律学书籍有《说戒仪轨》《安居自恣受舍功德衣仪规》《南山传戒仪轨》等十几部，特别是首次对弘一点校《南山五大部》的真迹进行修复与完整再版。

弘法交流

多年来，寺住持界诠还应邀去各地讲法，阐扬圣教、弘法利生。诸多毕业的常住法师也不辞劳苦，在全国各省讲经弘法。同时，平兴寺多次承办由

各级佛协组织的僧伽培训班、以戒为师培训班、居士培训班、戒律作持培训班等各类进修活动，每次培训500余人。

据不完全统计，1991年至今，平兴寺共计接待来自海内外寺院、佛协、佛学院、居士团体等教界同仁约两万余人次。

平兴寺除接待来访教界同仁外，还与海外佛教友人积极开展佛学交流。平兴寺以弘扬南山律宗闻名遐迩，常有海外寺院不远万里，到平兴寺探讨律学建设。2000年，台湾各有关律学道场到访，与平兴寺常住法师就戒律学弘扬与发展进行深入探讨。2003年11月，新加坡广化寺学航法师来访。同年，新加坡光明山常住到访，探讨戒律在日常生活中的行持并于次年再次到访。2007年2月，澳门天主教宗教交流委员会、佛教交流服务中心宗教界友人到寺参访。2008年1月，澳大利亚华藏寺湛慧法师到寺参访。

平兴寺也广泛开展对外弘法活动。多年来，界诠和常住法师数十次应邀

协助新加坡光明山传戒

前往东南亚、澳大利亚和中国台港澳地区弘法和传戒。1990年4月，界诠应邀前往新加坡讲经弘法。1995年，界诠率团前往台湾多处佛教道场参访，并拜会了星云、圣严、印顺、证严等大德高僧，此后平兴寺常住还多次组织人员前往台湾佛教大学以及诸多道场参学。2005年11月，界诠与悟本应印度尼西亚学良之邀，一同前往印度尼西亚普门寺传授三坛大戒。2008年，界诠应新加坡惟俨之邀，前往双林寺传授在家菩萨戒。

如今，平兴寺基本确定了以僧伽教育为志、以弘扬律学为要、以自他两利为纲、以成就圣道为归的主旨。历年来，平兴寺共培养了6000多名来自全国各寺的学戒青年，弘法僧才遍布海内外。

平兴寺，从一毫茶尖绽出的青莲，一椽茅蓬蝶变的道场，已发展成为当今中国汉传佛教男众学律最大的一所道场。

福鼎莲峰山资国寺

清香满室佛入定，明月出海天为高。

资国寺为唐代古刹、闽东名蓝，历史上是福鼎六大寺之一，为福建省首批对外开放的重点寺院。寺之人文昌盛，道风不坠，农禅并举润法乳千年。高僧辈出，博忠老人传洞宗一脉；兴教育才，谛闲大师开办学之先。如今，资国寺秉持“文教禅净慈”五大弘法理念，成为闽东一大道场。

资国寺

历史沿革

资国寺位于福鼎城东南2.5千米的莲峰山上。此处峰峦叠翠，状似莲花，每当曙月交辉于晨曦，而寺院钟声响彻山间之时，俨然一幅清幽佛国庄严之境，素有“莲花曙月”之美景，名列于“桐城八景”。

“桐城八景”之“莲花曙月”

资国寺始建于唐咸通元年（860年），为唐冠庄叶庞、叶宠兄弟所建，并施舍周围董山田亩。宋代时，寺得法海、大全二师重兴，寺院规模达到鼎盛，相传有9井13墩，至今寺院依然保有唐井二口，宋泉一口。迨及明中叶，本邑玉塘夏氏施银百两助建大雄宝殿，又重建法堂。清乾隆时重修祖师殿。清光绪十六年（1890年），住持博忠兴建伽蓝殿。

改革开放、落实宗教政策后，圣训住持寺宇，率僧众整顿寺宇，农禅并举，广开觉路，接引学人，重修大雄宝殿，兴建念佛堂、五观堂等。1987年重建天王殿，1992年开设闽东佛学苑，1993年兴建玉佛殿、法堂，重展千年古刹之风貌。海外侨僧侨胞对于资国寺的恢复予以了大力支持，新加坡广化寺学航赠送一尊缅甸汉白玉释迦牟尼佛坐像，泰国居士陈晋环恭奉一尊泰国皇家工艺精品释迦佛铜像。

1995年起，现任住持贤志秉承圣训家风，以“文化、教育、禅修、净土和慈善”的五大弘法理念，开展资国寺的建设和弘法。2006年，该寺遭超强台风破坏，90%的建筑圮毁。后在社会各界人士的鼎力支持下，寺庙全面重修。2015年冬，资国寺举行了全堂佛像开光大典，来自世界各地的高僧及信众等3万多人参与了盛会。历经十年重建后的资国寺，已成为闽东地区集宗教、艺术、文化、旅游为一体的唐式风格佛教园林胜地。

寺里现存有大量的文物，如唐井、唐铁树、宋泉、清柏，并有历代高僧、显宦名流留下的楹联石刻，如清代宰相孙将鸣所题“浮生若梦谁非寄，到处能安即是家”，近代佛教界领袖圆瑛所题“无法向人说，将心与汝安”楹联等。

曹洞法脉

资国寺历史悠久，高僧辈出，长久以来高举禅门宗风，弘扬曹洞宗旨法要。清代以来，资国寺为曹洞宗太姥灵狮洞系传承，奕叶相传，直至今日。

清中叶，柘荣龙井庵曹洞宗福钦应福鼎知县傅唯祖礼请，至太姥山灵狮洞坐洞求雨，主事成功后，县令念其功高，遂将清溪、资福、资国、栖林等十数寺划归曹洞法系，遂开曹洞宗太姥灵狮洞一脉。福钦传徒永慈等11人。永慈再传博忠，住持资国寺。

资国寺1939年建的老山门

博忠，一名本空，为福钦徒孙。清光绪时任资国寺住持，受知县委充福鼎县僧会司僧录之职。博忠戒行精严，使福鼎佛教道风大振。清光绪十一年（1885年），各界人士赞仰其德行，赠匾曰："法门领袖"。博忠还曾兼任泰顺崇化寺、平阳宝兴寺等住持，曾应邀担任鼓山、怡山两院传戒教授。

自博忠传法，资国寺阐扬曹洞宗风，延传有序，香火不息。1939年所建的山门处还留有一副对联："地接董江，幻海布舟航，宏开慈渡；派承曹洞，名山传衣钵，大启法门。"继博忠之后，资国寺住持为宗任、昌住、融位等名僧。民国时期，该系主要僧人代表还有寿松、宗彦等。中华人民共和国成立后，主要代表有圣训、德清、贤志等。

圣训（1906—2001），字大教，号省纷，福鼎白琳人，俗姓孙。出家于资国寺依止莲居，依鼓山达本座下受戒，后往天童寺为圆瑛衣钵侍者。1939年回福鼎资国寺任住持。宗教政策恢复后，于1980年振兴栖林寺，1983年重回资国寺整顿名蓝。圣训住山50余年，关心后进，爱护僧才，于寺中开设闽东佛学苑，先后派送年轻学僧前往各大佛学院校深造。

现任住持贤志，字法圣，福鼎白琳人，俗姓王，生于1967年。1983年出家于资国寺，皈依新加坡广化寺住持学航，先后依止圣训、圆拙、普雨诸长老，接法于净慧，为临济宗第四十五世，又接法台湾慧门，传曹洞宗第四十九世。

弘法理念

资国寺十分重视文化建设，1999年创办《音声海》内部流通佛学普及刊物，发行至今。

资国寺有着悠久的兴学重教传统，自民国初年，天台宗高僧谛闲在资国寺创办佛学班开始，资国寺一直以来就注重僧才培养，办学之风浓厚，设有闽东佛学苑。现利用每年暑期时间，举办佛学居士班，导以正知正见正行的佛学知识。

资国寺在禅修实践方面，重视中国传统祖师禅和泰国南传禅的对话，两地寺院建立起"友好往来寺院"的关系，互派法师和学者参学，并将两地的禅法进行梳理和整合，找出融会贯通之处，以期更好地服务于当今社会。

资国寺又宣扬净土法门，通过养老院和念佛堂，让老年人放下身心，在人生最后一段时光里，专精于净土念佛法门，克期求生西方极乐世界，给予临终者和家属最大的关怀和慰藉，受到社会各界的普遍赞扬。

世界禅茶文化论坛永久会址碑

资国寺还从“知恩报恩”思想出发，将慈善作为弘法利生的重要环节。寺院自1997年提出弥陀村敬老院理念，积极响应国家政策，解决社会和家庭的养老压力。历经20年，先后建起了三期佛教安养院，积极践行人间佛教精神，致力于把弥陀村的建设当作服务于社会的一个标志性工程。

海外法缘

福鼎资国寺作为闽东名刹，与海外佛教界关系密切，尤其与东南亚、东亚各国互动频繁。

因寺住持贤志恩师学航为新加坡广化寺住持，受学航邀约，多年来，贤志长期往返于新加坡、印度尼西亚等地，进行讲经弘法活动，促进宁德佛教走向东南亚。同时，资国寺也邀请东南亚各国的佛教界高僧大德，前来宁德进行考察、交流及弘法活动。2015年资国寺全堂佛像开光大典时，就有来自东南亚各地的四众信士近千人参与。

资国寺以禅茶文化为纽带，与日韩等国家开展交流交往。2009年11月15日，以“缘结福鼎，茶和世界”为主题的首届中国太姥山资国禅茶文化国际研讨会暨第四届世界禅茶文化交流大会在资国寺盛大开幕，成为国际性茶文化盛会，推进了中、日、韩、新、马等国禅茶文化交流。资国寺现为世界禅茶文化论坛永久会址。

霞浦建善寺

狮窟震玄风，教普闽峤，灯传沩水；鹫峰承法脉，山开齐代，地辟南天。

霞浦建善寺，始建于南齐，是八闽现存最古老的寺院之一，汇集了八闽源远流长的历史文化，实檀越植福之精蓝，有“八闽第一古寺”之誉。唐代时，霞浦僧人灵祐祖师于此祝发出家，后至沩山布大士之慈云，阐佛祖之心印，创禅宗沩仰一脉。源远根深，故建善寺名传四海，众多善信，中外缁素，不惮梯山航海，争先瞻礼。

建善寺

建善寺石刻

概　　况

建善寺始建于南齐永明元年（483年），初名建福斋，唐景云二年（711年）随县迁徙至今所，改称建善寺，是当时八闽地区一座非常重要的佛教律宗道场。寺当龙首之阴，坐北朝南，背枕华峰山，金山重其上，龙首虎尾岗连其左，金字山、凤凰池接其右，前与寨岗山、葛洪山遥遥相望，山势巍峨，如龙翘骨，梵音缭绕，秀挹八闽。

千百年来，建善寺历尽沧桑。唐会昌五年（845年），因唐武宗实行废佛政策，建善寺一度被废。大中四年（850年），朝廷应僧大千奏请，准予恢复，宣宗赐“大中建善”额。同年，在大千的住持下，建善寺首开戒坛。是文献记载的福建省最早开设戒坛的道场。

宋初，寺改为威武军节度驿馆。乾德元年（963年），威武军节度馆驿巡官、儒林郎吴慎辞撰写碑铭，记述建善寺的创建和发展历程。乾兴元年（1022年）复为寺院，改律寺为禅刹。元丰元年（1078年），进士陈襄重修。元元统（1333—1334）时，建善寺再次重建。

明清两代，建善寺均为福宁僧官驻地，先后为福宁州僧正司署、福宁府僧纲司署所在。明洪武（1368—1398）与嘉靖十四年（1535年）两次重修。嘉靖三十八年（1559年）毁于倭乱，隆庆元年（1567年）又再度修缮。清康熙十年（1671年），总兵吴万福、知州黄鼎对建善寺进行扩建。乾隆九年至二十八年（1744—1763）两度重修。1917年，建善寺住持、诗僧碧淞对建善寺再次进行修缮。

灵石、石槽、唐宋柱础等文物

1951年，建善寺被挪作他用。1983年，落实宗教政策，将建善寺归还县佛教协会，由青光住持。1993年，世度来此住持，先后兴建了山门、围墙、天王殿、鼓楼、祖师殿、地藏殿、观音阁、念佛堂、僧寮、灵石亭等，使建善寺初具规模。后界斌又重建了大雄宝殿、僧寮、六和楼等，千年古刹再焕生机。

从古至今，建善寺一直吸引着大批社会贤达、文人墨客。南宋朱熹、明御史聂豹、清郡守李拔等都曾留下许多诗文佳作。此外，寺内尚存有14只覆盆莲花式石础，为唐宋遗物，另有两只元代抱石鼓；月台嵌石刻的“春满南天”，为清乾隆时李拔所题。

法脉源流

建善寺先弘律，后扬禅。自创寺后的500多年间，建善寺涌现出以法恒、大千为代表的一批知名律师，成为福建早期律寺的代表。至北宋仁宗乾兴元年（1022年），该寺改为禅宗道场，至今灯焰相续。

由于是沩仰宗灵祐祖师的出家之地，建善寺一直在努力寻找因缘，能够承接祖师的沩仰法脉，期盼祖道重兴，复本归源。因种种因缘，沩仰一脉入宋之后便逐渐衰微，幸有近代虚云一肩挑五叶，振兴禅风于末法之秋，使沩仰法脉传承不绝。此后，经前辈大德高僧的竭力弘传，在短短的50余年里，沩仰宗的星星之火已经传播到中国的大江南北乃至世界各地。其中著名者如中国佛教协会原会长一诚、传印两位长老，还有安徽褒禅寺绍云、河北柏林禅寺净慧、美国万佛城宣化、香港宝莲寺圣一等。建善寺界斌今承接安徽褒禅寺绍云之沩仰法脉，成为沩仰正宗第十世传人。

灵祐（771—853），15岁时到长溪县建善寺，依法常祝发出家并跟随法常学习律学及大乘经典，历时三年。灵祐18岁时前往杭州龙兴寺受具足戒，41岁时到湖南沩山开辟道场，与其弟子仰山慧寂共同创立了沩仰宗，成为禅宗一花五叶中最早伸展出的一个叶片。

友好往来

霞浦自古佛教昌盛，吸引了海内外众多僧人不远千里来此朝拜。隋代古印度梵僧阇那崛多三藏游历瓯闽，中经福建温麻县（今霞浦）。至唐贞元二十年（804年），日本真言宗开山祖师空海大师入唐求法，于海上遇难，漂至霞浦赤岸登陆。而今，建善寺已成为日本真言宗信徒寻访祖师足迹必到之处，著名学者游寿曾欣然写下：“空海法师远帆扬胜地，建善古寺紫气满山门。”

1984年，是空海大师圆寂1150年，建善寺接待了高野山真言宗委派的由静慈圆教授为团长的“空海大师入唐求法足迹参拜团”8人，从赤岸、建善寺到达长安，历时30天，体验空海当年的旅程。

1986年，高野山真言宗总会管长阿部野龙正任团长，率领71位僧侣组

日本真言宗参访团在建善寺门前合影

成的友好访中团到赤岸访问，并参拜了建善寺，翻开了中日友好与中日佛教文化交流的新篇章。现寺内尚存当年日本参拜团所立的空海大师像和石碑，并建有空海大师纪念堂。

本着“奉行毗尼，绍隆佛种”的宗旨，界斌也曾多次应邀到陕西、河北、湖南、上海乃至新加坡等地参与传戒法会并担任教授阿阇黎、尊证阿阇黎及引礼等职。建善寺注重培育僧才，提高僧人的素质，曾派遣寺僧赴中国人民大学、泰国玛希隆大学及国内各佛学院深造。

信众三步一拜朝拜祖师

如今的建善寺，正以其得天独厚的历史人文及广博深奥的佛教文化、庄严肃穆的殿宇楼阁和秀美幽雅的自然风光，成为人们学佛、祈福、观光、礼祖的佛教胜地。

福安狮峰寺

极目西峰更西处，愁怀无那更须删。

狮峰寺，又名狮峰广化禅寺，肇建于唐，重建于明，近代又兴于当代高僧本焕及其弟子印觉诸师。寺自古为韩阳名刹，禅风播扬于世，乃文人禅客向往之地，壁石之间留下诸多题咏；近代静绳、伯圆、印朗、印觉诸师等悉出于此，皆为法门一时之龙象，远弘佛教于我国东南沿海及东南亚、北美等地，其嘉言懿行，碑林有记，宏德远范，青史堪垂。同时，狮峰寺极具历史及人文价值，现为全国重点文物保护单位。

狮峰寺

概　况

狮峰寺，古名西峰院、西峰寺，始建于唐景福元年（892年），位于福安市溪柄镇柏柱洋山麓，为闽东千年古刹之一。狮峰寺历史上规模甚大，田产颇丰。寺院依山而建，宏伟壮观。由天王殿、大雄宝殿、法堂和观音阁四个主体建筑组成，并建在一条中轴线上，其他建筑对称分置两侧，布局错落有致，古朴典雅。大雄宝殿重建于明万历四十年（1612年）。殿内的天花藻井保留有大量的明代彩绘图案，内容丰富，包含众多佛教故事，人物形象生动，至今仍图案清晰、色泽鲜艳。这在福建地区十分罕见。

历史上，文人墨客为狮峰寺留下了许多诗词佳句与摩崖石刻，极大地丰富了寺院历史文化内涵。狮峰寺法堂后庭素壁上至今还留有“方池影动鱼窥客，半岭声来竹引风”的名联，据传为明朝正德皇帝钦赐。

20世纪90年代初，印觉驻锡狮峰寺以后，以弘法利生为己任，经过20多年的不懈努力，现寺院已建成山门、天王殿、大雄宝殿、法堂、观音阁、念佛堂、斋堂、客堂、香积堂、僧舍、狮峰书院、闽东狮峰书画院等建筑群。

狮峰寺大殿

狮峰寺又是闽东革命旧址，曾为闽东群众性农民武装红带会总部。狮峰寺1985年被列为福建省第二批省级文物保护单位，2006年被列为第六批全国重点文物保护单位。

法脉衍化

狮峰寺是临济宗的法脉，始于唐宋，兴盛于明清及近现代，传衍历史悠久，灯灯相续，龙象辈出。追溯历史，狮峰寺和福州涌泉寺、西禅寺以及宁德支提山华藏寺临济派的传灯，渊源深厚。

福安狮峰寺临济宗法脉（近现代）传承

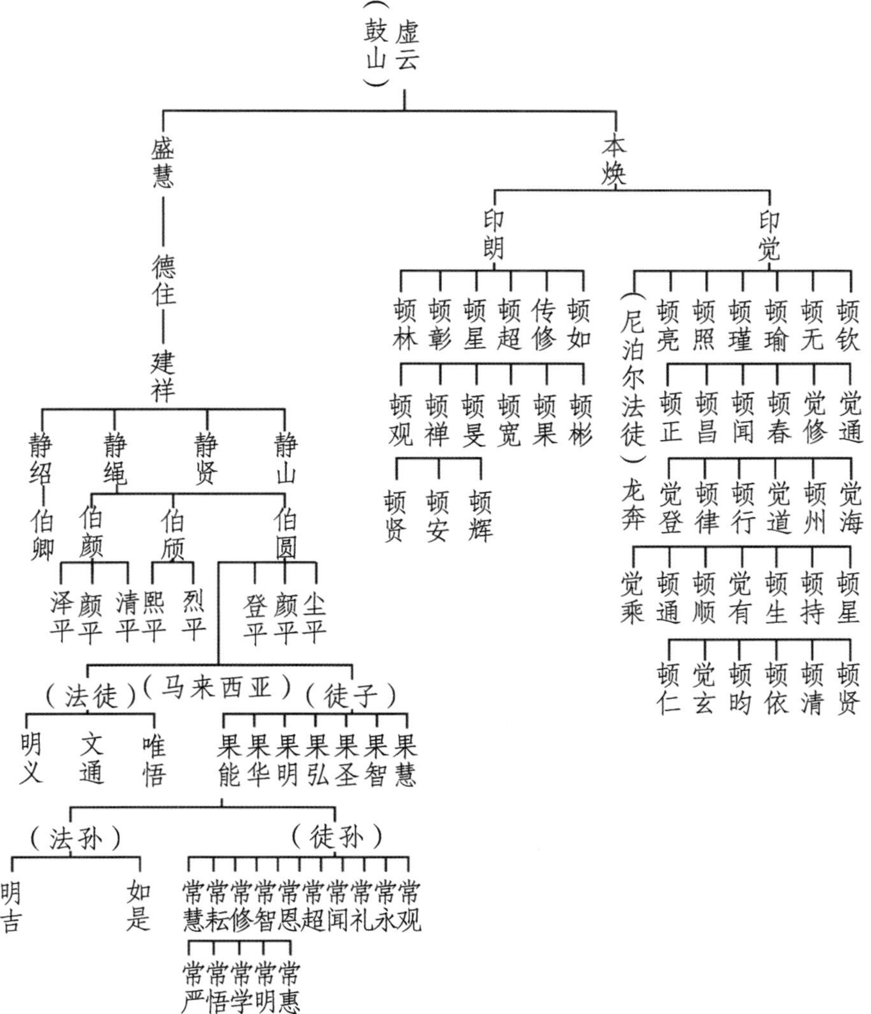

明清两代，狮峰寺为福安县僧会司所在，法脉相承，多有高僧住寺，担任僧官之职。明万历（1573—1620）时有第四代祖师雪岩亮公、元灿昙公、屏山光公、大襟袖公，第六代祖师少塘章公，第七代祖师静山逸公，第九代祖师从素秀公，第十代祖师希文学公。天启（1621—1627）时，僧人明逸、秀实、学实、妙峰、继峰、绍峰等也属该寺明代法脉系统。

清乾隆（1736—1795）时，寺僧有广矗岩公、普清明公、源音妙公等，属临济宗法脉。嘉庆（1796—1820）时，有僧续颐，别号椿庭，来寺任住持。道光（1821—1850）时，有僧广如、本常、觉深先后住寺弘法。咸丰（1851—1861）时，又有隆机修公卓锡狮峰。同治（1862—1874）时，临济宗僧人昌坤驻锡该寺。

民国时期，狮峰寺来源临济宗的两个系统。民国初年，狮峰寺法脉属于福鼎瑞云寺之溪柄兴云寺系，即福州西禅寺智水法脉。1935年，与支提山之普照庵系法脉有着深厚渊源的福安籍僧人盛慧出任福州鼓山涌泉寺住持后，涌泉寺成为福安僧人求戒之首选。当时福安僧众之中坚力量多出于鼓山盛慧门下，如僧秉恒、秉佺、心悟、心志、性香、性藏等。其中，狮峰寺住持建祥与昭明寺住持僧静山是当时福安佛教举足轻重的人物。

20世纪90年代初，禅门临济正宗第四十四世传人、中国佛教协会名誉会长、当代佛门泰斗本焕受礼请担任狮峰寺住持。其高足印朗、印觉先后受命任监院、住持，并主持重兴狮峰寺。

法脉派衍海内外

近代以来，狮峰寺法脉逐渐向海内外发展，伯圆、本焕、印朗、印觉等先后弘法于东南亚等国家和地区。

伯圆（1914—2009），法名圣光，号绿野。福安人，俗姓李。19岁时依福安狮峰寺静绳披剃；22岁受具足戒于福州鼓山涌泉寺虚云座下，并依虚云习禅，复入鼓山佛学院参学。1947年至马来西亚槟城极乐寺任监院。1961年应邀至吉隆坡弘法，于八打灵建立湖滨精舍。伯圆平素淡泊自适，喜以书画入禅。座下皈依弟子遍及东南亚，法子无数。曾任马来西亚佛教总会副主席、马来西亚佛教总会永久顾问等职。

本焕（1907—2012），法名心虔，祖籍湖北新洲，俗姓张。1930年出家，为临济宗第四十四代传人。一生重兴祖庭十余座，匡扶道风，不遗余力，被誉为当代佛门泰斗。

印朗，俗姓林，生于1956年。1980年赴宁德支提山出家，同年底赴广东丹霞山别传寺礼本焕为师。1987年于中国佛学院灵岩山分院本科毕业后，任丹霞山别传寺监院。1989年，嗣侨居美国檀香山虚云寺知定法脉，为临济宗第四十五代传人。1991年继任虚云寺住持，并被推选为美国夏威夷檀香山佛教总会副会长，后又被聘为福安狮峰寺住持，主持兴建半屿报恩寺等。其门下弟子众多，如顿林、顿超、顿如、顿旻、顿果、顿彬等均在海内外住持一方。

印觉，俗姓宋，生于1959年。善根宿植，童真入道。1980年正月复投宁德支提山华藏寺出家，1981年赴福建省鼓山佛学班学习并圆具足戒，1987年毕业于中国佛学院灵岩山分院，出任丹霞山别传寺堂主兼监院，1988年嗣法本焕为临济宗第四十五代传人。1991年，奉本焕之命重兴狮峰寺，并主持寺务至今。1996年主持重建广州花都华严寺，并于2011年荣膺华严寺方丈。2016年，印觉再次受美国夏威夷佛教总会会长、虚云寺住持顿如的邀请前往弘法交流。

自2015年起至今，为回应中国佛教协会“佛教因契理契机而发展，文明因交流互鉴而增辉”的号召，狮峰寺连续举办了四届“禅墨缘”书画摄影展，展出了许多海内外知名书画家、摄影家的作品，搭建了公众与佛教艺术文化交流的桥梁。同时，为促进国际文化交流，弘扬祖师精神，从2007年开始，组织四众弟子开展“重走唐僧西行路，寻源佛陀尊圣地”尼泊尔、印度朝圣之旅，同时与美国、澳大利亚、泰国、新加坡、马来西亚等国及中国台港澳地区加强各地佛教界的交流。

古田极乐寺

得到此中真极乐，不知何处是西天。

位于福建省古田县城东的极乐寺，背依鹫峰山，面对翠屏湖，极尽山水之景致，历代多有文人题咏。近代以来，达本、圆瑛、提润等高僧先后住持该寺，将极乐寺建设成闽东名刹。同时，极乐寺也随着三位高僧弘法的足迹，蜚声海内外。而今，极乐寺中成立了福建省东方佛教心理学研究院，并设楞严书院，以彰显圆瑛祖庭文化为特色，弘扬祖师精神，打造心灵家园。

极乐寺全景

概　况

极乐寺始建于唐天宝元年（742年），创立者为志文，初名天宝寺。宋代时已初具规模，寺中有息见亭、目真轩、放生池等名胜，多有文人吟咏于此。早在北宋景德二年（1005年），就有古田县令李堪赋诗留赠："空门出白云，梵宇依苍岫。天色湛瑶光，春花结野秀。"

南宋初年，宋室南迁。建炎三年（1129年），宗室汉恭宪王赵元佐曾孙赵仲敉，于古田极乐寺西畔建汉王府，其后数代间子孙繁衍，家族壮大。绍定元年（1228年），赵汝游有感于寺之功德相佑，将府第捐献给极乐寺。淳祐（1241—1252）时古田进士章孝参有诗赞极乐寺："挂岩屋似六和塔，入路门如九里松。"诗中将古田极乐寺与杭州名胜相提并论，可见当时极乐寺规模之大。

元明两代，极乐寺几经兴废。明永乐三年（1405年）重建，天顺（1457—1464年）时由僧道费重修，成化十七年（1481年）再次重修。嘉靖四十一年（1562年）毁于倭寇。隆庆四年（1570年）僧海深、海松重建法堂、山门，万历十七年（1589年）僧道焕再重建方丈室，寺院规模稍复。当时寺前后有万年山、喜雨桥、四会亭、西竹庵、半仙岩诸胜，晚明文人多有题咏之作。

清末，古田籍高僧达本中兴福州雪峰崇圣禅寺，于光绪二十七年（1901年）赴南洋槟城募化，回国后又捐资修缮古田极乐寺，并将极乐寺收为雪峰廨院。1928年，达本法嗣圆瑛接主雪峰法席，继任古田极乐寺住持。1933年，极乐寺毁于战火，由圆瑛大师发起重修，得到当地名士胡震居士的鼎力支持，时任国民政府主席林森亲笔题写"极乐寺"匾额，圆瑛亦亲撰对联"得到此中真极乐，不知何处是西天。"在达本、圆瑛二位古田籍高僧的住持下，极乐寺逐渐将殿宇完善，千年古寺重获新生。

"文化大革命"期间，寺内文物受破坏或散失，殿堂及园地亦被占用，幸存铜佛、玉佛。1983年落实宗教政策后，极乐寺开始进入逐渐恢复的阶段，旅美华侨陈宏坦夫妇等13人捐资增建山门、围墙、地藏殿、方丈室等。同年，圆瑛法嗣明旸领上海佛教界同仁回山礼祖。1985年，极乐寺被列为县级文物保护单位，时任中国佛教协会会长赵朴初亲自为极乐寺题寺名。1989

1983年明旸率上海佛教界同仁回山礼祖

年，香港菩提学会永惺、坚明及海内外信士捐资，于寺中建圆瑛纪念堂。

1994年，提润应请住持极乐寺，着手重建了大雄宝殿、天王殿、铜佛楼、僧舍等。2003年，定空继任极乐寺住持。近年来，在定空的主持下，极乐寺重新修建了天王殿、东西厢房、钟鼓楼、伽蓝殿、祖师殿、大寮、五观堂、地藏殿等建筑，并于寺内设福建省东方佛教心理学研究院、楞严书院等机构，千年古刹得以再焕光彩。

法脉传承

古田极乐寺历史悠久，从唐至明清，代有佛教大德住持。唐代志文为寺开山祖师；明代有道贵、果棵、果松、道焕诸师，对极乐寺有住持、兴复之功；到近现代则有达本、圆瑛、提润三位高僧先后住持，使该寺再度得以振兴。

达本（1847—1929），字悟源，福建古田人，俗姓汪。22岁投福清黄檗山香城寺出家，越两年于福州鼓山涌泉寺受具足戒，得法于鼓山净空，为曹洞宗第四十五代传人，先后出任福州涌泉寺监院、福州雪峰崇圣寺方丈。光绪二十七年（1901年）赴南洋募化，回国后捐资修缮福州圣泉寺及古田极乐、保福、吉祥三寺，并收为雪峰廨院。1924年又兼任福州涌泉寺方丈。达本真实行持，缁素共仰，培养了众多优秀的弟子，其中多有赴南洋弘化一方者，近代中国佛教领袖圆瑛亦为其法子。

圆瑛（1878—1953），法名宏悟，福建古田人，俗姓吴。19岁投福州涌泉寺礼增西为师，翌年依鼓山妙莲受具足戒，后往雪峰亲近达本。1928年，圆瑛继主雪峰法席，重修福州之法海、古田之极乐、吉祥各寺廨院。圆瑛爱国爱教、救生护僧、弘法利群、精进修持的精神，为极乐寺的弘法事业注入了新的血液。寺院落成后，四众云集，梵音宣流，极乐寺一度走向中兴。圆瑛毕生精研《楞严经》，有“楞严座主”之誉，晚年于上海创立楞严专宗学院，培养了众多僧才，其中就有后来出任极乐寺住持的提润。

提润（1922—2001），福州东门人。童真入道，19岁到寿宁三峰寺随医僧明洁学医，又至上海楞严专宗学院追随圆瑛学习佛法，由此结下了师徒因缘。1994年，提润应请住持极乐寺后，对圆瑛故乡及其所住持过的极乐寺尤为用心。其间数次赴海外讲经说法、行医治病，将其所得供养之资用于寺院

圆瑛法师纪念堂

的修建。提润还积极资助古田县办学，为古田多所学校捐资数十万元。

时至今日，极乐寺依然秉持上述诸师之宗风，尤其是在圆瑛的影响下，极乐寺一直致力于《楞严经》的学习与弘扬，并于2017年成立了楞严书院，努力打造弘扬圆瑛精神的平台，彰显了圆瑛祖庭文化的特色。

法缘交流

近代以来，古田极乐寺历任住持频繁地赴海外弘法募化，十分重视与海外的交流，使极乐寺不再仅是一所建筑完善的寺宇，还肩负起对外弘扬历代祖师所传递的佛法度世精神内涵之使命。

早在圆瑛住持极乐寺期间，在寺中成立了中国佛教会古田县分会，而圆瑛更是连任7届中国佛教会理事长，其弟子广布海峡两岸，对中国佛教发展产生重要的影响。不仅如此，圆瑛的弘法足迹还遍布海外，曾7次出国弘扬佛法。1938年圆瑛第六次出访槟城时，被选为槟城极乐寺的住持，此为其海外弘法主要影响之处。10年后，圆瑛重访槟城时，极乐寺僧众为纪念其71岁寿辰，还特意在寺中举办传授三坛大戒法会，盛况非常，对当地乃至周边国家佛教界的影响可谓至深且远。

大雄宝殿

美国心理学家帕特博士与苏西博士在极乐寺体验中国文化

提润住持极乐寺期间，其治癌医术渐为人知，因此提润时常往海外行医。其中，菲律宾、泰国、马来西亚、新加坡是提润常到之处，也是其海外弘法的重点地区。不仅如此，提润还多次接受中国台港澳信众的热情邀请，讲经说法，行医治病。

极乐寺近年来秉承着圆瑛、提润的弘法精神，积极开展各项对外弘法活动。当下，极乐寺住持定空以佛教心理学为弘法重点，成立福建省东方佛教心理学研究院，发挥佛教优秀文化在心理学研究应用中的积极作用。定空多次在国内外大学及心理学机构进行演讲交流，在美国太平洋研究院作《心经与空》的演讲，2017年受聘为加拿大威敏德国际学院客座教授。2018年3月，美国太平洋研究院教务长帕特博士和旧金山荣格学院院长苏西博士，专程从美国来到极乐寺体验寺院生活。同年6月，定空应邀回访，赴美为太平洋研究院、洛杉矶荣格研究院、旧金山荣格学院三大全球顶尖心理学研究院博士生授课，推动中国佛教文化“走出去”。

主要参考书目

1.［宋］祝穆撰：方舆胜览. 上海：上海古籍出版社，1991.

2.［清］顾祖禹撰：读史方舆纪要. 上海：上海书店出版社，1998.

3.［清］徐松编：宋会要辑稿. 北京：中华书局，1957.

4.［清］蒋廷锡编：大清一统志. 上海：上海古籍出版社，2008.

5.［宋］梁克家撰：淳熙三山志. 北京：方志出版社，2003.

6.［明］黄仲昭撰：八闽通志. 福州：福建人民出版社，2006.

7.［明］何乔远撰：闽书. 福州：福建人民出版社，1994.

8.［明］王应山撰：闽大记. 北京：中国社会科学出版社，2005.

9.［明］王应山撰：闽都记. 北京：方志出版社，2002.

10.［清］何求撰：闽都别记. 福州：福建人民出版社，2008.

11.［民国］沈瑜庆、陈衍编：福建通志.北京：方志出版社，2016.

12. 连横撰：台湾通史.北京：九州出版社，2008.

13. 福建省地方志编纂委员会编：福建省志·宗教志.厦门：厦门大学出版社，2014.

14.［明］叶溥，张孟敬修纂：正德福州府志. 福州：海风出版社，2001.

15.［明］喻政修纂：万历福州府志. 福州：海风出版社，2001.

16.［清］徐景熹修纂：福州府志. 福州：海风出版社，2001.

17.［明］阳思谦，黄凤翔修纂：万历泉州府志. 台北：台湾学生书局，1987.

18.［清］郭赓武修纂：乾隆泉州府志. 上海：上海书店，2000.

19.［明］周瑛等修纂：兴化府志. 福州：福建人民出版社，2007.

20.［明］吕一静等修纂：兴化府志.福州：海峡书局，2017.

21.［明］袁业泗修纂：万历漳州府志（明万历四十一年刊本）.

22.［明］罗青霄等修纂：漳州府志. 厦门：厦门大学出版社，2010.

23.［明］陈洪谟等修纂：大明漳州府志. 北京：中华书局，2012.

24.［清］孔自洙等修纂：延平府志. 厦门：厦门大学出版社，2010.

25.［清］曾日瑛等修纂：汀州府志. 台北：台北成文出版社，1967.

26.［明］夏玉麟等修纂：建宁府志. 厦门：厦门大学出版社，2009.

27.［清］张琦等修纂：康熙建宁府志. 上海：上海书店，2000.

28.［明］陈让等修纂：邵武府志. 北京：方志出版社，2004.

29. 福州市地方志编纂委员会编：福州市志（第八册）. 北京：方志出版社，2000.

30. 厦门市地方志编纂委员会编：厦门市志. 北京：方志出版社，2004.

31. 厦门市地方志编纂委员会整理：民国厦门市志. 北京：方志出版社，1999.

32. 泉州市地方志编纂委员会编：泉州市志. 北京：中国社会科学出版社，2000.

33. 龙岩市地方志编纂委员会编：龙岩市志. 北京：中国科学技术出版社，1993.

34. 宁德市地方志编纂委员会编：宁德市志. 北京：中华书局出版社，1995.

35.三明市地方志编纂委员会编：三明市志. 北京：方志出版社，2002.

36.漳州市地方志编纂委员会编：漳州市志. 北京：中国社会科学出版社，1999.

37. 莆田市地方志编纂委员会编：莆田市志. 北京：方志出版社，2001.

38. 南平市地方志编纂委员会编：南平地区志. 北京：方志出版社，2004.

39.［清］周学增等修纂：道光晋江县志. 福州：福建人民出版社，1990.

40.［清］廖必琦等修纂：莆田县志. 台北：成文出版社，1967.

41.［清］宫兆麟等修纂：乾隆莆田县志. 北京：方志出版社，2017.

42.［民国］张琴修纂：莆田县志. 福建省图书馆影印本.

43.［清］李世熊修纂：康熙宁化县志. 福州：福建人民出版社，1989.

44.［民国］吴栻等修纂：南平县志. 台北：成文出版社，1974.

45.［清］佚名修纂：安海志. 上海：上海书店，1992.

46.［清］贾懋功修纂：顺昌县志. 台北：成文出版社，1974.

47.［清］庄成等修纂：安溪县志. 厦门：厦门大学出版社，2012.

48.［清］饶安鼎等修纂：福清县志. 福州：福建省地图出版社，1989.

49.［明］释如一修纂：嘉靖福清县志续略. 北京：书目文献出版社，1992.

50.［清］释法纬编：西禅长庆寺志（ 中国佛寺志丛刊第100册）. 扬州：广陵书社，2006.

51.［民国］释证亮编：西禅小记.（中国佛寺志丛刊第100册）. 扬州：广陵书社，2006.

52.［明］释隐元编，［清］释性幽续编：黄檗山志（中国佛寺志丛刊第102册）. 扬州：广陵书社，2006.

53.［明］徐㶿编：雪峰山志（中国佛寺志丛刊第103册）. 扬州：广陵书社，2006.

54.［清］林墨翰编：沙京龙泉寺志（中国佛寺志丛刊第104册）. 扬州：广陵书社，2006.

55.［明］谢肇淛、陈希拯编.［清］释照微续编：支提寺志（中国佛寺志丛刊第105册）. 扬州：广陵书社，2006.

56.［民国］陈家珍编：安溪清水岩志（中国佛寺志丛刊第101册）. 扬州：广陵书社，2006.

57.［明］元贤编：温岭开元寺志（中国佛寺志丛刊第106册）. 扬州：广陵书社，2006.

58.［民国］张琴编：莆田广化寺志（中国佛寺志丛刊第106册）. 扬州：广陵书社，2006.

59.陈衍：石遗室诗话. 北京：人民文学出版社，2004.

60.董天工：武夷山志. 北京：方志出版社，2004.

61.郑方坤：全闽诗话. 福州：福建人民出版社，2006.

62.梁章钜：归田琐记. 北京：中华书局，1981.

63.［清］蔡永蒹：西山杂志（手抄本）.

64.［清］林枫：榕城考古略.福州市文物管理委员会，1980.

65.印顺编：太虚大师全书. 北京：宗教文化出版社，2005.

66. [明] 林弘衍编：雪峰义存禅师语录. 卍续藏第119册.

67. [清] 为霖道霈禅师还山录. 卍续藏第125册.

68. [宋] 普济著，苏渊雷点校：五灯会元. 北京：中华书局，1984.

69. 高僧传合集. 上海：上海古籍出版社，1991.

70. [宋] 道原撰：景德传灯录. 禅文化研究所，1990.

71. [宋] 正受撰：嘉泰普灯录. 续藏经第二编乙第10套.

72. [宋] 慧洪撰：禅林僧宝传. 卍续藏第137册.

73. [宋] 志磐撰：佛祖统纪. 大正藏第49卷.

74. [明] 元贤撰：永觉元贤禅师广录. 续藏经第二编第30套.

75. 于凌波编撰：中国近现代佛教人物志. 北京：宗教文化出版社，1995.

76. 王荣国著：福建佛教史. 厦门：厦门大学出版社，1997.

77. 陈丹丰编著：福州名刹. 北京：地质出版社，1994.

78. 徐心希主编：福州开元寺志略. 北京：宗教文化出版社，2010.

79. 福州市宗教志编纂委员会编著：福州市宗教志. 福州：福建人民出版社，2000.

80. 厦门市佛教协会编：厦门佛教志. 厦门：厦门大学出版社，2006.

81. 厦门南普陀寺编：南普陀寺志. 上海：上海辞书出版社，2011.

后　　记

为挖掘整理福建佛教祖庭名刹文化，开展宗教文化交流，省政协民族和宗教委员会、省民族与宗教事务厅、省佛教协会共同动议编撰《福建佛教祖庭名刹文化概览》一书。

自2018年4月该书编写工作启动以来，得到了省政协洪捷序副主席的高度重视。洪副主席多次主持召开专题会议，研究部署相关工作，并赴祖庭名刹密集的福州、泉州等地深入调研，有力地推进了编撰工作。省政协办公厅也为编撰工作提供了诸多支持帮助。省政协民族和宗教委员会牵头，会同省民族与宗教事务厅、省佛教协会拟定了编撰工作方案、编撰体例、各寺院材料编写要求等；根据各设区市推荐的祖庭名刹名单，研究确定入选本书的寺院名录；对各设区市提交的入选寺院材料进行初步审核，并组织相关人员进行了多轮编撰、审改。各设区市政协民族和宗教委员会牵头，协同市民族与宗教事务局、市佛教协会，发动宗教界对入选寺院的祖庭名刹文化及对外交流交往情况进行了挖掘梳理、资料征集和初稿编审，付出了积极努力。如今书稿终于付梓，参与编撰工作的同志们感到如释重负，终于不负有关领导、宗教工作同仁和宗教界的重视、期盼。

在此，谨向给予书稿编审工作大力支持的福建师范大学教授谢重光、省政协社会法制委员会原主任郑传芳、省文史馆馆员周书荣、华侨大学海外华人宗教与闽台宗教研究中心教授张云江，福建省开元佛教文化研究所主任孙源智表示衷心的感谢！

囿于水平，书中难免有疏漏不周之处，也敬请读者包容指正。

编委会

2018年11月

图书在版编目（CIP）数据

福建佛教祖庭名刹文化概览/福建省政协民族和宗教委员会，福建省民族与宗教事务厅，福建省佛教协会编.--福州：福建人民出版社，2018.12

ISBN 978-7-211-08131-8

Ⅰ.①福… Ⅱ.①福… ②福… ③福… Ⅲ.①佛教—寺庙—介绍—福建 Ⅳ.①K928.75

中国版本图书馆CIP数据核字（2019）第006649号

福建佛教祖庭名刹文化概览

FUJIAN FOJIAO ZUTING MINGCHA WENHUA GAILAN

作　　者： 福建省政协民族和宗教委员会　福建省民族与宗教事务厅　福建省佛教协会
责任编辑： 陈　宽
出版发行： 福建人民出版社　　**电　　话：** 0591-87604366（发行部）
地　　址： 福州市东水路76号　　**邮　　编：** 350001
网　　址： http://www.fjpph.com　　**电子邮箱：** fjpph7211@126.com
经　　销： 福建新华发行（集团）有限责任公司
印　　刷： 福州德安彩色印刷有限公司
地　　址： 福州市金山浦上工业区B区42幢
开　　本： 787毫米×1092毫米　1/16
印　　张： 21
字　　数： 340千字
版　　次： 2018年12月第1版　　2018年12月第1次印刷
书　　号： ISBN 978-7-211-08131-8
定　　价： 100.00元